U0070915

曹　麗、彭衛民・合著

臺灣與中國大陸的高等教育及學術評鑑

本書部分成果獲得中國第二屆重慶市學術年成果二等獎

出版前言

本書《臺灣與中國大陸的高等教育及學術評鑑》介紹了臺灣及中國大陸學術評鑑與高等教育評鑑體系與理念，意在對兩岸學術與高教事業做出深入的、具備學理上的解析，從而以便互相對比與借鑑。臺灣與中國大陸的學術、教育生產與評估各有其弱點和長處，總體來說，大陸應當學習臺灣的地方很多，例如期刊分級、編審倫理、審查制度、同行評議規則、系所評鑑、成果獎勵辦法、教育評鑑流程等等，這些都是大陸目前無法企及的，本書的觀點總體偏向於大陸的學術圈應當儘快重視臺灣的學術生產制度，革除學術界醜陋的作風，向臺灣借鑑經驗，還大陸學術界以清新的空氣。本書的用意在於全面深入剖析臺灣學術評鑑背後的真正支持，從而為兩岸學術研究的更好溝通建立一個長久化、制度化的平臺。

本書由西南政法大學政治與公共事務學院曹麗副教授與政治學所彭衛民合著之，基本的分工情況如下：曹麗負責本書第二章第一節（數據提供）、第三章（學術成果獎勵辦法）、第四章（臺灣與大陸高等教育評估辦法）即關於臺灣與中國大陸高等院校學術成果獎勵與高等教育評估部份撰寫，彭衛民負責第一章（學術評鑑定義）、第二章（學術期刊分級）、第五章（期刊編審制度、統稿）即涉及期刊評鑑的部份。

需要特別強調的是，本書第二章的第一節與第五章為在專書出版之前已經公開發表并獲獎之成果，當然此次出版時，大部份內容有相當幅度之調整與擴充，部份為筆者二人與本校潘宇鵬教授合力承擔西南政法大學兩項重點科研項目（《辯證法視野下的現代性批判》（主持人潘宇鵬）、《失落的期刊分級與本真的同行評議》（主持人彭衛民））之成果，故而潘宇鵬教授對此書也有當然之貢獻，因此要特申謝悃。同時也要對項目結題與前期研究成果公開發表的情況作基本介紹：成果《版面費的罪惡在於牟利動機》，刊發於中國社會科學院主辦之《中國社會科學報》2011 年 10 月 18 日評論版；成果《T/SSCI 的隨想：學術生產的永續發展》，刊發於上海市社會科學院主辦之《社會科學報》2012 年 2 月 16 日學術版；成果《社會科學成果的取捨標準——大陸與臺灣學術評鑑制度的比較分析》，刊發於中國社會科學院主辦之《社會科學管理與評論》2011 年第 2 期，在後面的修訂過程中，曹麗又對此文有一定之貢獻，後經重慶市社會科學界聯合會之甄選，該項成果又獲得重慶市第二屆學術年成果二等獎（2012 年 3 月）；成果《實質評鑑還是「予取予求」：臺灣社會科學成果評鑑的盱衡與啟示》刊發於安徽省社會科學界聯合會主辦之《學術界》2011 年第 6 期，其英文版亦同刊於當期《學術界》之外文版 *academics*；成果《失落的期刊分級與本真的同行評議》也在積極的投稿之中。

筆者對學術與高等教育評鑑反思與積累的成果與前期資料的利用，不僅要感謝潘宇鵬教授，也同樣要感謝對這些成果產生共鳴的學者及學術刊物，例如《社會科學報》在 2012 年的 2 月 16 日與 2 月 23 日分別發表了兩組稿件討論臺灣與大陸的期刊分級與學術評鑑，有臺灣《中華人文社會學報》暨《中華行政學報》曾建元教授的《其鳴也「I」——一名臺灣學術期刊主編關於 SSCI、T/SSCI 和 C/SSCI 的雜感》、《南京大學學報》主編朱劍教授的《來源期刊、核心期刊不能誤用》的一組文稿。與此同時，人民網、中國社會科學網、中國選舉與治理網、學術批評網等網站也全文轉載了筆者的部份成果。可以這樣說，關於學術評鑑這一方面，前期準備是十分充足的。

促成我們議定完成該部書稿的動機不惟在於近年來，我們一直在關注臺灣與中國大陸的學術生態環境，期待用持平、審慎、嚴謹的心態去觀摩學習并總結反思，更在於筆者二人均對臺灣高等教育與學術評鑑有切身感受，2010 年與 2012 年筆者曹麗與彭衛民均先後在臺灣作了不同時間段與層次的訪學，並在這一段時間內，廣泛而大量地閱讀臺灣學者對臺灣學術評鑑研究的成果，再加之筆者二人均在西南政法大學完成過實際的高等教育評估或學術評鑑的工作，結合中國大陸學術圈的實際情況，我們遂完成了這部書稿。成稿之初，我們希望能夠在中國大陸出版，我們希冀將臺灣嚴謹的學風與成熟的出版作業挹注中國大陸學術界，也期待臺灣學者能夠更進一步瞭解中國大陸的學術生態，從中汲取經驗，以資作為如《知識通訊評論》所言的「挑戰中國大陸學界」。

本書得以付梓，由衷感謝中國政法大學法學院博士生導師楊玉聖教授，承蒙先生青目，在病痛之際為本書作序，實令筆者受寵若驚，先生目前擔任中華人民共和國教育部學風建設委員會委員，為以學術批評見長之《社會科學論壇》雜誌主持的「學界人物」欄目主持人，並為「學術批評網」之創辦者，先生數年來一直從事中國大陸的學術批評和學術規範建設，曾被譽為「學術清潔工」、「中國學術批評第一人」；全書的校訂與圖表處理仰賴西南政法大學行政法學院 2010 級本科生原欣同學，筆者謹在此表示由衷感謝；本書獲得西南政法大學研究生重點項目「失落的期刊分級與本真的同行評議」經費資助，在實際的撰寫過程中，主研人趙子堯（西南政法大學哲學系 2010 級碩士生）同學亦協同筆者（彭衛民）完成對第二章第三、四節以及第五章第三節的撰寫與修訂，對本書亦有一定之貢獻。

毋庸置疑，臺灣與中國大陸的學術圈與高等教育均不同程度的受到官方的把持與管制，但本書的研究內容，並不涉及到兩岸政治問題。由於本書在臺灣印行，因此部份名稱未作也未能作引號等形式處理，特此說明。由於本書作者水平有限，書稿中謬誤之處在所難免，誠望讀者方家批評指教！

筆者

2012 年 4 月

【代序】

高校學術評價「去SCI化」平議

楊玉聖

我不怕得罪任何人，不管是個人、階級，還是輿論、回憶，也不管他們多麼令人敬畏。我這樣做時往往帶有歉意，但從不感到內疚。但願那些由於我而感覺不快的人，考慮到我的正直無私的目的而饒恕我。

——托克維爾《舊制度與大革命》前言

國內學術圈的現實：殘酷、無信、無情。

——浙江大學一名海歸博士回國數月即跳樓自殺前的遺書

一、問題的提出

按照教育部有關負責同志的權威說法，中國高校科研能力已經位居世界第五[1]。對此官方說法，學者們感到「無奈而悲哀」，因

[1] 2009年9月28日上午，教育部、衛生部聯合舉辦「新中國成立60年來特別是改革開放30年來教育和衛生事業發展成就」的成果發佈會。據教育部副部長郝平教授介紹，目前中國高校的科研能力不斷提升，「以SCI資料

為「把發表論文數量作為科研能力的評價方式，造成『學術泡沫』炫人眼目與『學術垃圾』堆砌如山」的現況[2]，由此引發人們對於高校學術評價的關注、反思與討論。

按照南京大學教授沈壯海先生的判斷：人文社會科學的評價問題是現在人們關注的一個焦點和熱點。2009 年 1 月 6 日 15 時 46 分，沈教授通過百度對有關關鍵字加以搜索，結果關於「學術評價」，找到相關網頁約 2110000 篇（用時 0.045 秒）；以「科研評價」為關鍵字搜索，找到相關網頁約 2180000 篇（用時 0.045 秒）；以「研究評價」為關鍵字，找到相關網頁約 2820000 篇（用時 0.065 秒）；以「社會科學評價」關鍵字搜索，找到相關網頁約 1620000 篇（用時 0.052 秒）。「這樣的瞬間，這樣的資訊量，足以折射出整個社會、整個學界對這個問題的關注程度。」[3]為了印證沈教授的上述結論，2010 年 4 月 29 日 23 時 45 分，我也按照沈教授提出的上述關鍵字，通過百度加以檢索，得出如下結果：「學術評價」，找到相關網頁約 4580000 篇（用時 0.092 秒）；「科研評價」，找到相關網頁約 4370000 篇（用時 0.111 秒）；「研究評價」，找到相關網頁約 6420000 篇（用時 0.065 秒）；「社會科學評價」，找到相關網頁約 33200000 篇（用時 0.122 秒）。這說明，關於學術評價的問題的關注熱度，有增無減，不能不格外重視、嚴肅對待。

庫統計，按科技論文數排序，中國自 2004 年以來，一直排在世界第五位。」

2 譚汝為：《論文數量與學術造假》，學術批評網 2010 年 1 月 8 日。

3 沈壯海：〈人文社會科學評價的困境與曙光〉，《社會科學論壇》（學術評論卷）2009 年第 9 期。

二、SCI作為學術評價的異化

SCI，即Science Citation Index（《科學引文索引》）的英文簡稱，本是對於自然科學期刊品質的某種評定的參考資料庫。近十幾年來，中國科研機構和高校都以SCI作為評價標準，結果造成「SCI論文數量成倍增加，但多而不精」。按照中國工程院院士、中國科學院電腦研究所所長李國傑研究員關於論文數量高速增長的隱患的分析，「我國SCI論文被引用的數量在2000年達到高峰，最近幾年越來越少，不是比例下降，而是真正被引用次數逐漸下降。」如SCI論文數量在全世界排名第9，但每篇論文被引用次數排第120位。「這說明我國單篇論文的品質明顯不如國外，應該值得高度警惕……有些人戲稱SCI為『Stupid Chinese Idea』(『愚蠢的中國式觀念』)，這是一種笑話或者是在發牢騷。實際上，SCI 本身不是問題，問題出在我們濫用」[4]。

這種以SCI文章為導向的本末倒置的評價機制，目前已經造成了中國「論文大國」這一虛驕景象下的「論文泡沫化」景觀：SCI文章猛增，使論文產出「大躍進」波及整個科研領域[5]：

---

4 李國傑：〈SCI不是評價科研成果的唯一標準〉，http://www.edu.cn，2006年10月26日。

5 羅剛：〈SCI引發科研「大躍進」〉，《健康報》2006年6月9日。其實，即使是在自然科學界，一些原創性和開拓性的研究成果不僅要經過長期的探索，而且未必能立即得到學術界的公認併發表在著名的雜誌上。如美國物理學家米歇爾·費根鮑姆早期很少發表論文，其有關混沌理論的研究成果只是發表在一個毫無名氣的雜誌上。普林斯頓大學的安德魯·懷爾斯九年沒有發表一篇論文，但最終卻解決了困擾世界數學界長達360餘年的一大難題，即費馬大定理。「要是費根鮑姆、懷爾斯這些科學家在中國大學當計件工式的教授，恐怕早就該下崗了」。見龔刃韌：〈大學教授、計件

> 在包括不少醫學院校在內的國內眾多科研院所看來，SCI 的作用更像是一個天使——由於對教授以及研究生發表 SCI 文章提出了硬性要求，很多高校已經嘗到了 SCI 文章數短期內大幅度攀升、學校學術地位也由此扶搖直上的甜頭。
>
> 甜頭還遠遠不止於此，除了能夠把其實很難比對的各校學術水準簡單量化後供人們熱衷的高校排名之用以外，SCI 還滲透到了基金評審、項目申報、科研人員評價、職稱晉升以及發表論文獎勵等高校科研領域的幾乎每一個角落，差不多變成了横掃一切的標準。只要有 SCI 文章，就好像掌握了「芝麻開門」的咒語，在拿基金、要項目、當教授、升博導等方面就幾乎可以「贏者通吃」。高校則同樣可以憑藉 SCI 文章數量爭取更多的經費和支持。因此，每年一度由某專門機構公佈 SCI 排名的現場，變得更像是由各科研院所參與的科研政績的「角鬥場」；而一個被廣為引用的數字則顯示，20 餘年間中國 SCI 論文數增長了 2000%，有媒體評價，這是「一場波及整個科研領域的論文『大躍進』」。

SCI 在引發科研論文「大躍進」的同時，還造成全國性的 SCI「偏執」症。直到 2009 年披露的「《晶體學報》論文事件」，終於「如一面鏡子，讓『論文大國』真相大白」：井岡山大學講師鐘華、劉濤在收入 SCI 的國際學術期刊《晶體學報》E 卷發表的至少 70 篇論文被證明偽造，黑龍江大學教授高山最近五年在該刊發表 279 篇論文。被認為是為中國高校師生「量身定做」的這家刊物，自 2005 年到 2008 年 9 月，共發文近 1.5 萬篇，其中中國籍作者竟占半數。「在很多高校，教師評職稱、申請課題，博士生畢業拿學位，甚至申請獎學金，都有相應 SCI 論文要求。鐘華獲得副教授資

工與學術自由〉，《二十一世紀》2005 年 5 月號。

格，高山獲得教授職稱，SCI 顯然功不可沒。就激勵而言，在很多高校，發表 SCI 論文獎金不菲。武漢某學院一教授，一年發表 SCI 論文 65 篇，獲獎 65 萬元。如此『獎懲分明』的考核和激勵機制，意味著高校對 SCI 論文的瘋狂需求，必然催生師生 SCI 論文的泡沫供給。」不無諷刺意味的是，《晶體學報》論文事件「讓郝副部長的話大打折扣——科技論文數量世界第五倒是真的，包括造假的和濫竽充數的，至於科研能力則可能是空了吹」[6]。

武漢大學前校長劉道玉教授批評說：國家自然科學獎自 1979 年設立以來，一等獎在大多數年份裏都是空缺的這一事實以及新中國成立至今未實現諾貝爾獎零的突破，都是極為不正常的。更應值得反思的是，「我國不僅在諾貝爾獎牌上是零，幾乎在所有的世界各科大獎上也是空白的。」如沃爾夫獎（Wolfd prizeaz，按照諾貝爾獎模式設立的，分農業、數學、物理、化學和醫學）、數學最高獎菲爾茲獎（Fields medal）和阿貝爾獎（Abel prize）、化學最高獎戴獎（Davy medal）、電腦最高獎圖靈獎（Turing award）、地質學最高獎沃拉斯頓獎（Wollaston medal）、建築學最高獎普裏茨克獎（the Prizk-ter prize）、音樂最高獎保拉獎（Pola medal），等等。「這就說明，我國在基礎研究領域的落後不是某一個學科，而是全面的；不是偶然的，而是有著人才素質、科研制度和學術政策等方面深刻的原因」。[7]

---

6 付克友：〈「論文大國」背後的供需邏輯鏈〉，《成都商報》2010 年 1 月 6 日。

7 劉道玉：《創造：一流大學之魂》，武漢大學出版社 2009 年版，第 324 頁。按照南京大學前校長曲欽嶽院士對江西師範大學前校長眭依凡教授的說法：在中國人文社會科學和自然科學界，只有兩項可謂重大突破的貢獻：一是「實踐是檢驗真理的唯一標準」的提出，由此帶來了中國思想的大解放，二是漢字排版系統的發明，由此帶來了世界中文印刷技術革命。見眭依凡：《大學的使命與責任》，教育科學出版社 2007 年版，第 178-179 頁。

據報導，清華大學的物理學排名已經闖進世界前十位，這與該校該學科在國際學術界發表論文的數量密切相關。問題在於，這些論文的引用次數並不高。據清華大學校長顧秉林院士介紹，該校2003年被SCI檢索的論文達2100多篇，但每篇論文的引用因數僅在1到2之間（《物理學通訊》等一流國際學術期刊的引用因數大概是6到7，高的甚至可以達到20）。顧校長解釋說：「世界一流大學被檢索的論文在3000篇以上，等清華每年發表論文達到3000篇的時候，我們就不會強調論文數量了。」[8]

重數量不重品質的結果，是學術影響力的極度式微。從1993年到2003年，這十年間在國際科學引文檢索排名中，各學科被引證最多的前20篇論文中，沒有1篇是中國科學家的論文；前100篇中，只有2篇；前1000篇中，只有14篇。正因為如此，中國科學院院士鄒承魯、王志珍呼籲：品質比數量更重要；現在應該是強調科研成果品質的時候了：「最近幾年尚存在一些片面的認識和做法，譬如單純追求SCI論文數目，有些人可能只做一些小的容易發表的文章，而不敢或避免去攻克有重要意義但非常艱難的科學問題，表現為浮躁、急功近利。這種現象引起了許多科學家的憂慮，因為這樣發展下去只會導致科學研究低水準重複，導致我國最終不能進入世界科學強國。因此，現在是從對量的重視轉而對質的提高提出明確要求的時候了！」在鄒院士等看來，我國的科學論文雖然在數量上迅速增長，但總體說來要在品質上趕上世界先進水準還任重道遠，而反映一個國家的科學水準主要是看科學研究的品質。此外，還應清醒地看到，任何衡量標準都不是絕對的，國際頂尖刊物有時也會發表有嚴重錯誤的論文，而普通刊物有時也會發表高質量的論文，一篇被引用數極高的論文有

---

[8] 石岩、魏德運：〈「牛校」校長開大會〉，《南方週末》2004年8月12日。

時也不一定學術意義很高。因此，「我們應該大力剎住浮躁之風，徹底改變急功近利的觀念」[9]。

事實上，即便是被譽為「SCI 之父」的尤金・加菲爾德博士，2009 年 9 月在接受《人民日報》記者趙亞輝、王昊奎專訪時，也曾明確表示：不能以 SCI 論文數量評價科學水準，單純用這樣的標準來衡量科研人員是不合適的，以 SCI 論文數量評價科學水準更是不合適的。王曉莉等專家對 SCI 作為科研成果評價標準的局限性研究，進一步從學理上證明瞭這一點。「片面強調 SCI 標準，既反映了我們對科研成果的客觀評審缺乏有效的手段，也顯示我國的科研評價體系還不夠健全，人們渴望公正、客觀的評價標準，同時也不排除一些人對 SCI 索引體系的誤解或曲解。」其中，引用行為動機的複雜性，尤其是偽引現象的普遍性，使 SCI 的引用率統計數字不能絕對可靠；漏引現象的存在，也影響引文統計的準確性；引用率在不同學科之間也存在不可比性；因文獻收錄不全而導致較大的漏檢率，限制了 SCI 評價的全面性和公允性；SCI 來源期刊地域分佈不平衡及語言障礙等因素，使 SCI 不適於作為我國通用的評價標準，「以 SCI 為參照，鼓勵部分科技人員向世界最高水準衝刺，和用 SCI 為標準，評價所有科技工作者的日常科研成果，是兩件相互聯繫又不盡相同的工作，混淆二者的區別，就可能導致將 SCI 標準的濫用，非但不能充分調動多數科學工作者的積極性，反而可能導致群體科研信心的散失」；SCI 對多作者合作論文

---

9 鄒承魯、王志珍：〈品質比數量更重要——科學研究成果質與量的辯證關係〉，《光明日報》2004 年 7 月 9 日。據《科學時報》2004 年 7 月 21 日〈如何構建中國科學家的國際信譽〉一文報導：學術浮躁導致論文「硬傷累累」。為了追求數量，很多作者將文章拆分成若干小論文，或將不相干的內容雜揉成一篇論文。這些「摻水」、「拼湊」的取巧行為遭到權威雜誌的無情拒絕。1998 年，著名的《自然》雜誌曾向中國科學家發放了一份如何投遞文章的小冊子，封面上印有一句中國古訓——「質重於量」。

的榮譽歸屬方式，不利於實施科研合作；使用「SCI 標準」，不適合於評價應用研究成果；「過分強調 SCI 標準不能不令人擔心，我們是否正在走入科研評價的誤區。片面強調 SCI 導致的不利影響還有很多，例如，一些人為了查全論文的收錄和引用情況，花很大代價去進行國際聯機檢索，不僅耗費了大量經費、更浪費了寶貴的科研時間；更有甚者，由此造成的在科學研究中的急功近利思想，以及重視理論輕視實踐、重視理科輕視工科的風氣，更將是後患無窮」。[10]

三、從 SSCI 到 C/SSCI 的另類異化

SSCI 是由編制 SCI 的美國科學資訊研究所編制的「Social Sciences Citation Index（人文社會科學引文索引）」的縮寫。與高校片面強化 SCI 作為主要評價標準一樣，SSCI 也有成為高校評價人文社會科學的主要標準乃至最高標準的可能。

對此，中國社會科學雜誌社編輯黨生翠在〈美國標準能成為中國人文社科成果的最高評價標準嗎？——以 SSCI 為例〉[11]一文中，對 SSCI 這個被捧得過高的評價標準進行了認真研究和深入分析。作為西方學術評價的重要參照之一，SSCI「歸根到底，它只是美國商業機構建立的以英語為主的期刊論文資料庫，目的在於為學術研究人員提供服務。然而，在我國學界，尤其是學術行政管理者，不顧該體系的初衷及局限，把它視作評價我國人文社科研究成果的重要甚至最高標準，過分抬高了它的地位，誇大了它的影響，正在產

10 王曉莉、葉良均、徐飛、姚政權：〈SCI 作為科研成果評價標準的局限性研究〉，《自然辯證法研究》2001 年第 11 期。

11 《社會科學論壇》（學術評論卷）2005 年第 4 期。

生越來越嚴重的消極後果……這種趨勢一旦蔓延開來，會給該領域的研究和管理帶來不可估量的損失。」黨生翠指出：無論是從 SSCI 的起源、現狀還是人文社會科學的特點來看，SSCI 作為人文社會科學研究成果評價標準有其難以逾越的局限性。從其起源來講，SSCI 本非作為人文社科評價的普世標準而設計，「設立者從未想過將之推崇到評價人文社會科學成果標準的頂極地位。」從現狀來看，它是地域的而非國際的、片面而非全面的、主觀而非客觀的，故 SSCI 不能作為中國人文社會科學的科學評價標準。以 SSCI 的傾向性而非客觀性為例，黨生翠分析說[12]：

---

12 黨生翠：〈美國標準能成為中國人文社科成果的最高評價標準嗎？——以 SSCI 為例〉，《社會科學論壇》（學術評論卷）2005 年第 4 期，第 64-65 頁。嚴春友教授在〈質疑 SSCI〉一文中也評論說：「一眼就可以看出，這個索引根本就不具有國際性！它只是以美國為主、英國為次的英語世界的一份索引，其他語種的雜誌則只是一個點綴而已。中國只有臺灣省一份雜誌入選，難道大陸就沒有一份夠格的刊物？按此標準，我堂堂中華、泱泱大國，其學術水準竟然連菲律賓和土耳其都不如！這如果不是出於偏見，就一定是出於無知。荷蘭有 105 種入選，而德國 50 種、法國 15 種，難道德國、法國與荷蘭之間的學術水準會有如此巨大的差距？偌大的俄羅斯，也只有區區 3 種入選，難道其他都不值一提？義大利只有一種《運動心理學》入選，其他方面的學術都不值得關注？很顯然，這份索引顯示出了選取者強烈的個人偏好、滲透著意識形態的偏見，何談國際性！這份索引所反映的只是美國人眼中的世界學術，視野是非常狹隘的。以這樣一份不具備國際性的索引作為評判最高學術水準的標準，豈不荒唐！與之接軌，哪里是什麼『與國際接軌』，只是與美國人接軌罷了；與之接軌，就是按照美國人的要求、標準來要求中國學術。一個人的意志不能為另一個人的意志所代表，這是一個眾所周知的常識，可是，上述做法豈不是要中國學者放棄自己的意志，要美國人成為自己意志的代表嗎？豈不是要我們以美國人的狹隘眼光來看待學術、看待世界嗎？那些要求我們要有愛國主義的人為什麼在具體做事的時候總是顯出一幅洋奴相呢？」《社會科學論壇》（學術評論卷）2005 年第 4 期，第 73-74 頁。

> 作為權威的學術標準，應有客觀性而非傾向性，但 SSCI 恰恰是相反的。儘管美國在許多學科研究上明顯落後於其他國家，但仍把其期刊列入 SSCI。而另一種情況是，美國人不重視的學科（比如作為中國立國之本的馬列主義、毛澤東思想、鄧小平理論和「三個代表」重要思想），即使非常重要，也被排斥在外……大部分大國，無論其文化傳統多麼深厚、學術研究多麼先進，都未給與相應的重視。如中國……確有不少學科（如古典文史哲研究）處於世界領先地位，卻只有臺灣省一份雜誌名列其中，諾大的中國大陸竟無一份刊物入選，且還落於菲律賓和土耳其之後。俄羅斯也只有 3 種期刊入選……這些刊物的不合理分佈顯然難以如實反映世界主要國家在人文社會科學領域的學術影響力。

黨生翠還指出：採用 SSCI 對人文社會科學研究成果實行量化管理，將帶來嚴重的負面影響：重數量不重品質，產生學術泡沫，催生學術腐敗，「學術浮躁症在學界流行」，「為了追求數量，從而追求數字後面的資源，許多學者將文章專著化、專著文章化……往日的至理名言「板凳要坐十年冷，文章不說一句空」則成了被丟棄的敝履。至於那些為了混頭銜、拿文憑而東拼西湊的行為更成了司空見慣的現象。這些行為違反了學術要創新的原則，因此生產出的泡沫實際上都是『學術垃圾』。」量化管理的最為嚴重的另一個後果是導致學術腐敗。「學術研究成果與科研經費甚至是學者的生存捆綁在一起後，很可能會導致某些知識份子的投機行為，從而形成學術腐敗。」量化管理的另一個後果是「給廣大研究人員，尤其是青年研究人員帶來了心理壓力乃至生存壓力，成為學術腐敗的重要催化劑之一。這種評判方式束縛了他們想像的自由和探索的從容，限制了學術創新潛能的發揮。」以 SSCI 作為中國人文社會科學研究的評價標準，還使中國學術從語言、問題域到視角出現了「自我殖民化傾向」。「採用 SSCI 標準作為中國人文社科成果最高評價標準，無異於削足適履，結果只會是完整的腳也沒有了，鞋子穿得也不會舒服。」[13]

因模仿 SSCI 而來的 C/SSCI（Chinese Social Science Citation Index，中文社會科學引文索引），系 1999 年教育部批准由南京大學與香港科技大學合作承擔的教育部重大研發項目。2001 年 3 月，教育部在南京大學召開「中文社會科學引文索引」項目鑑定會暨社會科學研究評價諮詢工作會議，專家們提出，為使 C/SSCI 成為符合國際標準和國際規範的、得到我國學界公認的學術成果評價指標體系，一定要實現三個超越：一要超越南京大學、二要超越江蘇省、三要超越高校系統，這樣才能得到社會科學研究「五大系統」（高校系統、社科院系統、黨校系統、黨政部門系統和軍隊系統）的共同認可，成為科學合理的學術評價指標體系。[14]自 2000 年以來，高校普遍採用 C/SSCI 作為學術評價的主要指標。

---

13 黨生翠：前引文，第 69 頁。復旦大學鄒詩鵬教授也在〈「人文社會科學研究國際化」的質疑與反思〉（《中國社會科學報》2010 年 3 月 18 日）中批評說：近年來，關於中國人文社會科學研究的評價，包括對國內學術刊物的評價，人們總愛拿「國際化」說事。很多評論指出，相比於自然科學與技術科學而言，中國的人文社會科學尤其是人文學科的國際化水準較低，在國際主流文科類刊物上鮮見有中國學者的成果，而國內的學術刊物，即使是高級別的學術刊物，也難以同國際主流學術刊物相提並論。「在一個全球化時代，打著國際化的旗號，這樣的評價似乎顯得理直氣壯。但仔細想來，其中涉及的一些基本問題仍有待於弄清，國際化本身並非一個中立的指標，其中交織著實踐功用、人文傳統、利益博弈等複雜因素，需要謹慎對待。時下很多有識之士建議，應把科學研究水準的評價指標從單純的 SCI 或 EI 模式轉變為綜合科學實力的評估。然而，在 SCI 及 EI 評價模式有所降溫的情況下，人文社會科學界倒開始搞起了 SSCI 及 A&HCI 之類迷信，這一現象實在值得反思」。

14 蔡曙山：〈論人文社會科學的科學化、規範化管理〉，《學術界》2001 年第 6 期。

C/SSCI 本來應該是有關人文社科學術期刊評價的參考體系。但是，因為教育部實施學術 GDP 戰略，強制在各高校推行以 C/SSCI 發表文章為學術評價標準的權威指數，結果 C/SSCI 成為「學術界的竊國大盜」[15]。C/SSCI 是否「學術界的竊國大盜」，姑且不論，因為仁者見仁、智者見智。但是，C/SSCI 確實是中國學術病態的寫照：

其一，在 2010-2011 年度 C/SSCI 中，來源期刊有明顯的地域偏向，即凡是南京地區的刊物應有盡有。[16]

其二，有一些受到廣泛批評、以收費而昭著的刊物被收入。可是，一些受到學界廣泛好評的學術刊物（如張保生教授主編之《證

[15] 褚俊海：《C/SSCI：學術界的竊國大盜》，學術批評網 2010 年 3 月 3 日。該文以 C/SSCI 排名前列的期刊《求索》2008 年第 5 期為例指出：該刊文章從第 5 頁起，233 頁止，共刊出 83 篇文章，平均每篇文章不到 3 頁。「天啊！一期 83 篇文章！一年好幾期，期期都是 80 多篇，篇篇都 2 到 3 頁，頁頁都是密密麻麻的小號字，沒有英文摘要，甚至參考文獻也能省就省。這樣的內容和形式就是中國 C/SSCI 的核心期刊？!就是排在裏「綜合性社會科學（50 種）」第 15 名的 C/SSCI 核心期刊！！不知道這是怎麼評出來的？？……把老百姓都心知肚明的爛期刊雜誌列入核心，大面積的引導社會輿論和學術導向……以國家機構為背景，把持著學術權威指向的『中文社會科學引文索引（C/SSCI）指導委員會』一旦將不端行為納進來，勢必形成『劣幣驅逐良幣』的惡性循環現象，帶來的後果是把整個國家的學術引向不正常的軌道上，國家和民族的未來都將因此而受到嚴重影響！」

[16] 以入選的 70 種高校文科學報為例，南京地區有四種，即《南京大學學報》《南京師大學報》《東南大學學報》《南京農業大學學報》（對於前兩種之入選，本人百分之一百贊成）。再以入選的 50 種人文社科綜合期刊為例，計有四種，分別是《江海學刊》《江蘇社會科學》《學海》《南京社會科學》（對於前三種之入選，百分之一百贊成）。就是說，在上述 120 種入選期刊中，南京地區有八種，占總數之 6.7%。可是，為何有《南京農業大學學報》而無《北京林業大學學報》和西安《西北農林科技大學學報》、北京《中國石油大學學報》、北京《華北電力大學學報》？為何有《南京社會科學》而無上海《探索與爭鳴》以及《蘭州學刊》、石家莊《社會科學論壇》等等？

據科學》、李德順教授主編之《中國政法大學學報》、余三定教授之主編《雲夢學刊》等）居然被排斥在該來源期刊之外？

其三，2010-2011 年度 C/SSCI，在學科分佈方面，各大一級學科數量嚴重不平衡。如經濟學明顯偏多（丁學良教授曾公開置疑說中國內地是否有十個真正的經濟學家）。但是，歷史學明顯偏低。而且，其學科分類劃分之混亂，也是莫名其妙得很。

其四，作為教育部委託南京大學中國社會科學研究評價中心主持研製的有關人文社科學術期刊評價的參考體系，如前所說，C/SSCI 不僅業已異化為高校學術評價標準的權威（乃至惟一）指數，而且還成為某些單位和某些主任等實權派人物斂財的工具：

第一，這個 C/SSCI 是教育部投資（也就是花了納稅人的錢）幾千萬元人民幣而研製的，從法理的角度說，此乃不折不扣的「國有資產」。而且，教育部還每年劃撥 30 萬元人民幣（即又花了一筆納稅人的錢）給該中心。

第二，南京大學中國社會科學研究評價中心動輒挾「天子」（教育部）以令「諸侯」（全國兩千餘種人文社科期刊、八百餘種以書代刊的連續性出版物即學術集刊），常常以研討的名義，動輒召開兩三百位主編參加的所謂研討會（據說每人收取為數不菲的所謂會議註冊費）。

第三，根據 C/SSCI 官方網站，無論是單位還是個人，若需查閱有關檢索數據，還不得不另外交納數百至數千元人民幣不等的所謂諮詢費。

這種嚴重涉嫌權（學術評價權力）錢交易的名副其實的學術腐敗行為，為什麼會愈演愈烈呢？原因固多，但歸根結底，無非是如下兩個根本原因：第一，利益勾兌問題。第二，學術評價標準的異化問題。正如有權威學者所說 SCI 是「Stupid Chinese Ideas」

一樣，C/SSCI 也可以形象地解釋為「Chinese Stupid Stupid Chinese Ideas」[17]。

也是基於此點，上海師範大學方廣锠教授於 2010 年 3 月 3 日在學術批評網公開發表致教育部長袁貴仁教授的呼籲書，鄭重呼籲「廢止以 C/SSCI 為高校學術評價的標準」：

> 近年來，由於教育部的推行與引導，C/SSCI 成為各高校對教師與學生進行學術評價的權威標準，成為中國學術界，特別是中國高校學風浮躁、學術不端的重要誘因。其結果，既對中國社會科學研究造成無以復加的重大損害，也成為一些學術期刊走向腐敗的重要原因。
>
> 愚以為 C/SSCI 在「促進期刊提升學術品質、規範辦刊行為」方面的意義應該肯定。但是，其意義也僅此而已。一

[17] 楊玉聖：〈炮轟 C/SSCI（論綱）——兼論學術腐敗〉，學術批評網 2010 年 1 月 14 日。關於 C/SSCI 的相關討論文章，還可參見黃安年：〈C/SSCI 評價參考體系豈能成為斂財工具？——讀楊玉聖〈炮轟 C/SSCI（論綱）〉〉，學術交流網 2010 年 1 月 18 日；童之偉：〈關於 C/SSCI——披露一個較真的故事和一篇認真的文章〉，學術批評網 2010 年 1 月 21 日；童之偉：〈再談 C/SSCI 排名——那個較真法學故事的繼續評說：答蘇新寧教授〉，學術批評網 2010 年 1 月 25 日；童之偉：〈C/SSCI「中心」更深層的問題——再次回應南京大學教授「野夫」的有關批評〉，學術批評網 2010 年 3 月 3 日；童之偉：〈C/SSCI 不要試圖轉移公眾關注焦點——對南京大學教授「野夫」先生批評的回應〉，學術批評網 2010 年 3 月 3 日；蔣永華：〈屁股決定大腦——基於新近圍繞 C/SSCI 論爭之我見〉，學術批評網 2010 年 3 月 3 日；方廣錩：〈廢止以 C/SSCI 為高校學術評價的標準——致教育部長袁貴仁教授的呼籲書〉，學術批評網 2010 年 3 月 3 日；方廣錩：〈〈就 C/SSCI 作為學術評價標準問題答《新京報》記者問〉〉，學術批評網 2010 年 3 月 20 日；方廣錩：〈就 C/SSCI 作為學術評價標準問題答新浪網友三問〉，學術批評網 2010 年 3 月 31 日；朱嘉平：〈對南大中國社會科學評價中心的評價〉，學術批評網 2010 年 1 月 19 日；李世洞：〈充滿霸氣的「嚴正聲明」——評南京大學中國社會科學研究評價中心〈嚴正聲明〉〉，學術批評網 2010 年 2 月 9 日。

個原本用來評估學術刊物水準的技術指標，被錯誤地用來評價社會科學研究成果乃至評價高校科研水準的權威標準，教育部的這一做法違背了社會科學研究的客觀規律。

實踐已經證明，以 C/SSCI 為學術評價標準為害甚烈，弊大於利。敬請袁貴仁部長嚴令廢止這一做法，嚴令教育部有關部門、全國各高校不得再以在 C/SSCI 上發表論文作為對學生、教師的考核指標，同時加緊建立新的真正符合社會科學研究規律的、科學的評價體系。廢止以 C/SSCI 為學術評價的標準，對促進學術研究，可達正本清源之功；對糾正學術不端，可起釜底抽薪之效；亦可讓 C/SSCI 發揮其「促進期刊提升學術品質」的正常作用。誠如此，則中國學術幸甚，民族幸甚！[18]

---

[18] 此後，方廣錩教授在回答《新京報》記者張弘問「你所說的 C/SSCI 弊大於利中的『弊』，從實際情況來說包括哪些方面？」時，進一步解釋說：「主要是讓年輕學者無法靜下心來完成學術訓練和學術積累。我讀博士的時候，老師規定我，三年內不准發表文章。我現在教學生，首先要求他們養成良好的學風，要沉潛篤實，做老實人，做老實學問。但現在的情況是，很多學校規定碩、博士不發表論文不准畢業。有數據統計，全國 C/SSCI 學術刊物全部版面供給碩、博士都不夠。學生要畢業怎麼辦？只好托人找關係，花錢買版面。這樣，無論老師怎麼教導都沒有用，學生還沒有出校門，就把路走歪了。這是社會制導的問題。還有，每個學生的情況不一樣，有的有能力發表好論文，有的僅三年訓練還不夠。非要他發表論文，就導致抄襲、剽竊等現象。教師也一樣，一等的學問是要沉下心來做的，所謂『十年磨一劍』。用發表論文的多少作為每年考核的指標，讓人怎麼沉下心來做學問？特別是年輕教師，他們上有老，下有小，還要評職稱。中國學術的將來在年輕人身上。現在的這套評價體制，毀了許多年輕人。大家都在呼喚大師，用現在這套方法，只能出急功好利之徒，怎麼能夠出大師？至於那些博導還要剽竊，更是學術的恥辱……以 C/SSCI 作為學術評價標準，其學術導向的謬誤是極其明顯的，它將明顯導向浮躁、不健康的學風，危害很大。」見方廣錩：《就 C/SSCI 作為學術評價標準問題答〈新京報〉記者問》，學術批評網 2010 年 3 月 20 日。

的確，學界人心，道法自然。對於現行高校學術評價機制進行負責任的討論、批判與改革，不僅事關 35 萬高校人文社會科學工作者的職稱評審、年度考核等切實利益和高校評估等現實問題，而且事關高校學術評價的導向、高校學術生態的優化以及優良學風與文風的養成，這不是小事而是大事，不是私事而是公事，不可等閒而視之。[19]

四、量化評價導向的後果

還在 2002 年 1 月 24 日討論北大王銘銘教授抄襲事件時，陳平原教授即已在《誰來監督中國學界》中為中國學界把脈而指出其顯而易見的弊病，「有些屬於個人的道德修養，但更多根源於管理體制。比如，學術評價體系中，存在注重數量而忽視品質的傾向。所謂『數字面前人人平等』，表面上公平合理，其實忽略了精神創造的特殊性。尤其是人文學科，『量化管理』雖有效地刺激了生產，實際效果並不理想，客觀上誘惑學者走上粗製濫造之路。」[20]

清華大學教授李伯重 2004 年在〈論學術與學術標準〉一文中的剖析更為具體、細緻而發人深省：[21]

---

[19] 楊玉聖：〈就〈炮轟 C/SSCI（論綱）〉一事告師友書〉，學術批評網 2010 年 1 月 29 日。

[20] 陳平原：《學術隨想錄》，河南大學出版社 2006 年版，第 24 頁。

[21] 李伯重：〈論學術與學術標準〉，《社會科學論壇》（學術評論卷）2005 年第 3 期，第 5-6 頁。有意思的是，據《東方早報》記者報導，中國社會科學院金融研究所研究員易憲容之辭去金融發展與金融制度研究室主任職，按照該所所長李揚的說法，是因為他在金融研究所考核中考核成績不合格。「我們的考核包括兩方面，一是對研究員自身的研究成果。考核的標準不是你每年發表的論文數量，而是你到底有沒有科學的研究，有沒有對社會有用的成果，而不是一年發表 600 篇的文章，但是完全沒有調查。

在過去25年中，我國出版的文科學術著作數量驚人，堪稱世界大國。茲以中國文學史為例，據牛文怡統計，我國到目前為止已出版1600餘部，並且還在以每年十餘部的高速產出。在史學方面，據李華瑞統計，近50年來刊出的宋史研究論著總數多達1.5萬篇，而其中絕大部分刊出在這25年中。但是與這種數量劇增相伴的，卻並非品質的提高。例如據李華瑞估計，在1.5萬篇宋史論文中，1/3－1/2是完全沒有學術價值的廢品，餘下的到底有多少具有較高的學術價值也很難說。但是比起那些熱門學科，文學史和史學的情況似乎還不算最差。例如在經濟學方面，我國每年推出的經濟學論著數以萬計……但是事實是我國經濟學研究的學術水準距離國際學術標準遙遙無際。在此情況下，想要進入國際學術主流實在很難。至於成為世界一流，更恐怕是沒有可能的。中國經濟學家要獲取諾貝爾獎看來只是夢想……我國學者寫的學術著作今天越來越被國際學界視為假冒偽劣而不屑一顧，也真令我們感到汗顏和悲哀。就此而言，我們中國學者實在有愧於我們的時代。

這種令人感到「汗顏和悲哀」的中國學術現狀，既與高校科研「GDP」[22]思維有關，也與學術評價中的「SCI」、「SSCI」和「C/SSCI」

第二是對自己所在的基層研究室有沒有貢獻。易憲容一直都只忙於自己的事情，完全沒有為研究室做出應有的貢獻。」「一般的研究員，一年只發表二三十篇論文，而易憲容寫600多篇論文，大部分都是涉及房地產的。房地產專業的研究非常複雜，不能隨便發表看法去誤導大眾。」李揚用北京話說，「易憲容不知道在瞎搗刺(意為亂搞)什麼！」見梁文匯：〈易憲容考評不合格辭職〉，《東方早報》2007年3月23日。

22 楊玉聖：〈高校科研「去GDP化」芻議——論大學問題及其治理（之二）〉，《社會科學論壇》2010年第7期。

模式有關。量化學術難辭其咎。尤學工先生指出：「量化學術對學術生態的負面影響是顯而易見的。當學術主導權被一幫癡迷數字的管理者把持時，自由之思想、獨立之人格都只能被迫蜷縮在角落裏喘息，真正的學術精神被吞噬了。當學者們被驅使著追求學術成果的『高產衛星』時，當那些學術刊物的主編和青年編輯們被眾星捧月時，我們分明感受到學術資源被異化為學術權力的可怕與可悲。數字的追求擠壓了思索的時間和空間，數字的壓力使人們再也難以在冷板凳上安坐，紛紛起而追求『短、平、快』，甚至抄襲、剽竊，學術腐敗盛行。還有大量無效卻可換來名利的重複或低水準研究，扼殺了創新的精神，使得學風為之敗壞。這種『學術大躍進』，看起來熱鬧，但其中的泡沫恐怕比當今中國房地產業的泡沫還要大。房地產泡沫破滅了，數十年後經濟尚可恢復，然而學術精神湮滅了，民族文化之根就會受到嚴重傷害，影響所及就不止一兩代人了。」為此，尤先生呼籲說：「要培育國家和民族的創新和創造能力，使民族文化之樹茁壯生長，就必須改變量化學術主導學術發展的局面，重建良好的學術生態。請尊重學術規律，將學術權力還給學者，用科學的方法和發展的眼光來管理學術。讓量化學術離我們遠一些吧！」[23]

針對劉長秋先生〈學術腐敗，別總拿體制說事〉的觀點即「儘管學術評價體制上的不合理性是導致引發學術腐敗的一個不容抹殺的重要客觀因素，但卻絕對不是學術腐敗的根本原因」，方廣锠先生旗幟鮮明地指出：「當前出現的大面積學術腐敗，究其根源，正在於那套亡國滅種的評價體系的制導。所以，我的結論與劉先生相反：我們固然需要加強學者自身的學術道德修養，但更迫切要做

23 尤學工：〈量化學術是學術行政化的一個惡果〉，《中國社會科學報》2010年2月26日。

的則是徹底改革現行的科研評價體制，以斬斷學術腐敗當前在我國的產生之源！」[24]

並非偶然的是，2009 年 3 月 15 日，在教育部召開的高校學風建設座談會上，時任教育部部長的周濟院士以少有的嚴辭指出：目前高校的學術環境「學術失範、學風不正現象仍然存在，學術不端行為仍有發生，在有些方面還比較嚴重，損害了學術形象，敗壞了學術風氣，阻礙了學術進步，給科學和教育事業帶來了嚴重的負面影響。對此，必須旗幟鮮明，態度堅決，嚴肅查處，決不能任其滋長蔓延。」會議強調要「加強學風建設，要標本兼治，要建立以品質為導向的科研評價體系，從源頭上扭轉急功近利、甚至弄虛作假的不良風氣。」

五、用學術標準規範學術評價

學術評價確實到了正本清源的時候了。「學術的本質是求真，其靈魂是創新。學術以追求真理和知識創新為目的，這構成了學術評價的抽象基礎、邏輯起點和最終理由。學術評價是以學術標準為尺度對學術活動效果作出價值判斷的過程。」[25]從直接和積極的作用說，學術評價通過鼓勵知識創新，引導學術遵守學術規範，控制越軌行為，激勵評價對象提高學術水準，發揮著推動學術事業發展的重要社會功能。學術評價引導科研資源的分配，從而對學術活動具有「指揮棒」的作用。建立科學、公正、客觀的

---

24 方廣錩：〈治理學術腐敗，當前必須先向現行評價體制開刀——兼與劉長秋先生商榷〉，學術批評網 2009 年 9 月 3 日。

25 張保生：〈學術評價的性質和作用〉，《學術研究》2006 年第 2 期。

學術評價機制，對於促進學術發展、遏制學術腐敗具有重要意義。[26]

改革被 SCI 思維扭曲的學術評價機制，已成為學界有識之士的共同呼聲。[27]教育行政主管部門也對改進學術評價問題有了一定的認識。[28]改進也好，治理也罷，如今大家都意識到這個學術評價機

---

[26] 楊玉聖、張保生主編：《學術規範導論》，高等教育出版社 2004 年版，第 52 頁。

[27] 詳見王寧、黃安年、陳平原、牛大勇、余三定、邢東田、王建民、王希、李秀清、賀國慶等：〈改進學術評價機制縱橫談〉，《社會科學論壇》（學術評論卷）2009 年第 4 期，第 59-99 頁。

[28] 中國大陸教育部在《關於大力提高高等學校哲學社會科學研究品質的意見》（2006 年 6 月 5 日）中專門提到「建立鼓勵高質量研究成果的評價體系」：其一，「建立以品質為導向的評價標準。對哲學社會科學研究成果的評價，既要有數量、規模指標，更要有品質指標，當前尤其要強調品質指標在評價體系中的重要性。要克服重數量指標輕品質指標的傾向，改變簡單以數量多少評價人才、評價業績的做法。創新程度是衡量哲學社會科學研究成果品質高低的核心要素。要把是否發現新問題、挖掘新材料、採集新數據，是否提出新觀點、採用新方法、構建新理論，作為衡量哲學社會科學研究品質高低的主要內容。推廣優秀成果和代表作評價制度，充分發揮高水準研究成果對提高哲學社會科學研究品質的導向作用。」其二，「建立符合哲學社會科學特點的分類評價標準。評價哲學社會科學研究成果，要堅持科學性與價值性、國際性與民族性、繼承積累與自主創新的統一。對哲學社會科學的各個具體學科要有與之相適應的評價標準，對基礎研究和應用研究、人文科學和社會科學研究要有切合實際的評價尺度。對哲學社會科學研究的不同成果形式要有針對性地採取不同的標準和方式進行評價。」其三，「建立健全科學合理的評審制度。發揮專家與同行評議在哲學社會科學研究成果評價中的主導作用，完善專家評審、成果受益者評審等多種不同評審制度；實行公開評審與匿名評審制度。建立全程評價機制，重視哲學社會科學研究成果對於學術發展和社會進步的貢獻。改變重項目申報、輕成果評價的偏向，加大對研究項目管理的力度，推動研究項目高質量地完成。注意培育民間學術評價機構，維護評審機構的獨立性和權威性。」其四，「建立科學合理的評審監督機制。建立評審結果的公示制度，接受社會對評審結果的監督。建立學術評審申訴制度，設立專門機構受理對評價結果的質疑和投訴。加強對學術評價機構、評審專家的監督，建立評審專家的信譽制度，促進評價制度的不斷完善，杜絕在學術評價中徇私舞弊。」

制有了問題。正因為目前的機制有問題，我們才一步一步推動去改良它，使加入這個學術共同體的人，不再像我們這樣有吃不好、睡不好的恐懼感。我覺得我們還是有條件、有機會逐步改進我們目前的學術評價機制。

為什麼說目前的高校學術評價機制非改不可呢？關鍵是它完全違背了中央精神。第一，胡總書記反復說「不折騰」，但目前的評價機制就是在學術上不停地折騰。從這個意義上說，顯然是嚴重違背了「不折騰」這個原則，所以它得改。第二，不以人為本，得改。中央明確提出要以人為本，但目前的這種評價體制完全是是與以人為本對著幹的，所以，它應該改。第三，連國家發展戰略都不搞 GDP 了，但現在高校目前對學者的評價，無論是教學還是科研，還是數字至上，只問數量不問品質。我們知道 GDP 戰略的結果，數字上來了，但環境毀壞了，不可持續發展。學術也是這樣，正如大家都感受到的，學術生態被破壞了，學術也不能健康發展。既然目前高校的學術評價機制違背了不折騰原則、違背了以人為本的原則，也違背了科學發展觀，那麼對於目前的學術評價機制是到了必須改進或治理的時候了。[29]

因此，應回歸學術，學術本位，以人為本，創新學術評價機制。鑑於學術評價無非是針對學者、學術成果以及學術機構的評論、

其五，「鼓勵積極健康的學術批評。健康的學術批評是加強學風建設、維護學術尊嚴、提高研究品質的重要社會評價手段。堅持百花齊放、百家爭鳴的方針，遵守學術規範，鼓勵積極健康的學術批評，鼓勵潛心研究，鼓勵學術精品，反對粗製濫造，驅除學術偽劣產品」。教育部社會科學委員會學風建設委員會組編（王寧主編）《高校人文社會科學學術規範指南》（高等教育出版社 2009 年版）在談到「學術評價的標準」時寫道：「堅決制止『一刀切』式的量化標準。評價論文不以刊物的等級作為成果優劣的絕對標準與唯一標準」。（第 45 頁）

29 楊玉聖：〈為什麼必須改革目前的學術評價機制〉，《社會科學論壇》（學術評論卷）2009 年第 4 期，第 74 頁。

判斷與鑑別，所以無論是學者、學術成果還是學術機構，其核心要素首先是學術。既然是學術評價，就一定要以學術為依歸，以學術為本位。所謂學術本位，其本質即學術取向。這是學術評價創新的關鍵。

第一，就學術評價的制度環境而言，應堅決排除學術評價中的非學術因素，特別是人際關係因素、長官意志因素。中國是一個特別講究人際關係的國度，在一個長幼有別、親疏有別、權力滲透的關係網絡中，學術評價的顯規則就不能不讓位於關係和權力掌控下的潛規則，由此導致人際關係的緊張和學術評價的異化。這是學術評價創新必須首先應對和克服的「看不見的手」的力量。

第二，就學術評價的程式要素而言，應大力改變「以刊評文」的時弊。所謂「以刊評文」，即簡單地看是在什麼「級別」的刊物上發文章而不是看文章本身，這是一種荒唐透頂的形式主義作派，目前在高等院校中特別盛行，為害尤烈。「期刊的行政級別怎麼可以等同於學術水準？核心期刊雖說主要是依據學術影響力評出的，但這只是對整個刊物的文獻計量學分析，而不是對其每一篇論文的評價。把刊物級別與論文品質劃等號，其理念就是，凡是發表在高級別刊物上的文章就必然是高質量的論文，反之則不是。這種『以刊評文』、只認衣冠不認人的荒唐做法，居然能夠大行其道於學界！……真不知是學人的悲哀還是管理者的悲哀！」[30]與此相關聯的另一種怪誕現象是，每年發表在300多家學術集刊的大量學術成果（一萬多篇論文），儘管其總體品質堪可稱道，[31]但基本上被排擠在現行的學術評價體系之外。

---

30 邢東田：〈「評比學術」的誤區及矯正——對當前學術失範現象的一個思考〉，《社會科學論壇》2005年第4期，第43-44頁。

31 參見楊玉聖：〈值得關注的學術集刊現象〉，《雲夢學刊》2004年第4期；楊玉聖：《中國學術集刊名錄（初編）——一份初步調查清單》，學術批評網2005年8月25日。

第三，就學術評價的導向功用而言，應切實改變目前普遍存在的量化舉措。急功近利，沽名釣譽，低水準重複，虛假繁榮，這些學術問題的存在固然有複雜的成因，但重量不重質的量化舉措，確實是罪魁禍首。為此，要「反對單純以論文發表數量評價個人學術水準和貢獻的做法」。[32]無論是對自然科學還是人文社會科學，這都是適用的。

第四，就對學人評價而言，應改變目前愈演愈烈的行政化取向。可能是中國的官本位文化使然，加之巨大的現實利益的引誘，因此無論是高校還是科研院所，這些年來的「學術官僚化」現象日趨嚴重[33]。在這樣一種扭曲的評價體系中，評價一個學者往往是以其行政職務為中心；似乎只有讓一個學者擔任行政職務，才是重視人才。如此一來，對學者的學術評價遂異化為行政級別的攀附，從而使得學府儼然「衙門」、科研院所儼然「機關」，等級森嚴，官氣十足。中國科協主席周光召 2005 年 8 月 22 日曾針對科技工作者熱衷做官的現象尖銳地批評說：「搞科研工作和做官是兩種完全不同的價值觀，這兩種價值觀很難同時在一個人身上體現。一些有領導能力的科技人員可以去做官，但做官的前提是必須為科技工作者好好服務，既然做官就不要搞科研，想搞科研就不要去做官。但目前有許多人既做官又搞科研，做官不為大家好好服務，而是利用職務之便，把好多科研經費留在自己所在的研究所裏，往往使真正搞科研的人沒有科研經費，嚴重影響了科研事業發展。」[34]這是一種非常清醒、難能可貴的警世之論。

---

[32] 中國大陸科技部、教育部、中國科學院、中國工程院、國家自然科學基金委員會：〈關於改進科學技術評價工作的決定〉，見《學術規範導論》第 344 頁。

[33] 楊玉聖：〈大學「去行政化」論綱——論大學問題及其治理（之一）〉，《社會科學論壇》2010 年第 6 期。

[34] 李潤文、李健：〈中國科協主席周光召痛斥官本位：做官就不要搞科研〉，

第五，就學術評價的保障機制而言，應進一步改革和完善學術管理與服務機制。無論是社科院還是教育部和各大學，現在都有科研管理部門（科研局／科研處／社會科學處），但作為一級行政建制（局級／處級），儘管近年來所支配的資源越來越多，但其職能卻主要是拘泥於計畫體制下的管理職能，其服務職能卻相當弱化。所謂「管理即服務」一說，近乎自欺欺人。因為任何一個與管理機構打過交道的學者，除了領受「管理」外，幾乎感受不到「服務」。

學術評價作為學術正義的守護者、學術尊嚴的體現者，可以從以下四個方面逐漸加以改進和完善：

首先，學術評價的主體應是同行專家，並實行「小同行評審規則」[35]，也就是說取消以往那種大雜燴式的多科專家組的評審

《中國青年報》2005 年 8 月 22 日。

[35] 張保生：〈學術評價規範〉，《學術規範導論》，第 55 頁。中國工程院院士李國傑在前引〈SCI 不是評價科研成果的唯一標準〉一文中指出：「無論是評價成果還是評價人，最基本的手段是同行評議。儘管同行評議中存在利益衝突，但不要因此就不相信科學共同體。」他以卡內基· 梅隆大學這一被大家公認為電腦領域最好的學校為例，「當我問到如何評價這些教授時，該系主任 J. M. Wing 同行說第一不看論文，第二不看經費，就看這個領域的知名教授寫的評價意見，根據同行的評價來判斷這位教授。寫評價的同行教授非常認真、仔細，因為亂寫評價會影響他的信譽。」方廣錩教授在前引〈《就 C/SSCI 作為學術評價標準問題答《新京報》記者問》〉一文中也明確主張：「對學生、教師的學術評價，還是應該以同行的評價為主，因為同行都是火眼金睛。我以前在中國社會科學院工作，這是公認的學術水準較高的研究機構。這裏最大的好處是，沒有量化的評價標準……學術研究環境應當寬鬆，社會科學研究有自己的規律，無法搞量化。有人可能會說，搞同行的評議也可能出現營私舞弊現象。實際上，一個真正的學者必然講學術良知。即使有個別不良學者搞營私舞弊，他在學術圈必然難以生存。如果我把一本很差的學術論著吹得天花亂墜，那麼同行必然知道我要麼有私心；要麼在這個領域實際是外行，水準很差。在一個正常的學術環境中，搞營私舞弊，無非是自我暴露。當然，必須設計一套公開、公平、公正的同行評議制度。一個好的同行

方式，而代之以專門研究領域的小同行專家的專業評審，從而保障學術評價的專業性與權威性。

其次，公開評審原則。以往通常採用的是匿名評價的方式，但考慮到現實生活中「由於匿名使評委只享有權力而逃避了責任，匿名評審反倒成為不公正的擋箭牌和遮羞布。」為此，不妨由匿名改為公開。比如，事先公示學術評審機構和評審人員，及時公佈其學術評價意見。與此同時，要有效防範當事人對學術評價的干預和干擾。

再次，學術評價應以學術為本。從可操作性的角度來說，很可能任何一種具體的方法都不是盡善盡美的。比如，「在沒有更好、更準確的客觀標準時，影響因數和引用率相對來說是一個比較好的客觀標準，但不能絕對化。」[36]從目前的情況看，任何一種方法都只是手段，而學術評價最根本的還是應以學術的眼光、學術的標準來評價學術本身。此外，還要允許學術批評，加強學科評論，既鼓勵探索，也寬容失敗。這也是學術評價不可或缺的部分。

最後，應有對學術史負責的學術立場。學術評價之得失，不在一時一地，關鍵是要看其結果能否應經得起時間的考驗和實踐的評判。歸根結底，學術評價應對學術史負責。或者說，學術史將是學術評價的最終裁判者。從這個意義上說，面對歷史老人，任何學術評價都應謹小慎微，如履薄冰，因為我們沒有人能逃脫歷史的裁量。[37]

評議制度，會產生良幣驅逐劣幣效果。而現在的情況恰恰相反，是劣幣驅逐良幣，逼良為娼」。

36 鄒承魯院士答《光明日報》記者問，見《光明日報》2004 年 2 月 26 日。

37 楊玉聖：《回歸學術 學術本位》，學術批評網 2005 年 9 月 18 日。

補記：

欣悉彭衛民先生近期將在臺北秀威出版社出版新著《臺灣與中國大陸高等教育及學術評鑑》。蒙彭先生厚愛，囑不才為其大著作序。無奈近來頸椎病發作，左肩及胳膊、左手疼痛、酸麻，難以執筆為文。故冒昧提交本文，權且作為《臺灣與大陸高等教育及學術評鑑》一書之「代序」。

本文與拙稿《學術期刊與學術規範》（《清華大學學報》2006年第3期）、《高校科研「去GDP化」芻議》（《社會科學論壇》2010年第8期）、《用學術的邏輯評價學術》（《重慶大學學報》2010年第6期）等，試圖以大陸高校學術生產與學術評價中普遍存在的主要問題即盲目崇拜數量化等流弊為切入，提倡「讓學術回歸學術」，主張「用學術的邏輯評價學術」，乏善可陳，惟聊作批評之的而已。

學術評價即臺灣學人所謂之「學術評鑑」，是影響學術進步、學術交流與學術發展等最重要的內在學術機制之一。相比較而言，臺灣學術既秉持民國之優良學術傳統（以中央研究院為代表），複受歐風美雨之洗禮（其中以美、日、德之學術影響為甚），可謂古今中西合璧而獨成體系。同為漢語學術與中華文化之脈，竊以為高等教育及學術評鑑之「臺灣經驗」，不僅值得認真研究和總結，而且當可為改良大陸人文社會科學特別是高校學術評價之鏡鑑而無疑也。

最後，謹此就《臺灣與中國大陸高等教育及學術評鑑》之面世而表達由衷的祝賀之忱，並期待本書在推進兩岸高等教育及學術評鑑等學術交流與合作方面發揮其應有的積極作用。

中國政法大學教授　博士生導師　楊玉聖

2012年5月8日

於北京昌平逸夫樓

目　次

表　次

圖 次

第一章　學術評鑑的定義

學術評鑑（academic evaluation）一詞，是華文語境中學術量化或學術准入（academic access system）在臺灣學術界的另一個表達，表明成果的「被鑑定者」與「鑑定者」必然發生如下關係：用一種科學、客觀、嚴肅的方法與態度去驗證一份「准」成果的良莠並決定其是否有資格列入學術成果，成為了學術評鑑制度的根本任務。美國心理學會出版手冊（APA）首頁就說學術研究的意義在於研究成果與學界共用，減少學術成果的謬誤、共用學術成果的意義是學術評鑑的一重要作用。實際上，臺灣教育部在 2005 年 12 月修正的大學法第 21 條第 1 項就規定「大學應建立教師評鑑制度」[1]，「大學評鑑」的子項包括「校務評鑑」、「學門評鑑」、「成果評鑑」、「期刊評鑑」等[2]，本文所用的評鑑概念與範圍屬

---

[1] 大學法第 21 條規定：大學應建立教師評鑑制度，對於教師之教學、研究、輔導及服務成效進行評鑑，作為教師升等、續聘、長期聘任、停聘、不續聘及獎勵之重要參考。前項評鑑方法、程序及具體措施等規定，經校務會議審議通過後實施。參見全國資料法規庫：《大學評鑑辦法》，http://law.moj.gov.tw/LawClass/LawAll.aspx?PCode=H0030001，2011.1.26.

[2] 大學評鑑內容包括：一、校務評鑑：對教務、學生事務、總務、圖書、資訊、人事及會計等事務進行全校整體性之評鑑。二、院、系、所及學位學程評鑑：對院、系、所及學位學程之課程設計、教師教學、學生學習、專業表現、圖儀設備、行政管理及辦理成效等項目進行之評鑑。三、學門評鑑：對特定領域之院、系、所或學程，就研究、教學及服務成效進行之評鑑。四、專案評鑑：基於特定目的或需求進行之評鑑。參見全國資料法規庫：《大學評鑑辦法》，http://law.moj.gov.tw/LawClass/LawAll.aspx?PCode=H0030042，2009.8.5.又見袁曦臨：《臺灣學界對人文社會科學評鑑體制的

於後兩者。淡江大學楊瑩教授認為高等教育的品質，採取的策略與使用的名稱並不完全相同，有些國家是以「認可」（accreditation）制為主，有些是以「評鑑」（evaluation）制為主，另也有些是以「許可」（approve）高等教育機構之設立或學位之頒授為主。為此，楊瑩教授從認可、評量、審核、評鑑、標竿化等方面細加區分，茲轉引如下：

一、認可（accreditation）

「認可」制度包括二大類：一是機構認可（institutional accrediation），另一是學程認可（programme accrediation）或專門領域認可（specialized accrediation）。一般來說，認可的結果通常是以「認可」或「不認可」此二種方式呈現，前者代表機構或學程符合特定的品質水準，後者反之；不過為提供機構或學程改進之機會，有時也可能會以「待觀察或待改善」的評等呈現。

二、評量（assessment）

在英國，高等教育的品質保證機制通常是以「評量」（assessment）一詞稱之，較少用「評鑑」（evaluation）一詞。英國負責進行高等教育研究評鑑的單位「研究評鑑作業小組」英文名稱即是「Research Assessment Exercise」。所謂的「評量」，即指用一系列的方法來評鑑學生的表現與成就。評量的方式可包括五類：（一）自我評量（self-assessment），（二）同儕評量（peer assessment），（三）以團體為基礎的評量（group-based assessment），（四）以電腦為基礎的評量（computer-based assessment），（五）以工作場所為基礎的評量（workplace-based assessment）。

反思》，載南京大學學報（哲學・人文科學・社會科學版），2010年第1期，第119頁。

三、審核（audit）

「審核」一詞是借用商業界常用之術語而來，根據其定義，英國所謂的「審核」，意指政府用來檢核教育（尤其是大學）水準的方式。而英國 QAA 所進行高等教育機構的教學評鑑，早期雖包括「學科層面」（subject level）的教學評量及「機構層面」（institutional level）的教學評量，但自英國政府決定從 2005 年開始廢除「學科層面」（subject level）的教學評量後，QAA 目前對以往「機構層面」（institutional level）的教學評量，現已改用「機構審核」（institutional audit）一詞稱之。而且在審視結果的呈現方面，QAA 已公告，日後其對高等教育機構教學審視結果的呈現方式將分為三類：「廣泛的信任」（broad confidence）、「有限的信任」（limited confidence）、以及「不信任」（no confidence）等。

四、評鑑（evaluation）

「評鑑」是指一種過程，此過程是用以判斷一學程的內容品質水準，尤其是判斷該學程學習的成效。他們同時指出，「評鑑」在英國即一般所稱的「評量」。學者對評鑑的分類往往依切入點而有不同。大致上，評鑑若依對象區分，可分為「機構」（institutional）評鑑與「學門」（program）評鑑；若依評鑑的目的來作區分，則可分為「改進導向的」（improvement-oriented）評鑑，及「績效責任導向的」（accountability-oriented）評鑑；若依實施評鑑的驅力來作區分，則可分為「內部」（internal）評鑑與「外部」（external）評鑑。

五、標竿化（benchmarking）

由於商業市場的激烈競爭，「標竿化」此概念在美國是 1980 年代初期由全錄（Xerox）公司開始引進。雖然教育領域和商業迥異，但是，隨著高等教育的快速擴充，及政府教育經費的緊縮，為提高經費使用的績效，將「標竿化」概念應用在高等教育機構中，已是不可避免的趨勢。

與之不同的中國大陸學界，通常將這一制度理解為學術評價，但兩者有本質的區別，學術評價既包涵基於內容上的學術發展內在規律和學科本身邏輯結構的評價方法，也包括基於形式上的客觀描述學術研究成果的外在特徵和學術成果之間聯繫的評價方法（見表1）。言下之意，宣導對社會科學成果實行評鑑，是將學術准入的鑰匙交還學術共同體（academic community）的一種做法，而學術評價的外部特徵通常需要靠評價機構完成，用南京大學朱劍教授自己的話來說：「評價機構原本屬於學術研究機構，為學術共同體的一分子，但他們的所作所為，已突破了學術共同體的成員資格而凌駕於學術共同體之上，成為行政權力部門與學術共同體之間的橋樑」[3]。所以，一旦評價權力為那些文獻情報學專業或自然科學專業出身的評價機構研究人員所掌控而將所謂的標準強加到社會科學各個專業各個領域時，無疑將是對學術同儕莫大的打擊。故而學術評價應當遵循「評價機構中立、評價標準先立、評價專家分散迴避、小同行評價、評價程序公開公正」等原則[4]。

為了改變這種僵局，中國大陸學術期刊中稱有實行同儕／匿名評議（peer review）的刊物不在少數，而儘管實行同儕評議，非但無法使得學界出現所謂「真、善、美」的盛況，反而在學界形成一種「形左實右」的狀況。社會科學的使命和責任很大程度上仰仗學術期刊持有公允之心。囿於現代學科體系的細分，學科新語的不斷呈現，學科動態的跳躍式發展很容易使得同學科之間也會出現「雞

---

3 朱劍：《學術評價、學術期刊與學術國際化——對人文社會科學國際化熱潮的冷思考》，載新華文摘 2009 年第 23 期，第 158 頁；原載清華大學學報 2009 年第 5 期。

4 張保生：《學術評價的性質與作用》，載學術研究 2006 年第 2 期。

同鴨講」的局面，鑑別一份學術成果的優劣資格，權力只能落在學術共同體內同行同領域學者與專家身上。這種推斷看似十分完美，可行性也強。然而事實上，雖然我國社會科學領域已然意識到「專家外審」與「匿名審查」對挽救社會科學頹勢的重要性，並有不少學術期刊始終遵循「惟文取文」的原則，然而收效之微贏是有目共睹的，中國大陸人文學界對自身學術取求體系作出冷思考，企圖援美入中，「是否能夠守住，同時是否能夠結合華文世界，發展出亞洲視野以及有自主性的人文教育方向，由是才能豐富世界多元文化的走向」[5]。

表 1　社會科學評價與研究績效指標體系

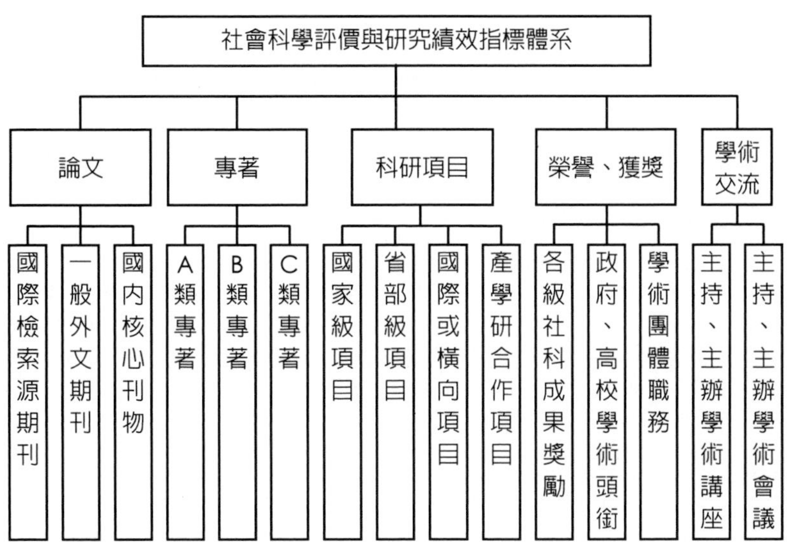

5　陳光興：《新自由主義全球化之下的學術生產》，載臺灣社會研究季刊（臺灣），2004 年總第 56 期，第 179-206 頁。

但是在臺灣人的眼中，借鑑吸收歐美學術評鑑制度為我所用的一個最立即的表現是，華文世界的學術評鑑體系正在日趨 CI 化（citation index）[6]。臺灣淡江大學陳伯璋教授認為，臺灣地區學術資本主義發展的全球化現象，「嚴格說來並非『國際分工』的產物，而是在西方／美國文化霸權籠罩之下，我們自行援引（我們所認定的）美國標準作為互相評鑑的準則，而附庸於其潮流中的結果。」[7] 這種做法似乎並不與「拿來主義」相異，學界日益崇尚英文出版而使得華文被架空，一切學術評鑑都惟引文索引馬首是瞻，那些具有反思批判精神的真學術被放逐到學院教育的門牆外，而所謂的專業學術便如決堤的洪水一樣大肆地吞噬人文社會科學的各個角落。對此臺灣清華大學陳光興教授用「毛骨悚然，不可思議」來形容這種變化，學術期刊的「門」而非「橋」的作用，使得越來越多的真成果、真問題必須讓渡於現有的學術評鑑制度從而遭遇被擋在學術期刊門牆之外的厄運。實際上這一問題，華文世界裏的學者應該深有感觸，即便是學術期刊有嚴格匿名審稿制度的臺灣學界，教育部門與大學系所也難免會對自己設立的規則既卑

6 所謂 CI 化，即我們通常所提到的國際三大公認的科學引文索引 SCI（1963——）、SSCI（1973——）、A&HCI（1978——）收錄的期刊，在華文世界中由此而衍生出來的所謂 C/SSCI（1997——），T/SSCI（1998——）以及學術界由此追逐這些引文索引系統並熱衷於將自己的研究成果躋身這些系統中的現象，童力、郭爍、葛兆光三位教授對 CI 化的解釋是，「所謂 CI 化，是指學者發表成果的期刊被收到上述某一個索引當中，並以此作為評價這位學者水準高低的依據。評價一個學者的水準高低，就是要看是否進了「CI」。上「CI」成了學問人的最大追求，「CI」在很大程度上成了「國際化」的標誌。國內人文學界之所以重視 A&HCI，主要不是把它作為自己從事學術研究的工具，而是把它看做是學術評價的指南。」參見童力、郭爍、葛兆光：《中國學術的國際化與本土化討論中國學術的國際化與本土化應重返學術史》，載人大複印資料社會科學總論 2010 年第 1 期；原載中國社會科學報，2009 年第 113 期，第 2 版。

7 陳伯璋：《學術資本主義下臺灣教育學門學術評鑑制度的省思》，全球化與知識生產：反思臺灣學術評鑑，臺北：台社季刊社 2005 年版，第 209 頁。

躬屈膝又敢怒不敢言，一方面會極力鼓吹這種評鑑制度的設立如何科學如何必要，另一方面卻又對自己設立的制度狂轟濫炸，痛陳弊病。

又有學者指出學術評鑑應當分類化，必須承認學術水準的全面意義，重新調整其對科研、教學以及服務之間的選擇與引導；應該多元化，開展分類評價，對不同對象，包括基礎研究、應用研究等不同類型科學技術活動，確定不同的評價目標、內容和標準，採用不同的評價方法和指標，避免簡單化、「一刀切」；需要處理好定性評價與定量評價的關係、國內評價與國際評價的關係。[8]

不過我們似乎應思考一個這樣的問題：關鍵似乎並不在於引文索引作為學術評鑑的準則是否客觀科學，而在於我們是否做出過類似的思考：為何同樣的標準下，中國大陸與臺灣的學術成果的准入門檻會截然不同，畢竟社會科學成果的良莠關係到社會科學的命脈，病變了的細胞無論如何都會影響到個體的機能。

早在 2004 年，臺灣學界就曾專門召開反思臺灣的（人文及社會）高教學術評鑑的研討會，學者們提出了臺灣人文及社會高教學術評鑑的十項主張與說明：

> 一、先確定目的，再進行評鑑；二、回歸同儕實質評鑑，量化資料不具學術意義，不能采記 T/SSCI 及 A&HCI 等資料庫的形式指標作為升等及獎勵的依據；三、T/SSCI 應回歸資料庫本質，不應承擔期刊評價功能；四、不應獨尊期刊論文，多元的研究成果應同等對待；五、各種語言平等，不宜獨尊英文，其他語系的著作亦應尊重；六、回歸華文寫作的優先權；七、題材在地化，才能學術國際化；八、建構合理

8 覃紅霞：《過度強調 SSCI 評價功能不利本土學術發展》，載中國社會科學報，2011 年 12 月 8 日第 14 版。

工作環境，避免學術商品化；九、學生受教權不應因研究而被犧牲；十、善用網路技術，建構公共知識庫。[9]

在這一次學術研討會上，有學者提出了學術評鑑的幾個結論[10]：

一、如何進行學術評鑑？評鑑的標準與制度應為何？這些應該是我們要公開討論的議題。二、我們應可歷史性的來看臺灣學術的發展。相對於傳統的學閥式、自我繁殖式的、私利導向的學術生產方式，我們目前已建立的以西方標準為借鏡的、以 SSCI 為標準的方式，確實有著建立客觀標準、提升學術水準的作用。三、現在我們應有條件來建立比較複雜化的評鑑制度，進一步提升學術的品質。除了上述標準之外，應有其他準則，來推動品質的提升。四、當上述 SSCI 為基礎的標準成了唯一最高標準之後，就會產生重論文篇數、重「參與國際能力」、追隨西方問題意識的問題。五、這套獎懲標準中，對於「品質」的認定，主要基於論文所刊登之國際「期刊」本身的地位。這其中之問題應被提出討論。六、我們在全球學術市場上的「比較利益」，應是在於從對自身經驗的研究中得出普世性的理論。目前這套獎懲標準中，對此並沒有提供誘因，不易對這樣的學術發展策略方向產生推動作用。若不將自身在全球市場上清楚定位，若只是一味追求增加 SCI/SSCI 之論文篇數，這對於臺灣的「全球競爭力」並無實質助益。七、建議展開如何設計可提升研究品質的評鑑標準與制度之討論。建議考慮鼓勵多種不同性質的研究工

9 《共識與主張：學界不應再使用 T/SSCI 作為評鑑依據》，反思臺灣的（人文及社會）高教學術評鑑研討會，參見 http://www.hss.nthu.edu.tw/~apcs/pages/act/kao.htm，2004/11/10。

10 瞿宛文：《反思學術評鑑與學術生產:以經濟學學門為例》，載反思台灣的（人文及社會）高教學術評鑑研討會論文集，2004 年 9 月，第 137-138 頁。

> 作，讓評鑑標準以及獎勵方式多元化。建議考慮對期刊的品質認定標準設低標於「有無匿名評審制度」，此外不採用量化等級標準以及奠基於此的計點數制度。評鑑應主要依賴同儕對於「實質貢獻」的評述。

從上述十條主張以及七個結論並不難看出臺灣學界亟於重新發揮學術共同體在學術評鑑中的作用，所有的主張實際上都旨在呼喚學術共同體內的學者能遵守學術準則而重建權威的、客觀的、趨近真實的學術評鑑制度，這種準則，在臺灣學術界實際上指向的就是匿名審查制。

2011 年中國社會科學院發佈的中國法治報告（藍皮書），明確表示學術評價已經被期刊分級制度所主導，期刊評價機制成為了學術創新的絆腳石，因而藍皮書中的中國學術評價機制調研報告提出了五點倡議：

> 一、完善學術評價的法律保障機制；二、建立以品質為導向、創新性為核心、尊重學術研究規律的學術評價體系；三、學術評價應尊重人才、尊重學術研究規律；四、遵守學術道德，堅持學術品格；五、學術評價體系與期刊分級制度脫鉤，讓學術評價回歸學術評價，讓期刊分級回歸傳播學術文化的宗旨。[11]

從上述五條主張也並不難看出，中國大陸在呼喚學術評價體系的獨立性、自主性、權威性，試圖揚棄死板、呆滯的資料定量對學術評價帶來的影響，弱化學術期刊「一言堂」般的話語權並逐漸使

---

11 中國社會科學院法學研究所法治國情調研組：中國學術評價機制調研報告，中國網 http://www.china.com.cn/news/2011-02/24/content_21995539.htm，2011/02/04。

學術評價體系與之脫離轉而重新回歸學術同儕相互評價、相互監督的局面。

並不難看出，中國大陸與臺灣的學術共同體對各自的反思，無疑是為了避免各自的學術共同體喪失主導學術發展的可能，臺灣與中國大陸學界這兩個看似沒有交集的□喊，實際上都已經表明華文學術界中學者們不願意接受學術評價成為他們的刀俎，而自己成為學術評價的魚肉這一事實。

對於臺灣學界而言，他們有嚴格的學術准入制度，這種准入既包括學術期刊聘請審查人對投稿者成果的圍追堵截，也包括投稿者自覺設置較高的學術門檻，用嚴格的學術道德與倫理自覺應對審查人的審查。可以認為，臺灣學術期刊的話語權雖然表面上讓渡於投稿者並體現出對學術共同體的畢恭畢敬，但應對成熟的匿審制度，學術成果唯有更加趨近「真、善、美」，才可能得到學術期刊的青睞，在臺灣這是不爭的事實。從這個意義上來講，臺灣學術界真正面臨的「大敵」還是來自學術共同體本身，匿審制雖有它普遍的弊端，但是從臺灣學術評鑑制度中，我們能深切感受到一種人文關懷，至於是否受 T/SSCI 的約束從而使得學者們感覺到自己的成果傾訴權被剝奪，也可以說是仁者見仁智者見智。

據此，對於中國大陸學界而言，我們不僅淡化了匿審的作用從而使得學術門檻越來越低，甚至因為普遍的不自信而將其妖魔化，但最主要的根源，還是在於我們的學術評價制度缺乏對學術共同體內的學者普遍的人文關懷，這種科研生態失衡造成的冷漠使得我們對自己制定的規則唏噓、慨歎、不滿甚至憤恨，但又無法與之抗衡。中國大陸想要實行完善、成熟、理所當然的學術准入制度並淨化學術空氣，還原學術本真，不推倒重新洗牌僅僅靠改變一二環節是不可能做到的，不過據此而全盤否定我們的學術評價制度也有失妥當，相比於臺灣學界來說，我們所佔有的學術資源更多，學術視野更加開闊，學科發展更加前沿，這或許能帶給我們中國大陸學界一些啟示：

第一、學術道德與學術評鑑交互影響。從臺灣學術出版品中的成果來看，雖然不能完全稱得上起點高，品質好，但毋庸置疑，無論是投稿人、出版者還是匿審專家都普遍有著一種嚴格的學術規範來應對學術作業，投稿人嚴謹的論證會引起出版者與審查者的重視，而出版者與審查者的把關，也自然會要求有高品質的學術成果，因而三方都會用謹慎的心態恪守學術的底線。比如臺大歷史學報編輯委員會 2011 年 3 月 10 號發佈通告稱：近期該系出版的學術期刊臺大歷史學報刊載的某投稿者所撰書評，經查實亦刊登在另一學術期刊上，故而不符學報稿約第六條「請勿一稿兩投」之規定，亦嚴重違反學術倫理。為維護臺大歷史學報聲譽及史學界讀者權益，並杜絕此風，將自即日起於臺大歷史學報線上目錄資料庫撤下該文，謹此聲明[12]。而此文作者恰是中國大陸某知名高校歷史學系的博士生，由此可知，臺灣的學術風氣與學術評鑑之間這種相輔相成的關係，不能不帶給我們某些更深的反思。

第二、引文計量與同儕評議相結合。期刊論文錄用量、錄用率、論文及期刊被引頻次、期刊影響因子等固然可以量化並程序從而增進社會科學成果評價的客觀公正性，但引文索引畢竟是人為開發的產物且它並不能等同於學術成果的審查意見，刊登在影響因子高、在某一領域內極具權威的刊物之上，也並不等於學術成果是真正意義上的「真、善、美」，真正意義上的審查意見是學術研究中的冷媒介，是作者打開社會科學真理之門的鑰匙，而做出評定的，只能是學術同儕。這一點，中國大陸的學術評價機構都已經表達了下述的憂慮：

---

12 臺灣大學歷史學系：台大歷史學報申明 http://homepage.ntu.edu.tw/~history/c_pub_journal.htm，2011/03/10。

核心期刊只是一種相對的統計的概念，核心期刊表只能起參考作用，不能起標準作用。如果將核心期刊表作為衡量論文水準的絕對標準來用，就可能發生錯誤。因為從個體的角度來看，核心期刊上的文章未必每篇學術水準都高，非核心期刊上的文章未必每篇學術水準都低。因此，在評價研究成果時，還應該根據本單位或評價專案的具體情況，請學科專家評審論文本身的價值[13]。

同儕評議固然重要，但也要在制度設計上防止：一、惡質、低質評審；二、無責任心的評審；三、會議式的大同行評審；四、匿名評審中的不公開因素。除了成果要求同儕評審外，就期刊已經收錄並刊登的稿件，也應當組織專家學者重新不定期抽樣評審，以此評定期刊品質與等級。對於中國大陸尚未試行匿審的期刊來說，將挖空心思擠入「核心期刊」的精力放之如何行之有效的實行匿名審查作業，更能提升期刊的品味與價值。

第三、同儕評議也並非至善至美，臺灣學術期刊匿審制的付之闕如已經表明，儘管匿審制度的本質在於公開、公正地評價學術成果品質，但是仍舊存在的問題屢受臺灣學界鞭撻，比如如何拿出具體標準來遴選學術同儕、並保證他們盡職盡責；如何拿出具體方案來保證匿審制的公平性；如何避免惡質評審從而保證審稿作業中投稿人與審稿人之間的平等地位；如何保證在雙方往來中，使得投稿人與審稿人共用學術成果的意義。對於中國大陸已經實行匿審作業的期刊來說，處理好投稿人——主編——匿審人三者之間的關係，將能更進一步擴大同儕評議產生的正面影響。

第四，減少出版量，增大出版週期。學術期刊出版週期短，出版量大的一個直接表現是「不是有泡沫，而是絕大部分都是泡沫，

---

13 戴龍基、蔡榮華：2004 年版中文核心期刊要目總覽，北京：北京大學出版社 2004 年版，第 4 頁。

80-90%都是泡沫」[14]，而最根本的表現是在如此高頻率的出版週期與如此大容量的學術出版量中，同儕評議（匿審制）根本無法得以開展，學術審查作業是一件需要耗費大量學術資源的勞動，且對於毫無學術新見的成果送交，更是對學術資源的莫大浪費。片面追求高產而不注重品質的提高，這種思路本身就是在抹殺匿名審查制。但是作為「供給」一方一旦減少出版量與週期，將有一個直接的現實問題需要面對：「需求」一方的競爭將會更加激烈，而其壓力也會更加沉重，因而在降低投稿者的科研任務量也是提高學術門檻的一個重要表現。

[14] 王建民：《學術打假，怎一個愁字了得》，載中國青年報，2010 年 11 月 10 日。

第二章　臺灣與中國大陸學術期刊分級中的爭議

第一節　T/SSCI、T/HCI core 的隨想：臺灣學術期刊的永續發展與分級標準

臺灣學術的生態環境遭受新自由主義市場化學術生產的控制，這是一個不爭的事實，換言之，SSCI（社會科學引文索引）、A&HCI（藝術與人文學引文索引）以及「本土化」的 T/SSCI（臺灣人文社會科學引文索引）、T/HCI core（臺灣人文學引文索引核心期刊）作為學術生產的計件標準，驅使臺灣學者成為「價格化、標準化的勞動商品」[1]的生產者，並由此而陷入學術生產與評價的博弈當中。臺灣學者對 T/SSCI 的反抗從來沒有終止過[2]，比如 2004 年，臺灣學者雲集臺北專門召開「反思臺灣的（人文及社會）高教

---

[1] 邱天助：《國家意志下人文社會學術生產的再反思：Bourdieu 場域分析的啟示》，載圖書資訊學研究（臺灣），2007 年第 2 期，第 3 頁。

[2] 關於 T/SSCI 的設計與由此在臺灣社會科學領域造成的諸多影響，可以參見潘宇鵬、彭衛民：《實質評鑑還是「予取予求」——臺灣社會科學成果評鑑制度的盱衡與啟示》，載《學術界》，2011 年第 6 期，第 42-51 頁；彭衛民、潘宇鵬：《社會科學成果的取捨標準：中國大陸與臺灣學術評鑑制度的比較分析》，載社會科學管理與評論 2011 年第 2 期，第 42-51 頁。

學術評價」研討會，並提出「反對 T/SSCI 及 A&HCI 等資料庫的形式指標作為升等及獎勵的依據，不應獨大期刊分級而忽略同行評議」等十項主張[3]。又如 2011 年 5 月，臺灣立法院主持了一場關於「大學評價中論文發表於 SSCI、T/SSCI、T/HCI 等一些指標的爭議問題」的立法聽證會，臺灣素負聲譽的知識通訊評論（Knowledge Review）給出了這樣的評價：「或許，這無可避免會是一個冗長的，甚至是一個沒有標準解答的爭論過程」[4]，可以說，臺灣的學術生產從來不缺乏國家意志的干預，例如臺灣教育部為創建世界一流大學而推行的「五年五百億計畫」[5]、行政院推行的「國內學術期刊評比」、國家科學委會一年一度的「T/SSCI 期刊遴選」，也許恰恰是這種干預，並沒有使期刊分級制度退出臺灣學術生產主宰地位，反而使得國家科學委員會、中央研究院與臺灣大學等學術行政單位與強勢高校所對臺灣學術資本的把持達到了「寡占」的境地[6]。

[3] 反思會議工作小組：《共識與主張：學界不應再使用 T/SSCI 作為評鑑依據》，反思臺灣的（人文及社會）高教學術評鑑研討會，參見 http://www.hss.nthu.edu.tw/~apcs/pages/act/kao.htm，2004/11/10。

[4] 社論：《學術研究的社會價值何在》，載知識通訊評論（臺灣），2011 年總第 104 期，第 2-3 頁。

[5] 即「邁向頂尖大學計畫」，臺灣「教育部」在五年之內向臺灣十二所大學撥款五百億新臺幣以資助他們向世界一流大學邁進計畫，其中臺灣大學獲得三十億元新臺幣，成功大學獲得十七億元新臺幣，清華大學獲得十億元新臺幣，交通大學獲得八億元新臺幣，中央大學、中山大學各獲得六億元新臺幣，陽明大學獲得五億元新臺幣，中興大學獲得四億元新臺幣，政治大學、臺灣科技大學、長庚大學與元智大學各獲得三億元新臺幣。

[6] 在輔仁大學歷史系教授陳君愷看來，國家科學委員會所推動的臺灣歷史學門期刊評比是一場十足的陰謀，該成果報告所得期刊分級結論，與計畫主持人們及諮詢委員所屬機構的高度重迭性，清楚顯示出國家科學委員會、中央研究院以及國立臺灣大學在其中的寡占性質。參見陳君愷：《歷史學需要的是自由，不是評比！——揭穿國家科學委員會〈歷史學門國內期刊評比之研究〉的陰謀》，載中華人文社會學報，2011 年總第 14 期，第 5 頁。

國家科學委員會人文處在上世紀末陸續推出了兩項期刊評鑑作業，第一是定期對臺灣學術期刊進行排序和評比，第二則是建置 T/SSCI 與 T/HCI core 兩大數據庫，根據規定，T/SSCI 的規劃建置由國家科學委員會社會科學研究中心負責，T/HCI 由國家科學委員會人文學研究中心負責。正是在這樣的背景下，臺灣在 1999 年建立所謂的「臺灣社會科學引文索引」（Taiwan Social Science Citation Index，簡稱 T/SSCI），它的發明在於有助於區辨期刊、論文的優劣，鼓勵期刊合併、集中稿源，解決期刊缺稿等問題。T/SSCI 之所以建立，行政院國家科學委員會人文及社會科學發展處於每年召開期刊評審委員會聯席會議，依據「臺灣社會科學引文索引資料庫期刊收錄實施方案」，對五個一級指標即期刊格式（8 分）、論文格式（38 分）、出版作業（38 分）、刊行作業（16 分）進行打分。賦予四個審查項目即論文學術水準（50%）、評審制度（20%）、主編之學術成就（10%）、內稿比率（10%）、編排校對（10%）權重，以便調整各年 T/SSCI 資料庫收錄期刊名單。

表 2　「臺灣社會科學引文索引」資料庫收錄期刊基本評量標準[7]

項目	分數
一、期刊格式（Journal Format）（8 分）	
(一) 目次（Table of Contents）	2 分
(二) 出版事項（Publication Data）	6 分
1. 刊載編輯委員會之組成	2
2. 刊載期刊預定出版時間	2
3. 期刊刊載實際出刊日期	2
二、論文格式（Article Format）（38 分）	
(一) 篇名（Title）	4 分
1. 中文篇名或英文篇名	2

[7] 行政院國家科學委員會人文及社會科學發展處期刊評選委員會：臺灣社會科學引文索引資料庫期刊申請實施方案，http://ssrc.sinica.edu.tw/ssrc-home/doc3-1/931115-01.doc，2004.9.27.

　　2. 中、英文篇名齊全再加分　2

　(二) 作者（Authorship）　6分

　　1. 中文姓名或英文姓名　2

　　2. 中、英文姓名齊全再加分　2

　　3. 列出作者服務機構、子機構完整名稱再加分　2

　(三) 摘要（Abstract）　4分

　　1. 中文摘要或英文摘要　2

　　2. 中、英文摘要齊全再加分　2

　(四) 關鍵詞（Keywords）　4分

　　1. 中文關鍵詞或英文關鍵詞　2

　　2. 中、英文關鍵詞齊全再加分　2

　(五) 參考文獻（References）　20分

　　1. 參考文獻均以文後條列方式逐條列出（非文後註）　6

　　2. 參考文獻格式與引文規範之規範項目一致（見附註1）　6

　　3. 參考文獻與正文引用文獻一致（見附註2）　8

三、編輯作業（Editorial Work）（38分）

　(一) 有書面之引文規範（見附註3）　2分

　(二) 內編比例　10分

　　1. 編輯委員會成員為內部人員比例＜1/2，≧1/3　6

　　2. 編輯委員會成員為內部人員比例＜1/3　10

　(三) 稿源（Source）　12分

　　1. 公開徵稿　4

　　2. 審稿人匿名　4

　　3. 送審稿件匿名　4

　(四) 退稿率（Rejection Rate）　14分

　　1. 30%-39%　4

　　2. 40%-49%　8

　　3. 50%-69%　12

　　4. ≧70%　14

四、刊行作業（16分）

　(一) 出刊頻率　8分

　　1. 半年刊、一年三期刊、月刊　4

　　2. 季刊、雙月刊　8

(二) 每期至少四篇正式學術論文（見附註 4） 8 分

五、加分項目

(一) 國家科學委員會獎助期刊 8 分

六、減分項目

(一) 未準時送達中心（見附註 5）

1. 未準時送達中心之期數佔全年應出期數之比例≦50% -4 分
2. 未準時送達中心之期數佔全年應出期數之比例＞50% -8 分

(二) 延誤出刊（見附註 6）

1. 各期延誤出刊達一單位 -5/期
2. 各期延誤出刊達二單位 -10/期
3. 各期延誤出刊達三單位 -15/期
4. 各期延誤出刊達四單位以上 -20/期

(三) 內稿比率（見附註 7）

1. 50%-70% -8 分
2. ≧70% -15 分

依據行政院國家科學委員會人文及社會科學發展處「期刊評審委員會聯席會議」的規定，收錄於資料庫正式名單上的期刊，須符合下列各項必要條件[8]：

（一）依「資料庫收錄期刊基本評量標準」計分，近三年評量分數平均需達 70 分以上。若該學門評量分數達 70 分者僅有一種期刊，得核可未達 70 分者列入該學門正式名單，惟以不超過一種期刊為限；若評量分數均未達 70 分，得核可未達 70 分者列入正式名單，惟以不超過二種期刊為限。(二) 近三年刊行週期固定且出刊頻率為半年刊或半年刊以上。（三）出刊滿三年且近三年出滿應出期數。（四）近三年每

8 行政院國家科學委員會人文及社會科學發展處期刊評選委員會：臺灣社會科學引文索引資料庫期刊申請實施方案，http://ssrc.sinica.edu.tw/ssrc-home/doc3-1/931115-01.doc，2004.9.27.

期刊登經匿名審查之學術論文篇數至少四篇。（五）非綜合性大學學報。

而收錄於資料庫觀察名單上的期刊，須符合下列各項必要條件：

（一）依「資料庫收錄期刊基本評量標準」計分，近三年評量分數平均需達50分以上。若該學門評量分數達50分者僅有一種期刊，得核可未達50分者列入該學門觀察名單，惟以不超過一種期刊為限；若評量分數均未達50分，得核可未達50分者列入觀察名單，惟以不超過二種期刊為限。（二）近三年刊行週期固定且出刊頻率為半年刊或半年刊以上。（三）出刊滿三年且近一年出滿應出期數。（四）近一年每期刊登經匿名審查之學術論文篇數至少四篇。（五）非綜合性大學學報。

大致與C/SSCI「來源期刊」與「擴展版」相對應，T/SSCI的收錄情況大致囊括人類學、社會學、教育學、心理學、法律學、政治學、經濟學、管理學、區域研究及地理學、綜合類等共計十門學科。2000年共計收入正式名單的期刊42筆，觀察名單30筆；2001年共計收入正式名單的期刊31筆，觀察名單37筆；2003年共計收入正式名單的期刊28筆，觀察名單35筆；2004年共計收入正式名單的期刊29筆，觀察名單39筆；自2005年起收錄期刊名單取消了所謂的「正式名單」與「觀察名單」，凡獲收錄的期刊均列為「收錄名單」，本年度共計收入正式名單73種；2006年共計收入名單的期刊74筆；2007年共計收入名單的期刊75筆；2008年共計收入名單的期刊80筆；2009年共計收入名單的期刊82筆；2010年共計收入名單的期刊87筆；2011年共計收入名單的期刊93筆。

表 3　臺灣社會科學引文索引 T/SSCI 歷年收錄名單

批次	第 1 批	第 2 批	第 3 批	第 4 批	第 5 批	第 6 批	第 7 批	第 8 批	第 9 批	第 10 批	第 11 批
更新時間	2000 年	2001-02 年	2003 年	2004 年	2005 年	2006 年	2007 年	2008 年	2009 年	2010 年	2011 年
正式名單	42 種	31 種	28 種	29 種	73 種	74 種	75 種	80 種	82 種	87 種	93 種
觀察名單	30 種	37 種	35 種	39 種							
學科分類	10 門	10 門	10 門	10 門	10 門	10 門	10 門	10 門	10 門	10 門	10 門

注：T/SSCI 目前覆蓋 9 類主學門：H09 人類學、H17 社會學、H11 教育學、H12 心理學、H13 法律學、H14 政治學、H15 經濟學、H40/41/42 管理學、H22 區域研究及地理學。（資料來源：行政院國家科學委員會）

同一年臺灣「行政院國家科學委員會」人文學研究中心（Center for Humanities Research，簡稱 HRC），推出了所謂的「臺灣人文學引文索引核心期刊」（Taiwan Humanities Citation Index，簡稱 T/HCI core），T/HCI core 以「中華民國期刊論文索引系統」中所收錄的人文學領域期刊為基礎，經預審（基本計量指標、引用評量指標）、初審（臺灣人文學引文索引核心期刊評審品質表）、復審過程後綜合考慮期刊基本情況、發行狀況、稿件來源與論文收錄狀況、形勢與內容等方面以便取得收錄名單，對五個一級指標即期刊格式（10 分）、論文格式（34 分）、編輯作業（38 分）、刊行作業（18 分）以及加減分項目進行打分，賦予四個一級指標即論文學術水準（50%）、評審制度（20%）、主編之學術成就（10%）、內稿比率（10%）、編排校對（10%）權重，以便調整 T/HCI core

資料庫收錄期刊名單。因為 T/HCI core 欲在建立一套評量人文學領域學術期刊機制，所以有嚴謹的審查辦法與同儕審查制度。

表 4　2008、2009 年 T/HCI core 年度申請與通過比率[9]

2008 年	文學一	文學二	哲學	語言	歷史	藝術	綜合	總計
申請數	17	4	7	6	15	9	26	84
通過數	8	4	5	6	7	3	8	41
通過比例	47%	100%	71%	100%	47%	33%	31%	49%
2009 年	文學一	文學二	哲學	語言	歷史	藝術	綜合	總計
申請數	16	8	9	5	13	9	19	79
通過數	9	5	5	5	7	3	8	44
通過比例	56%	63%	56%	100%	54%	44%	47%	56%

相比 T/SSCI，T/HCI core 的收入數量更少，08、09 年收入該系統的分別僅有 41 種、46 種刊物，學科分類也略有二致，不過臺灣學者陳光華認為 T/HCI 的建置，旨在「描述國內人文學研究的狀態，探討國內人文學研究的本質，而非評量國內人文學研究的成果。」其用意，也是想按照 T/SSCI 建立的思路，逐漸培養本土的社會科學類期刊，促使臺灣學術社群建立其學術權威、特色的根據地。例如，由臺灣大學文學院主辦的臺大文史哲學報就規定為了提升所刊登論文之能見度與影響力（引文率），決定加入「國家科學委員會人文學研究中心」T/HCI core 資料庫。只不過因為執行委員們認為其過於形式化而擱置起來。

[9] 陳光華、楊康苓：《臺灣人文學引文索引核心期刊（T/HCI core）及其初步分析》，載人文與社會科學研究簡訊，2011 年第 12 卷第 4 期，第 88 頁。

表 5 「臺灣社會科學引文索引」資料庫收錄期刊基本評量標準[10]

項目	分數
一、期刊格式（Journal Format）（10 分）	
(一) 目次（Table of Contents）	2 分
(二) 出版事項（Publication Data）	4 分
1. 編輯委員會組織	2
2. 實際出刊日期	2
(三) 附有論文撰寫格式指引或說明	4 分
二、論文格式（Article Format）（34 分）	
(一) 篇名（Title）	4 分
1. 中（外）文論文附有中（外）文篇名	2
2. 中（外）文論文附有英（中英）文篇名	2
(二) 作者（Authorship）	4 分
1. 論文附有作者中（英）文姓名	2
2. 附有作者之服務單位	2
(三) 摘要（Abstract）	8 分
1. 中（外）文論文附有中（外）文摘要	4
2. 中（外）文論文附有英（中英）文摘要	4
(四) 關鍵詞（Keywords）	6 分
1. 中（外）文論文附有中（外）文關鍵詞	3
2. 中（外）文論文附有英（中英）文關鍵詞	3
(五) 引用文獻（References）	12 分
1. 採用一定之引文規範（見附註 1）	6
2. 引用文獻形式與引文規範是否一致	6
三、編輯作業（Editorial Work）（38 分）	
(一) 每期召開編輯委員會議或進行通訊討論	6 分
(二) 內編比例	6 分
1. 編輯委員為機構內部人員之比例＞1/2，≦2/3	3
2. 編輯委員為機構內部人員之比例≦1/2	6

[10] 國家科學委員會人文學研究中心：2011 年臺灣人文學引文索引核心期刊（T/HCI Core）收錄實施方案，http://www.hrc.ntu.edu.tw/index.php?option=com_wrapper&view=wrapper&Itemid=674&lang=zw，2010.10.8.

(三) 稿件處理 14 分

1. 公開徵稿 4

2. 退稿率 10

＜＝30%，＞15% 4

≦50%，≧30% 8

＞50% 10

(四) 審查作業 12 分

1. 審稿人匿名 4

2. 送審稿件匿名 4

3. 每年有三位以上國外審查委員 4

四、刊行作業（18 分）

(一) 出刊頻率 8 分

1. 半年刊、一年三期刊 4

2. 季刊、雙月刊、月刊 8

(二) 每年出版學術論文篇數 10 分

1. 每年學術論文出刊達到六篇，不滿九篇 6

2. 每年學術論文出刊達到九篇，不滿十二篇 8

3. 每年學術論文出刊達到十二篇以上 10

五、減分項目

(一) 未準時送達中心

1. 未準時送達中心之期數佔全年應出期數之比例≦50% -4 分

2. 未準時送達中心之期數佔全年應出期數之比例＞50% -8 分

(二) 延誤出刊

1. 各期延誤出刊達一單位 -5/期

2. 各期延誤出刊達二單位 -10/期

3. 各期延誤出刊達三單位 -15/期

4. 各期延誤出刊達四單位以上 -20/期

(三) 內稿比率

1. ＜70%，≧50% -3 分

2. ≧70% -6 分

(四) 編輯體例不統一 -10 分

六、加分項目

(一) 網路發行

1. 僅收錄於付費資料庫而無免費線上瀏覽服務（如 CEPS）　+4 分

2. 網路上公開發行且可免費瀏覽　+8 分

(二) 已收錄於國際資料庫　+10 分

表 6　臺灣人文學引文索引核心期刊 T/HCI core 歷年收錄名單

學科門類	文學	歷史	哲學	圖書資訊學	語言學	藝術	宗教	綜合類
收入數量	54 種	52 種	16 種	24 種	22 種	28 種	21 種	126 種
相關機構	64 個	28 個	22 個	11 個	10 個	20 個	17 個	5 個
2009 年 T/HCI core 收入數量	17 種	7 種	5 種	0 種	5 種	4 種	0 種	8 種
2008 年 T/HCI core 收入數量	12 種	7 種	5 種	0 種	6 種	3 種	0 種	8 種
2010/2011 年 T/HCI core 收入數量	17 種	7 種	5 種	0 種	4 種	5 種	0 種	8 種

資料來源：行政院國家科學委員會。

2003 年臺灣國家科學委員會社會科學研究中心在設置 T/SSCI 評選指標中，決定編輯委員會成員為內部人員比率＜1/2，≥1/3 者可得 6 分，編輯委員會成員為內部人員比率＜1/3 者可得 10 分；退稿率一項高於 70%者可得滿分（12 分），低於百分之 30%者則為 0 分，介於 30%至 50%可得 8 分；審稿人匿名可得滿分（4 分）；送審稿件匿名也可得滿分（4 分）。同時國家科學委員會在設置 T/HCI core 評選指標中，決定編輯委員會成員為內部人員比率＞1/2，≤2/3 者可得 3 分，編輯委員會成員為內部人員比率≤1/2 者可得 6 分；退稿率介於 15%至 30%可得 4 分，介於 30%至 50%可得 8 分，高於 50%可得 10 分，審稿人匿名可得滿分（4 分）；送審稿件匿名也可得滿分（4 分），每年有 3 位以上國外審查委員可得滿分（4 分）[11]。所以對於那些意欲躋身或保住 T/SSCI 或 T/HCI core 名單之列的期刊來說，最直接的影響便是編輯委員會不斷提高成果接受刊登的門檻——用更加嚴格的審查制度，以保證每期的發文數趨近 T/SSCI 規定的最低數量 4 篇。

基於匿審制外部設計的標準，「發文數少」成為了匿審制度下的一個產物；而從匿審制內部考察我們發現，繁複的匿審程序，投稿人在往復的學術審查制度下會將自己的文章越改越長，因而「篇幅長」成為了匿審制度下的第二個產物。針對這一問題，臺灣學者認為他們遴選出來的 T/SSCI「評鑑制度正在摧毀臺灣社會科學，其中立即的兩個效果是，發表論文的問題意識日益模糊，期刊的特色重點也日益模糊」[12]，究其原因，在於「國科委」制定 T/SSCI 有一個最重要的出發點：為了防止學術期刊編輯介入學術生產過程以達到杜絕徇私舞弊的情事，轉而導致臺灣學術期刊的運作過於程序化，主編的全部權力似乎在於是否准予一篇學術論文在嚴格匿名的情況下送交外審[13]，使得期刊「有責任無權」，投稿人完全仰仗審核人的予取予求。但是這種通病似乎並沒有刺痛到臺灣學界匿審

---

[11] 行政院國家科學委員會：2011 年臺灣人文學引文索引核心期刊收錄實施方案 http://www.hrc.ntu.edu.tw/index.php?option=com_wrapper&view=wrapper&Itemid=674&lang=zw，2011/05/20。

[12] 社論：《T/SSCI 走火入魔》，載知識通訊評論（臺灣），2008 年總第 64 期，第 2-3 頁。

[13] 關於主編的職責，淡江大學教育資料與圖書館學（T/SSCI 來源期刊）主編邱炯友教授美其名曰：永續的發展（sustainable development），即為學術社群與環境負責與努力，並藉由客觀與合宜的策略及措施帶給此社群及環境正面、深刻、長遠的影響。參見邱炯友：《期刊出版的思考》，載教育資料與圖書館學（臺灣），2006 年總第 44 期，第 131 頁。

制的神經，也並未改變臺灣學術期刊「出版週期長，單期發行論文少，單篇論文篇幅長」的特點，並不繁重的出版作業，使得編輯們有精力把任一投稿人的稿件匿去個人資訊轉給審查人，加之鑑於評鑑機構制定 T/SSCI 的指導精神不變，臺灣學術刊物主編只能不斷地「放權」，以至於他們發出這樣的慨歎：「我們失去了 T/SSCI，但是 T/SSCI 卻失落了自己」[14]。這種慨歎誠然可以理解，即便如國家科學委員會人文學研究中心的主管官員也不得不承認，T/SSCI 的研製，雖然喚醒了人文及社會科學界重視學術期刊的評鑑，但是對於「某某期刊沒有收錄在 T/SSCI 或 T/HCI core」、「某某學者出版的論文是不是收錄在 T/SSCI 或 T/HCI core 的期刊」逐漸地成為了國家科學委員會部份計劃審查人、各大學及學術機構的客觀衡量標準。更有甚者，對人文及社會科學學者的評價受到不當化約為「某人在五年內出版了若干 T/SSCI 期刊論文，代表研究成果在水準之上」或者「本校教員凡在學年內每出版一篇 T/SSCI 論文，便可申請獲得獎勵金額若干」這種誤用[15]。

第二節　從期刊評比思考期刊的永續發展

實際上，忽略 T/SSCI 與 T/HCI core 不計，僅從每一屆的期刊評比中，就能發掘出能為中國大陸學術期刊評比所借鑑的東西，行政院國家科學委員會人文及社會科學研究發展處在主持期刊評比

14　邱炯友：《失落的 T/SSCI》，載教育資料與圖書館學（臺灣），2008 年總第 46 期，第 4 頁。

15　傅仰止：《期刊評比與期刊資料庫分軌化》，載人文與社會科學簡訊（臺灣），2011 年 6 月第 12 卷第 3 期，第 3 頁。

時，設定了三個前提條件，凡未符合這三個條件者，均逕予退件，不作考慮，而這三個條件均為中國大陸學術期刊所匱乏者：

> （一）近三年（不含申請當年）刊行週期固定，出刊頻率至少為一年刊，並刊行滿三年應出期數。期刊所出版之不定期特刊，應一併送審。（二）期刊具備匿名審查制度。（三）近三年（不含申請當年）每期至少刊登三篇經匿名審查之學術論文。

學術期刊的評比旨在推動良好的學術圈的形成，這幾乎是所有學術社群的共同理念，但是制定的評比規則不一，則會在不同程度上影響學術風氣，臺灣學術期刊的可借鑑之處在於具備嚴謹的程序與規範的生產。僅以上述三條基本程序，中國大陸多數期刊便不符合條件。

表 7　2010 年期刊資料庫收錄名單與期刊評比結果對照[16]

學門評比級別	T/SSCI		T/HCI core		合計	
第一級期刊	19	42.2%	17	53.2%	36	46.7%
第二級期刊	19	42.2%	13	37.1%	32	41.6%
第三級期刊	7	15.6%	2	5.7%	9	11.7%
第四級期刊	0	0%	0	0%	0	0%
合計	45	100.0%	32	100.0%	77	100.0%
未分級	42		12		54	

資料來源：國家科學委員會學門期刊評比結果與 T/SSCI、T/HCI core 收錄名單。

從上表可以看出，在國家科學委員會主持的學門期刊評比中，T/SSCI 與 T/HCI core 寡占了第一、二、三級期刊，佔據 100%。

---

16 參見傅仰止：《期刊評比與期刊資料庫分軌化》，載人文與社會科學簡訊，2011 年 6 月第 12 卷第 3 期，本表引用時有所修改。

其中第一、二級期刊中，分別佔據 84.4%與 90.3%，在第一級期刊中，T/SSCI 與 T/HCI core 占 41.6%，在第二級期刊中，T/SSCI 與 T/HCI core 占 41.6%，在第三級期刊中，T/SSCI 與 T/HCI core 占 11.7%。

2011 年 5 月，臺灣「立法院」主持了一場關於「大學評鑑中論文發表於 SSCI、T/SSCI、T/HCI 等一些指標的爭議問題」的立法聽證會，相比於官方高調的呼籲聲，臺灣學界對此態度冷落，學者們認為「或許，這無可避免會是一個冗長的，甚至是一個沒有標準解答的爭論過程」，在這場聽證會的背後，隱含著臺灣官方和學界對「本土」學術生產的社會價值思考，這即是他們所思考的永續發展[17]。

永續發展（Sustainable Development）一詞最初只適應基於國際盟約的生態環境，但近年來，不少臺灣學者將「本土」的學術社群比喻成某種較封閉的學術生態圈，希望引入永續發展的理念，使得臺灣學術研究能力做大做強，視野更加開闊，至少在華文世界中能夠展示出「生態可持續」的一面，不過，需要承認一個事實，負責裝扮臺灣學術生態園裏的這些「園丁」們，同樣不堪「CI 化」（引文索引化）的驅使，在期刊分級的壓制下，「價格化、標準化的勞動商品」的生產者，無休止的期刊分級與學術成果間的博弈，使得永續發展的渴求與期刊分級的失落形成一對難以調和的矛盾。多數學者集矢於期刊評比與學術評鑑量化，認為國家科學委員會制定的 T/SSCI（臺灣社會科學引文索引）只不過是無法擺脫既有學術體系而忽視文化根源的結果，但官方的解釋則恰恰相反，T/SSCI 的推出，實際上就是要消除以上問題。

---

[17] 29-33 頁部份內容已由筆者（彭衛民）與潘宇鵬教授合署名刊登在上海市社會科學院主辦之《社會科學報》2012 年 2 月 26 日學術版。蒙潘宇鵬教授同意引用他的部分觀點，特致謝悃！

T/SSCI 的設計，是官方意志干預的結果，這一點，我們可以從 T/SSCI 設計的思路上得到求證，每一年，臺灣行政院國家科學委員會人文及社會科學發展處都會召開期刊評審委員會聯席會議，依據「臺灣社會科學引文索引資料庫期刊收錄實施方案」，賦予「刊登論文之學術水準」、「評審制度」、「主編之學術成就」、「內稿比率」、「編排校對」等 5 個一級指標與綜合評述的權重，並對期刊格式、論文格式、出版作業、刊行作業 4 個一級指標進行打分，以便調整各年 T 刊資料庫收錄期刊名單。T/SSCI 的建立目的，旨在建立文獻查詢系統以保證臺灣地區優質學術成果為學者共用，同時計算出各期刊的被引次數而評定期刊的學術影響力與水準，計算各學者文章被引用次數而評定學者的學術影響力與水準，不管這樣的期刊分級是否科學、合理、可行，是否能夠保護臺灣本土的學術生態，不可否認，T/SSCI 建設思路旨在描述國內人文學研究的狀態，探討國內人文學研究的本質，而非評量國內人文學研究的成果，以便能逐漸培養本土的社會科學類期刊，促使臺灣學術社群建立其學術權威、特色的根據地。

想要尋求臺灣學術發展的永續性，必須提出自己的運作模式與規則，但這種模式不可能擺脫新自由主義市場化學術生產的控制，因此，早為中國大陸學者批判的學術生產「CI」化運作的後果，同樣適用於 T/SSCI 的設計。實際上 T/SSCI 不過是將臺灣學術生產機器安裝「國際化」的驅動並輔之以國家意志的產物。

引文索引的設計制度往往會出現如下情形：設計者往往無法預測制度之外所產生的影響，且制度的批判者又往往成為制度的共謀者，不管是 T/SSCI 還是 C/SSCI，都要面對一個事實，用制度來應對人心，總無可避免會扭曲變形，也許同處華文學術圈，臺灣與中國大陸一樣，都無法尋找到一種比「以刊評文」更佳的學術評價制度。學術社群也和其他群體一樣，需要有制度和等級的規範，思想與話語不可以被禁錮，但是生產和成果是可以劃分等級的，這便是設計者應該思考的東西。

大致與 C/SSCI 的自我更新類似，行政院國家科學委員會每一年都會推出新的 T/SSCI 版本，通觀 T/SSCI 十餘版的目錄我們不難發現，總數不足八十種刊物細分至十餘門學科中，T/SSCI 的評選真可謂是「擠獨木橋」，自然，作為期刊的主編以能使本期刊得以躋身 T/SSCI 為一大榮耀，儘管這種「清貧」的榮耀並不如中國大陸某些學術期刊主編那般「滿腦肥腸」，但恰是這種清貧，使得期刊主編們需要檢視自家刊物的細枝末節，類似於「評閱者酬勞」、「評閱時間上限」、「通知作者訊息」這樣細微的指標都符合 T/SSCI 的門檻。

不過順此我們也需要思考一個問題，T/SSCI 如此設計，恰恰是不斷地提高學術成果的進入門檻，因為 T/SSCI 收錄的期刊少之又少，T/SSCI 期刊出版週期基本上是半年刊有的甚至是年刊，每一期的發文數也不過三五篇，所以，T/SSCI 遇到的問題與 C/SSCI 不同，究其原因很簡單，雖然兩者都受到各自學術圈的批判，但是 T/SSCI 有帶動與示範效應，它可以帶動整個臺灣學術圈走向價值認同的一面，而 C/SSCI 在這一點上顯得疲軟。例如，T/SSCI 的示範效應，可以使得臺灣大多數的學術刊物實行匿名審稿制，匿審已經成為文章欲入期刊的必由之徑，也成為臺灣期刊群的一種自然習慣。再如，期刊要求主編、副主編、編輯委員迴避制度，這也是 T/SSCI 基於公正審查的考量。這些制度與習慣，都因為 T/SSCI 的引導，逐步定型，走向更深層次的制度與習慣，反觀 C/SSCI，恐怕飽受責難的恰恰在這些地方。

臺灣學術期刊對學術生產造成的影響正負兼有，不過這些影響並不妨害官方在設計 T/SSCI 時所期待的永續性發展，他們的主觀目的在於希望通過 T/SSCI，引導期刊進入一個更高層次的辦刊水準，同時也開啟學者們學術生產高效能的意識。事實上，我們通觀臺灣學術生產環節的巨細，就不難發現，在許多方面，T/SSCI 運作帶來的效益，已經如期滿足了設計者們的期望值。換言之，恰恰是國家科學委員會制定的 T/SSCI 遴選標準，使得已進入或期待進入 T/SSCI 目錄的刊物都具備嚴苛的匿名審查制度與標準的出版作業，而毫無懸念不能進入該目錄的期刊，則會做出兩種選擇：停刊或延長出版週期。我們必須注意到，臺灣學術期刊的運轉多靠財政補貼得以維繫，不能達到 T/SSCI 指標的刊物，多半會成為永續發展政策的墊腳石。

總結起來，T/SSCI 為淨化臺灣學術氛圍，增強學術共同體認同感做了不少有益的制度設計，比如：

匿名審稿制度。臺灣正式出版的學術期刊幾乎都實行匿名審稿制度，學術期刊幾乎無一例外需要針對來稿聘請兩位以上匿名審稿人進行審稿，且已經形成較為規範化、程序化的匿名審稿制度以及嚴格的匿名審稿環境。

高退稿率。此一點，在國家科學委員會社會科學研究中心設置 T/SSCI 期刊評選指標中注明，退稿率一項高於 70%者可得滿分（12 分），低於百分之 30%者則為 0 分，介於 30%至 50%可得 8 分；審稿人匿名可得滿分（4 分）；送審稿件匿名也可得滿分（4 分），所以對於那些意欲躋身或保住 T/SSCI 名單之列的期刊，必須不斷提高接受刊登的門檻，要求匿名審稿人對論文從嚴審查。

論文品質。因為實行匿名審稿制度，加之嚴苛的入稿要求，最終使得 T/SSCI 刊物會呈現以下現象：因為審稿的費時費力，出版週期只能延長，因而半年刊與年刊比比皆是；嚴格的准入標準，使得單期出版的論文篇數居低不上，通常在 4-6 篇；為了保證期刊正常出版，加之投稿人因迎合審稿人提出的問題而將文章越改越長，一般刊登的文章篇幅在 2-3 萬字左右。

投稿門檻。投稿者並不需要為自己刊登的論文付費，極大多數刊物並不向作者收取版面費，國家科學委員會自 2003 年建立了 T/SSCI 期刊審查補助經費，所以作者無需承擔審查費、出版費等一切費用，雖然也有一些刊物如課程與教學[18]（2006 年入選 T/SSCI）、測驗學刊[19]等刊物要求作者付費，但投稿費用極低（1000 新臺幣-2000 新臺幣）。

與 C/SSCI 一樣，每一屆新的 T/SSCI 版一出，總是幾家歡樂幾家愁，有的主編失落，有的主編歡呼，得以進入 T/SSCI，確實是一種榮譽；對於投稿者而言，能擠進 T/SSCI，也是對自身學術研究能力的一種肯定，而被擋在外面的學者，也會質疑 T/SSCI 的有效性；對於大學與研究所而言，能有更多的同仁發表 T/SSCI 論文，在考核與評鑑時，也能站住腳跟。不管爭議如何，每一項存在並發揮作用的制度，總有其合理的一面，T/SSCI 對臺灣學術社群的帶動作用，對淨化臺灣學術空氣所作出的努力是不容置疑的，在這一方面，確實發揮了它所標榜的永續性。當然，如果拿我們自己的 C/SSCI 與 T/SSCI 做有效的對比，也許對我們的學術社群，也是一件功德無量的大實事。

T/SSCI 也好，T/HCI core 也罷，無非是華文學術界將學術生產機器安裝「國際化」的驅動並輔之以國家意志的產物，T/SSCI 與

---

18 該刊由中華民國課程與教學學會主辦，每年第一、四、七、十月份出版，在該刊的稿約中，有明確規定刊登費一事：稿件如獲刊登，須繳交刊登費，每篇 1500 元（新台幣，筆者注），內含 20 元手續費，參見中華民國課程與教學學會：課程與教學稿約，http://www.aci-taiwan.org.tw/new/pdf/14(4)稿約_入會說明.pdf.2011.10.

19 該刊由中國測驗學會主辦，每年第四、第八、第十二月份出版，該刊規定每篇論文刊登後，根據測驗學刊編輯委員會組織辦法暨編審流程第十五條規定：「接受刊登之稿件作者應繳交 3,000 元作為刊登費用」。參見中國測驗學會：《測驗學刊編輯委員會組織辦法暨編審流程》，http://www.capt.tw.2012.3.

T/HCI core 的設計與建立[20]，雖稱旨在描述國內人文學研究的狀態，探討國內人文學研究的本質，而非評量國內人文學研究的成果。以便能逐漸培養本土的社會科學類期刊，促使臺灣學術社群建立其學術權威、特色的根據地[21]。但是，制度的設計者往往無法預測制度之外所產生的影響，且制度的批判者又往往成為制度的共謀者，儘管制度設計者都認為「期刊評比有建構知識霸權的企圖」[22]，但卻無法停止這樣的慣性，雖然爭吵還在繼續，但是學者們也無法尋找到一種比「以刊評文」更合理的學術評價方法。除了國際公認的 3 個期刊分級體系（SCI\SSCI\A&HCI）外，臺灣期刊分級產生了 T/SSCI 與 T/HCI core，它們的權威體現在教師與研究人員的計畫[專案]、升等[晉升]、審查[考核]、獎懲上，期刊論文對評價的結果作用很大，比如政治大學（Cheng chi University，NCCU）教師升等辦法就規定：凡是 T/SSCI 收錄期刊，均列入本校教師升等專業期刊評比表的第一級期刊，凡是列入國家科學委員會期刊分類的第二級期刊，均列入本校教師升等專業期刊評比表的第二級期刊[23]；又如開南大學（Kai

[20] 每一年，臺灣「行政院國家科學委員會人文及社會科學發展處」都會召開期刊評審委員會聯席會議，依據「臺灣社會科學引文索引資料庫期刊收錄實施方案」，賦予「刊登論文之學術水準」、「評審制度」、「主編之學術成就」、「內稿比率」、「編排校對」等 5 個一級指標與綜合評述的權重，並對期刊格式、論文格式、出版作業、刊行作業 4 個一級指標進行打分，以便調整各年 T/SSCI 刊物資料庫收錄期刊名單。T/SSCI 的建立目的，旨在建立文獻查詢系統以保證臺灣地區優質學術成果為學者共用，同時計算出各期刊的被引次數而評定期刊的學術影響力與水準，計算各學者文章被引用次數而評定學者的學術影響力與水準。而 T/HCI 則以「'中華民國'期刊論文索引系統」中所收錄的人文學領域期刊為基礎，「行政院國家科學委員會」在臺灣大學成立的人文學研究中心，經三階段篩選過程後取得收錄名單。歷屆 T/SSCI、T/HCI core 期刊目錄分別參見表 1、表 2。

[21] 陳光華：《引文索引之建置與應用》，臺北：文華圖書館管理 2006 年版，第 1 頁。

[22] 黃寬重：《歷史學門國內期刊評比之研究》，行政院國家科學委員會補助專題研究計畫，臺北：行政院國家科學委員會，2008 年，第 89 頁。

[23] 政治大學共同教育委員會：《政治大學教師聘任升等評審辦法》，http://p00.nccu.edu.tw/po05_rules/03/0302.doc，2005/01/06。

nan University，KNU）規定：副教授晉升教授，至少須 4 篇具匿名審查制度的知名學術期刊或專業刊物論文，其中至少須發表 1 篇 SCI 或 SSCI 或 T/SSCI 或 A&HCI 的學術論文。助理教授晉升副教授，至少須 3 篇具匿名審查制度的知名學術期刊或專業刊物論文，其中至少須發表 1 篇 SCI 或 SSCI 或 T/SSCI 或 A&HCI 的學術論文。講師晉升助理教授，至少須 2 篇具匿名審查制度之知名學術期刊或專業刊物論文，其中至少須發表 1 篇 SCI 或 EI 或 SSCI 或 T/SSCI 或 A&HCI 的學術論文[24]；中國文化大學（Chinese Culture University，PCCU）規定教師發表論文獎勵分值，SCI、SSCI、T/SSCI 等 A 類期刊每篇獎勵 35 分，T/SSCI Pending 國家科學委員會或教育部獎助的優良期刊等 C 類期刊，每篇獎勵 20 分[25]。

國立新竹教育大學認為本校各系所建議作為新聘教師或教師升等時，教師投稿學術刊物參考之期刊名冊，凡屬（1）SSCI、SCI（含 SCIE 及 IJSME）、EI、A&HCI 及 T/SSCI 期刊、（2）國立大學校級之學報，均為被采認之當然期刊名冊，不再另外送審。換言之，如果不在本校認定的學術刊物上發表文章，於自身學術成就則毫無用處。本校各有自己認定的學術期刊，例如中國文化大學歷史學系則框定博士班發表國內論文必須在中央研究院近代史研究所集刊、臺大歷史學報等 49 種史學專門刊物，若刊登於上述以外的學術性刊物，必須出具該刊物具有審查制度的證明檔[26]，淡江大學歷史學系則框定博士班發表國內論文必須限定在成大歷史學報、漢學研究等 52 種史學專門刊物[27]。

---

[24] 開南大學共同教育委員會：《開南大學共同教育委員會教師升等審查辦法》，http://www.knu.edu.tw/cge/docs.htm，2011/03/04。

[25] 中國文化大學共同教育委員會：《中國文化大學教師升等辦法》，http://www.nttlrc.scu.edu.tw/download.asp?path=data&dir=982615325471.pdf，2009/05/06。

[26] http://www2.pccu.edu.tw/CRAAHS1/history-studies-regulations/r08.doc.

[27] http://www2.tku.edu.tw/~tacx/download/degree/DM.doc.

臺灣學界對期刊分級的非議甚至謾□從來沒有終止過，類似於國立清華大學（National Tsing Hua University）彭明輝教授「亡臺自『五年五百億計畫』始」[28]、輔仁大學陳君愷教授的「期刊分級是反科學的偽歷史」[29]這樣的論斷屢見不鮮，究其原因，也許在於期刊分級的本意與由此給臺灣學界帶來的影響已經南轅北轍的緣故。

第三節　「以刊論文」：中國大陸學術期刊分級的標準

不過無獨有偶，相比於以 T/SSCI 與 T/HCI core 為代表的臺灣學術界，以 C/SSCI 與中文核心期刊要目總覽為代表的期刊分級制度似乎更容易飽受中國大陸學者們的批判與鄙夷。中國大陸的期刊分級早在上個世紀九十年代初就逐漸定型，2011 年，中國社會科學院正式發佈了中國學術評價機制調研報告（藍皮書），在這份報

[28] 彭明輝教授在他的博客中提到，臺灣教育部「推出的五年五百億卻用 SCI 和 SSCI 綁架了所有優秀的學者，不許他們研究真正臺灣需要的技術，多數學者建立起福特汽車式論文生產線。有了五年五百億和正教授分級制，所有的人都被迫要走同樣的路，甚至跟不守學術倫理的人爭排名與業績，以免被他們羞辱。結果，真正有執有守的人受不了這股惡風而先退休。那些原本在混的人呢？反正要發表 SCI 的論文根本不難，只要厚著臉皮，總有辦法寫出報屁股文章。大不了跟著時潮去炒作就可以了」。參見彭明輝：《亡台從五年五百億開始》，http://mhperng.blogspot.com/2011/04/blog-post_28.html?spref=fb，2011/4/29。

[29] 陳君愷教授在針對臺灣學術期刊評比研究報告違背科學意志的情況下發出如下感慨：《期刊評比之研究》所運用的研究方法與所呈現的樣貌，是「反歷史」的「偽科學」；而它所得到的研究結論與所造成的效應，將會是「反科學」的「偽歷史」。參見陳君愷：《歷史學需要的是自由，不是評比！——揭穿國家科學委員會〈歷史學門國內期刊評比之研究〉的陰謀》，中華人文社會學報（臺灣），2011 年總第 14 期，第 4 頁。

告中，明文指出中國大陸的學術評價已經受到期刊分級的把持，期刊評價機制已經成為了學術創新的絆腳石[30]。

中國大陸與臺灣學術評鑑中計量標準的不一源自兩岸科研運作各行其是。例如臺灣國家科學委員會每年會面向高校與科研機構推出「專案研究計畫」、「協議專案型國合計畫」，核定經費在 40 萬新臺幣至 250 萬新臺幣之間，各校又有國家科學委員會案落選專案申請。與此同時臺灣「教育部」還規定教授獲得的學術研究費的最高與最低等級[31]，並推出所謂的「五年五百億」計畫[32]。

中國大陸的高校教師（研究人員）獲得經費按照國家、中央部委、省部、高校的級別分別給予等級配定經費。臺灣的科研院所與高校對中國大陸學術期刊的認定範圍僅界定為中國社會科學院與各省（直轄市）社會科學院所創辦的刊物，且還需有匿審制。以 SSCI 為主導的是臺灣社會科學界尊崇國際化的基本走向，這一點可以從臺灣教育部在 2002 年設定國立臺灣大學（National Taiwan University，NTU）、國立清華大學（National Tsing Hua University）、國立中央大學（National Central University）、國立交通大學（National Chiao Tung University）、國立中山大學（National Sun Yat-sen University）、國立成功大學（National Cheng Kung University）、國立陽明大學（National Yang-Ming University）等七所大學為重點研究型大學，撥付專項經費予以資助上述學校整合其學術競爭力，以便在國際期刊上發表更多的學術成果這一事實上得到印證[33]。

---

30 中國社會科學院法學研究所法治國情調研組：中國學術評價機制調研報告，中國網 http://www.china.com.cn/news/2011-02/24/content_21995539.htm，2011/02/04。

31 張佳穎、邱垂昱：《建立大學教師研究績效指標權重之研究》，載臺北科技大學學報（臺灣），2008 年第 41 卷第 1 期，第 2 頁。

32 《五年五百億計畫效應，臺灣六所大學世界排名攀升》，中國臺灣網：http://www.chinataiwan.org/xwzx/tw/kjty/200910/t20091010_1017330.htm，2009/10/10。

33 黃慕萱：《國內七所研究型大學論文發表概況分析》，載圖書館資訊學刊

表 8　臺灣高校教師學術研究費分級制（新臺幣：元）

等級	最高獲得	最低獲得
教授	36589	67951
副教授	30352	56368
助理教授	26478	49173
講師	20759	38552

資料來源：中華民國教育部。

表 9　中國大陸高校教師獲得縱向科研項目經費（人民幣：萬元）

項目類別	國家社科基金項目	省部級科研項目	高校科研項目
A	20-50	10-20	3-5
B	12	9-10	1-3
C	10	7-9	0.5-1

注：國家社科基金項目分為：重大項目、特別委託項目、年度項目、西部項目、後期資助項目等；省部級項目分類 A：教育部項目人文社會科學研究項目（重大、一般、青年）；B：中央、部委、省哲學社會科學規劃項目、省教育廳項目、省科委項目、省政府項目等；高校科研項目通常分為重大、重點、一般三類。

（臺灣）2005 年總第 55 期，第 11 頁。

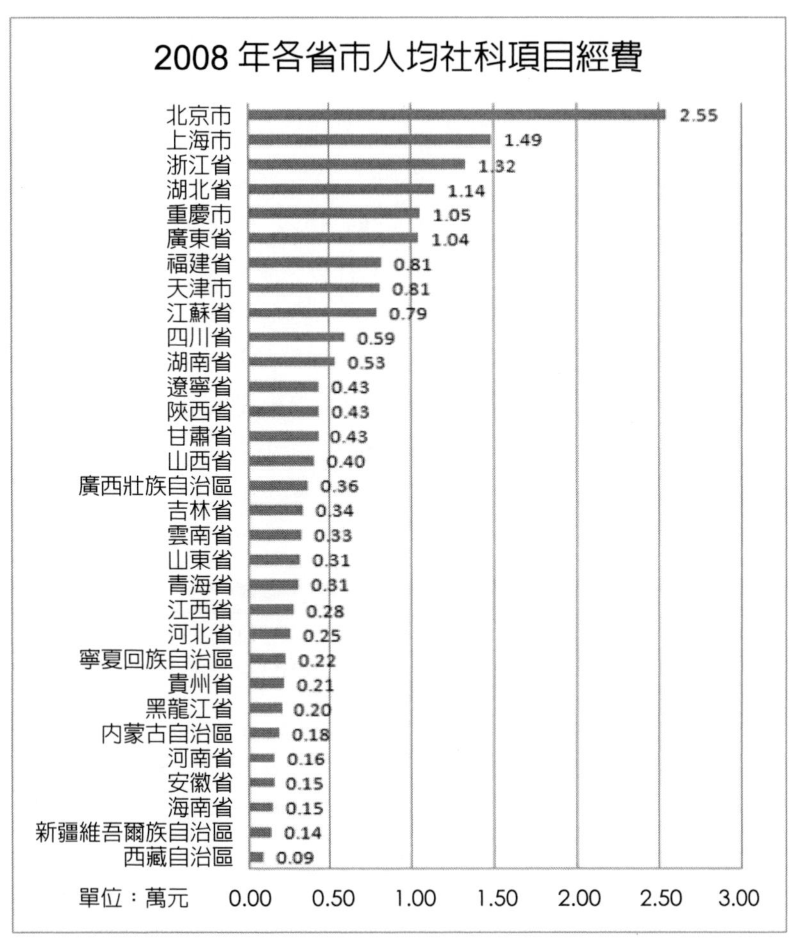

圖 1　2008 年中國大陸各省市人均社科項目經費一覽表

資料來源：南京大學中國社會科學評價研究中心

中國大陸從上個世紀 90 年代起，也建立了屬於自己的重要學術期刊收錄名單，即我們所謂的「核心期刊」，如教育部名刊工程

（3 批分別收入社會科學類 11、6、7 種刊物）、中文核心期刊（5 批分別收入社會科學類 984、798、700、737、747 種刊物）、中國人文社會科學核心期刊（2 批分別收入社會科學類 328、395 種刊物）、中文社會科學引文索引收入期刊（9 批分別收入社會科學類 496、506、419、418、461、526、764、699、741 種刊物）。從收錄的名單來看，幾乎涵蓋了所有人文社會科學的學科門類，這些資料庫也會定期更新收入的名單與數量，當然也有它們各自的評價指標，我們可將其歸結為影響力（impact）、重要性（importance）、品質（quality）這三大類。最具代表性的，即中文社會科學引文索引（Chinese Social Science Citation Index，簡稱 C/SSCI），已經成為了中國大陸人文社會科學評價領域的標誌性工程，其影響力之深、貢獻之大、作用之明顯已毋庸贅言，歷年收錄的 C/SSCI 來源期刊數基本保持在人文社會科學學術期刊總量（以 2011 年總量 4428 種計算）的 15%-20%，覆蓋 20-26 門左右學科。

儘管來自 C/SSCI 的制定單位——南京大學的學者一再辨析 C/SSCI 和中文核心期刊是兩個完全不一樣的概念，「前者只是 C/SSCI 的資料源期刊，而後者據說是為了指導圖書館訂閱而編制的期刊目錄」[34]。而在更早之前，中文核心期刊要目總覽的制定者便正告學界「如果將核心期刊表作為衡量論文水準的絕對標準來用，就可能發生錯誤」[35]。這樣的「忠告」似乎作用不大，學術期刊也好。學術評價單位也罷，甚至連飽受期刊分級之苦的高校教師與研究人員對此似乎也置若罔聞。因期刊分級而形成的一些「強盜邏輯」與可笑理念在許多期刊主編、大學科研處處長、教授研究員眼裏看來不

[34] 朱劍：《學術期刊「排行榜」熱幾時休——寫於「核心期刊」新版行將發佈之際》，載社會科學報 2011/08/09，第 5 版。

[35] 戴龍基、蔡榮華：2004 年版中文核心期刊要目總覽，北京：北京大學出版社 2004 年版，第 4 頁。

過司空見慣。例如每當新一版本的「核心期刊」發佈前夕，期刊的主編們都會為期刊是否躋身核心期刊目錄以及排名次序而或緊張或憂愁；一旦進入核心期刊目錄，有些刊物則耐不住寂寞與誘惑，在未經嚴格同行評議的前提下向作者收取高額的版面費便可在本期刊隨意發表論文，甚至壓縮出版週期，增大單期發文數量從而向投稿者斂取更多錢財；高校與學術評價單位在制定科研成果獎勵與考核辦法時，片面要求高產量而並不過問學術生產的過程與影響，完全用「以文換錢」的方式來毀壞教師與研究人員的積極性；迫於獎懲考核制度的壓力與學術期刊無情的壓榨，類似「福特式轎車生產工件」的投稿人只能敢怒不敢言，最終被迫遵循「以錢換文」的學術交易過程，這一過程又成為了學術剽竊與學術不端產生的重要因素。

事實上，我們僅僅從歷年來中文核心期刊要目總覽的評價指標的增加即可看出期刊評價是逐步趨向公正合理的，C/SSCI 的建立，更試圖在提升學術品質、規範辦刊行為、改進學術評價、促進哲學社會科學研究管理創新等方面做到盡善盡美，以此保證 C/SSCI 在影響力（impact）、重要性（importance）、品質（quality）方面真正為學術研究生產搭建平臺。也許正是基於政策制定者這般努力，我們似乎無法找到一種比以刊評文更加合適的學術評價制度[36]，相比於傳統意義上「瓜田李下」或「予取予求」的同行評審，人們更願意相信由數學原理與圖書情報推導出來的「統一、固定、公開」的評價體系——核心期刊目錄，只不過多年以來的積習，我們偷換了這樣的概念，設立學術期刊的核心區域雖然可以在某些方面指導學術評價事務，但是它並不能指導學術生產，進入核心學術期刊的論文並不等於是優質的學術生產果實。

[36] 中國社會科學院法學研究所法治國情調研組：中國學術評價機制調研報告，中國網 http://www.china.com.cn/news/2011-02/24/content_21995539.htm，2011/02/04。

表 10　中國大陸教育部名刊、名欄工程歷年收錄名單[37]

批次	第 1 批	第 2 批	第 3 批
更新時間	2004 年	2006 年	2010 年
收入數量	名刊 11 家、名欄 16 家	名刊 8 家	名刊 12 家

資料來源：中華人民共和國教育部。

[37] 第一批名刊入選名單（2004 年 2 月）為：北京大學學報哲學社會科學版、文史哲、南京大學學報哲學・人文・社會科學版、中國人民大學學報、復旦學報社會科學版、北京師範大學學報社會科學版、思想戰線、廈門大學學報哲學社會科學版、吉林大學社會科學學報、南開學報哲學社會科學版、陝西師範大學學報哲學社會科學版；第二批名刊入選名單（2006 年 7 月）為：武漢大學學報人文社科版、華東師範大學學報哲學社會科學版、浙江大學學報人文社會科學版、求是學刊、廣西民族大學學報哲學社會科學版、當代經濟科學、現代傳播、華中師範大學學報人文社會科學版；第三批名刊入選名單（2011 年 4 月）為：清華大學學報哲學社會科學版、外語教學與研究、政法論壇、中央音樂學院學報、四川大學學報哲學社會科學版、蘭州大學學報社會科學版、南京師大學報社會科學版；第四批名刊入選名單（2011 年 5 月）為：中山大學學報社會科學版、經濟學家、中國青年政治學院學報、社會、史學月刊。與此同時，教育部還甄選了高校哲學社會科學學報名欄，第一批為：武漢大學學報（哲學）、求是學刊（文化哲學研究）、華東師範大學學報哲學社會科學版（世界史研究）、財經問題研究（理論研究）、外語教學與研究（外語教學）、海南師範大學學報人文社會科學版（20 世紀中國文學研究）、經濟學家（面向 21 世紀的中國經濟學）、西安交通大學學報社會科學版（經濟與管理研究）、教學與研究（當代中國社會發展研究）、中國青年政治學院學報（青少年研究）、西北師大學報社會科學版（教育學、心理學）、湖南大學學報社會科學版（嶽麓書院與傳統文化）、東疆學刊（東北亞文化研究）、廣西民族學院學報哲學社會科學版（人類學研究）、內蒙古大學學報人文社會科學版（蒙古學研究）、中央音樂學院學報（民族音樂研究）。第二批為：齊魯學刊（孔子、儒家與齊魯文化）、徐州師範大學學報（留學生與近代中國研究）、殷都學刊（殷商文化研究）、北京聯合大學學報（北京學研究）、濱州學

表 11　中文核心期刊要目總覽歷年收錄名單

批次	第 1 批	第 2 批	第 3 批	第 4 批	第 5 批
更新時間	1992 年	1996 年	2000 年	2004 年	2008 年
收入數量	984 種	798 種	700 種	737 種	747 種
學科分類	3 編、62 類	3 編、63 類	3 編、29 類	3 編、26 類	3 編、25 類
評價指標	載文量、文摘量、被引量	被索量、被摘量、被引量、載文量、被摘率、影響因子	被索量、被摘量、被引量、載文量、被摘率、影響因子	被索量、被摘量、被引量、它引量、被摘率、影響因子、獲獎或被重要檢索工具收錄	被索量、被摘量、被引量、它引量、被摘率、影響因子、獲獎率、基金論文比、WEB 下載量

資料來源：北京大學圖書館。本表中的文獻收入數量，僅指人文社會科學類公開發行的學術期刊。

院學報（孫子研究）、上海大學學報社會科學版（影視理論研究）、江漢大學學報（現當代詩學研究）、福建師範大學學報（修辭學大視野）、西藏大學學報（藏學研究）、東南大學學報（藝術學研究）、重慶大學學報社會科學版（區域開發）、當代財經（理論經濟）、浙江樹人大學學報（民辦高等教育）、北京交通大學學報社會科學版（物流研究）、華南師範大學學報社會科學版（教育學／心理學論壇）、中國地質大學學報（資源環境研究）、衡陽師範學院學報（船山研究）、武漢體育學院學報（體育人文社會科學）、閩江學院學報（閩文化研究）、鄭州大學學報（美學．環境美學研究）、河北大學學報（宋史研究）、法律科學－西北政法大學學報（法律文化與法律價值）、裝飾（特別策劃）、廣州大學學報（廉政論壇）。參見中國教育和科研計算機網：教育部關於公佈教育部高校哲學社會科學學報名欄建設第一批入選欄目名單的通知，http://www.eol.cn/article/20051012/3155167.shtml，2004.12.23；教育部：教育部高校哲學社會科學學報名欄建設第二批擬入選欄目名單，http://www.sinoss.net/2011/1207/38326.html，2011.12.7.

表 12　中國人文社會科學核心期刊總覽歷年收錄名單

學科門類	馬哲心理學宗教	語言文學藝術	歷史考古人文地理	政治法律	經濟	社會人口民族	管理統計	圖書館情報與文獻學	環境科學	綜合類
2008 版	29 種	50 種	30 種	47 種	68 種	19 種	19 種	49 種	3 種	81 種
2004 版	17 種	41 種	27 種	37 種	56 種	16 種	19 種	36 種	3 種	76 種

資料來源：中國社會科學院。

表 13　中文社會科學引文索引歷年收錄名單

批次	第 1 批	第 2 批	第 3 批	第 4 批	第 5 批	第 6 批	第 7 批	第 8 批	第 9 批
更新時間	1998年	1999年	2000年	2003年	2004年	2006年	2008年	2010年	2012年
收入數量	496 種	506 種	419 種	418 種	461 種	526 種	764 種	699 種	714 種
學科分類	24 類	20 類	26 類	25 類	25 類	25 類	25 類	25 類	25 類

資料來源：南京大學中國社會科學評價研究中心。

相比於 T/SSCI 的設計，C/SSCI 明顯疲軟。學術高產的背後卻是高品質的稿源的嚴重不足，匿審制度也就等同於天方夜譚。文短、字小、選題毫無新見，甚至東拼西湊、東剽西竊的學術垃圾卻成了一種不可直言的傷痛，相對於臺刊出版年刊、半年刊，單期發行三至五篇論文來說，中國大陸學術期刊雙月刊、月刊、半月刊、旬刊，每期發行論文三、五十至百十篇不等者比比皆是。

學者仲偉民從一個側面勾勒了中國大陸學術期刊出版的「盛況」：

中國有六千餘種學術期刊，社科學術期刊占了大多數。近年由於期刊數位化的加速發展，紙本期刊訂戶越來越少，這是無可奈何之事。為了擴大影響，學術期刊免費贈送越來越多。我每天都會收到各種各樣的學術雜誌，地方有限，必須隨時處理，而處理這些雜誌的方式不外乎以下幾種：有的根本不必開封，直接扔進了廢紙箱；有的多停留了幾分鐘，看看目錄後，照舊扔進了廢紙箱；有的則在大致流覽後，不捨得立即扔掉而擺上了書架。到年底，書架也滿滿當當的了，於是繼續清理：有的依然直接扔進了廢紙箱，有的在某篇文章被撕下後扔進了廢紙箱，有的則是恭恭敬敬地又擺在了書架上。而這幾種不同的處理方式，可以說基本代表了中國學術期刊學術水準的由低而高的基本特點。[38]

附錄：C/SSCI（2010-2011）來源期刊遴選原則與方法[39]

根據中文社會科學引文索引指導委員會第八次全體會議精神，茲將 C/SSCI（2010-2011 年）來源期刊遴選原則與方法公告如下：

一、C/SSCI 來源期刊遴選原則

1. 入選的來源期刊必須是具有 CN 號的、主要刊載學術論文和評論等一次文獻的、按出版週期準時出版並符合期刊編輯出版規範的、所刊載的學術論文應列有參考文獻或文獻注釋的中文人文社會科學學術性期刊。屬自然科學、二次文獻、通

[38] 仲偉民：《中國學術期刊現狀談》，載中華讀書報 2011 年 5 月 18 日第 14 版。

[39] 中國社會科學研究評價中心：《C/SSCI（2010-2011）來源期刊遴選原則與方法》，http://www.C/SSCI.com.cn/documents/yzyff.htm，2009.12.28.

俗、文學原創、譯文為主的或有一刊多版等編輯出版不規範情形的期刊不予收錄。

2. 來源期刊的遴選原則是：堅持品質優先的原則，總量控制，定量（引文文獻計量指標）評價與定性（學科專家）評價相結合，動態調整，高進低出，兼顧地區與學科的平衡。
3. 來源期刊的學科根據國家標準中 GB/T13745-92——《學科分類與代碼》設 23 個學科類別，在此基礎上增設「高校綜合性社科學報」、「綜合性社科期刊」兩個類別共 25 個學科類別[40]。
4. 來源期刊總量控制在全國人文社會科學學術性期刊總數的 20%[41]。學科來源期刊數以學科期刊數、人力資源數為參數，按 7：3 的權重確定各學科來源期刊數。
5. 最終確定：2010-2011 年 C/SSCI 來源期刊目錄入選期刊共 527 種，擴展版來源期刊目錄入選期刊共 173 種。

二、C/SSCI 來源期刊遴選方法與程序

1. 規範性審查：中國社會科學研究評價中心對期刊進行規範性審查。規範性審查主要內容是：出版時效[42]、文獻引用量[43]和期刊版本[44]。

---

40 來源期刊學科類別：管理學，馬克思主義，哲學，宗教學，語言學，中國文學，外國文學，藝術學，歷史學，考古學，經濟學，政治學，法學，社會學，民族學，新聞學與傳播學，圖書館、情報與文獻學，教育學，體育學，統計學，心理學，綜合性社科期刊，人文、經濟地理，環境科學，高校綜合性社科學報。

41 經調研，目前全國人文社會科學各學科學術性期刊共 2700 餘種。人力資源數的估算參照教育部等有關部門的統計資料。

42 出版時效性的審查重點是期刊是否按規定的出版週期按時出版。凡延期 2 個月以上出版的期刊屬於編輯、出版不規範的期刊不予以選用。

43 文獻引用量的審查重點是篇均引文量，篇均引文量是編輯規範性和論文學術性的重要的指標。

2. 來源期刊遴選依據是期刊的「他引影響因子」和「總被引頻次」[45]兩項指標，指標權重分別為 0.8 和 0.2。
3. 指標值計算：對期刊 2006-2008 年上述兩指標進行歸一化處理，所得到的歸一化值乘於所對應的指標權重。兩項指標值之和為期刊綜合值。綜合值為期刊所在學科排序依據。
4. 各學科期刊按綜合值從高到低進行學科排序，並按當年學科來源期刊預選數的 140%確定來源期刊預選名單。
5. 來源期刊預選名單提交中文社會科學引文索引指導委員會進行評審，經過認真審核與充分討論，在適當考慮地區和學科分佈的合理性的基礎上，按照高進低出的原則，刪除原來源期刊排序位於學科應選期刊數之外的期刊，由排序位於學科應選期刊數之內的原擴展版期刊依次遞補，初步確定當年來源期刊。
6. 經指導委員會會議審定後的來源期刊名單進行公示，公示結束後通過中心網站正式發佈。
7. 規範性審查原則同時適用於正式公佈後入選的來源期刊。如發現有一刊多版、一號多刊等編輯出版不規範情形的期刊，中心將在查證後報經指導委員會審議後自來源期刊目錄中去除。

---

[44] 5.期刊版本的審查重點是同一 CN 號的期刊編輯出版不同版本的期刊，即「一刊多版」。根據 2005 年 9 月新聞出版總署發佈的第 31 號檔《期刊出版管理規定》第三十三條規定：「一個國內統一連續出版物號只能對應出版一種期刊，不得用同一國內統一連續出版物號出版不同版本的期刊」。不符合新聞出版署《期刊出版形式規範》的有關規定、編輯出版不規範的期刊不予選用。

[45] 6.他引影響因子指某刊在統計當年被 C/SSCI 來源期刊文獻引用該刊前 2 年所登載的文章的篇次（不含該刊自引）與前 2 年該刊載文量之比；總被引頻次指某刊被統計當年被 C/SSCI 來源期刊文獻所引用該刊創刊以來登載的文章的總篇次（含該刊自引）。

儘管 C/SSCI 與 T/SSCI 一樣將自己的合法性建立在看似非常嚴謹的程序化的遴選制度之上，但是仍舊有學者出來批判，甚至有上海師範大學方廣錩教授上書中國大陸教育部長袁貴仁，認為「C/SSCI 在『促進期刊提升學術品質、規範辦刊行為』方面的意義應該肯定。但是，其意義也僅此而已。一個原本用來評估學術刊物水準的技術指標，被錯誤地用來評價社會科學研究成果乃至評價高校科研水準的權威標準，教育部的這一做法違背了社會科學研究的客觀規律」[46]。除此以外，也有 C/SSCI 研發單位的學者對自身所指定的學術評價體系進行赤裸裸的批評，如南京大學朱嘉平教授認為 C/SSCI 的評選並沒有經過科學的數理化的程序，而是經由幾個「權威」教授拍腦袋決策：

> 既不是專家經過嚴肅的學術研究產生的，也不是根據對各家雜誌的所謂影響因子等科學數據排列的，而居然是「中文社會科學引文索引指導委員會」的專家，當然是在周憲和張一兵這些雖然不是文獻情報學和傳播學專家但畢竟是最重要的權威專家的主持下，「專門會議討論、審定並通過」的，原來是這樣的一群人根據這樣的方式「遴選」出來的，不知道是否按照一人一票制度，反正像選先進一樣，人緣好的雜誌當選，人緣不好的當然淘汰：何須作研究？何須作數據分析？嗚呼！這樣的評價中心，這樣的評價體系，這樣的C/SSCI，這樣的荒唐的運作方式！[47]

---

[46] 方廣錩：《廢止以 C/SSCI 為高校學術評價的標準：致教育部長袁貴仁教授的呼籲書》，載學術批評網 http://www.acriticism.com/article.asp?Newsid=11496&type=1008，2010.2.3.

[47] 朱嘉平：《究竟是誰損害了中國社會科學研究評價中心的「形象與聲譽」？》，載學術批評網 http://www.acriticism.com/article.asp?Newsid=11466&type=1008，2010.1.30.

圖 2　2008 年中國大陸各省市人均發表論文數統計

資料來源：南京大學中國社會科學評價研究中心。

圖 3　2008 年中國大陸各省市人均出版著作統計

資料來源：南京大學中國社會科學評價研究中心。

上圖為南京大學中國社會科學研究評價中心公佈的 2008 年度中國大陸各省市（不含港澳）人均發文數與人均著作數，從圖中可以很直觀地看到，在中國大陸 31 個省、直轄市中，竟然有 27 個省人均發文數達到甚至超過 0.5 篇，有的省份竟然人均發文數高達 1.2，也就是說，在全中國大陸有近 80%的地區，每兩個人當中就有一人從事過學術研究，此數據中應未包涵僅為紙製出版品而沒有公佈在網絡上之文章，且各增、專刊及研討會之文章亦未計算。而北京、上海兩地每十人當中，便有一人擁有自己的著作。這樣的盛況，或許只有在中國大陸才可見到！

再以中國期刊網全文資料庫收錄的學術期刊為例，截至 2011 年 5 月，社會科學類的學術性期刊總計 4428 種，年刊 62 種，半年刊 83 種，季刊 701 種，雙月刊 1267 種，月刊 2191 種，半月刊 74 種，旬刊 43 種，週刊 6 種，半週刊 1 種。哲學與人文社會科學收入 25 門二級學科計 838 種，社會學收入 32 門二級學科計 2512 種，經濟與管理科學收入 24 門二級學科計 1078 種[48]，在這種無法控制的學術出版井噴中，會導致兩個後果：編輯很難再有精力與動力，在面對如洪水般不斷湧來的稿件時，再用一種科學、專家、專業化的辦法去選擇優質稿件。如果中國大陸這 4428 種學術期刊的來稿均按照匿審去執行編輯作業，其付出的代價將難以估量，而審查權與出版權的合一，會使得學術期刊有可能喪失延攬優秀的稿源的機會，甚至有機會讓他們以權謀私。

---

48 中國期刊網全文資料庫：http://acad.cnki.net/Kns55/oldnavi/n_navi.aspx?NaviID=17&Flg=，2011/3/3。

表 14　CNKI 收入社會科學類學術期刊數量

學科分類	哲學與人文社會科學	社會科學 1	社會科學 2	經濟與管理科學	合計
二級學科	25 門	18 門	14 門	24 門	81 門
收入數量	838 種	683 種	1829 種	1078 種	4428 種

資料來源：中國學術期刊電子（光盤）電子雜誌社，本表中的文獻收入數量，僅指人文社會科學類公開發行的學術期刊。

第四節　「以文評刊」：中國大陸學術期刊分級的背後

中國大陸比較知名的學術轉載刊物有新聞出版總署創辦的新華文摘、中國社會科學院創辦的中國社會科學文摘、上海師範大學創辦的高等學校文科學術文摘以及中國人民大學創辦的中國人民大學書報複印資料，以上四種二次轉載刊物為我國大部份學術同儕及學術機構所認同。學者們以其學術成果能被上述刊物轉載為榮，因為作品業經轉載，變成佳作，足以證明其學術價值之所在，不少學校規定凡上述刊物轉載之學術成果，可以作為晉升、科研獎勵、學術評獎的依據。與此同時，不少學術刊物也以其刊載之學術論文能夠被二次轉載為榮，因為 C/SSCI 與中文核心期刊遴選標準中很重要一條就是評價學術刊物轉載（摘）與引用情況，若期刊能頻繁得上述四大轉載機構之青睞，則「事必成矣」。

一、新華文摘為當然之權威刊物。該刊始創於 1979 年，為綜合性、學術性、資料性之文摘，半月刊，下設有政治、歷史、經濟、哲學、法律、文藝作品、文藝評論、社會、管理、教育、新華觀察、人物與回憶、讀書與傳媒、國外社會科學等學科及欄目，除此以外還有「論點摘編」以及「文章篇目輯覽」等。新華文摘的轉載形式分為三種，一種為全文轉載，雖然說是全文轉載，但因為限於篇幅，也只能將文章之核心內容與思想摘登，內容或為全文之三分之二，或為全文之二分之一，有的甚至更少；一種為摘要轉載，即提煉文章之摘要，僅百數十字而已；一種為篇目輯覽，也即索引，每一學科每期推薦數篇文章。究其權威之原因，不外乎兩點：其一，背景深厚，為中共宣傳部門把持中國社會科學之喉舌刊物，其主管單位為新聞出版總署，主辦單位為人民出版社，每期幾乎都會刊載中央領導人的理論文章。其辦刊之宗旨，第一條即是堅持黨性原則，恪守「守正出新、導向正確、定位準確」之家法。由此觀之，其權威性乃政治權利賦予之當然色彩。其二，轉載概率極小。雖然新華文摘每年出版 24 期，每期盡可能覆蓋所有的社會科學學科，但是幾乎每一學科每一期僅能容納 2-4 篇文章，雖然新華文摘盡可能涵蓋了中國社會科學的最大範圍，然而畢竟「僧多粥少」能被新華文摘摘要轉載已然困難，遑論全文轉載，更是難上加難。有不少大學教授或研究員，終其一生其學術成果未能被新華文摘轉載者，眾矣。從這個角度來講，但凡被轉載之文章，多少總有其獨特之處。雖然不可儘言一定為最權威之成果，但畢竟足以代表社會科學中之官方水準。所以在中國大陸很多高校與研究所，將新華文摘轉載之成果等同於在中國社會科學或高水準 SSCI 刊物發表之論文。若從物以稀為貴的角度來思考，實無可厚非。

表 15 《新華文摘》全文轉載高校人文社科綜合性學報情況（2004-2006）[49]

排序	期刊名稱	2004 年	2005 年	2006 年	是否為 2008 版中文核心期刊	是否為 2006 版 C/SSCI 來源期刊（含擴展版）
1	中國人民大學學報	15	8	16	Y	Y
2	北京師範大學學報（社會科學版）	6	11	14	Y	Y
3	北京大學學報（哲學社會科學版）	3	6	16	Y	Y
4	鄭州大學學報（哲學社會科學版）	6	0	17	Y	Y
5	湖南師範大學社會科學學報	0	2	19	Y	Y
6	華中師範大學學報（人文社會科學版）	1	3	17	Y	Y
7	吉林大學社會科學學報	5	10	4	Y	Y
8	求是學刊	3	8	8	Y	Y
9	河南大學學報（社會科學版）	4	0	12	Y	Y
10	清華大學學報（哲學社會科學版）	1	1	13	Y	Y
11	南開學報（哲學社會科學版）	3	1	10	Y	Y
12	廈門大學學報（哲學社會科學版）	3	3	7	Y	Y
13	南京大學學報（哲學・人文科學・社會科學版）	5	1	5	Y	Y

[49] 以下四個表格參見袁玶：《高校人文社科綜合性學報二次文獻轉載及 web 下載排名統計分析》，載西南民族大學學報 2008 年第 6 期，頁 88-99。但筆者對這些表有部份調整。

14	齊魯學刊	3	0	8	Y	Y
15	浙江大學學報（人文社會科學版）	0	2	9	Y	Y
16	陝西師範大學學報（哲學社會科學版）	2	0	9	Y	Y
17	復旦學報（社會科學版）	1	3	6	Y	Y
18	中山大學學報(社會科學版)	0	6	4	Y	Y
19	湖南科技大學學報（社會科學版）	0	0	9	Y	N
20	上海師範大學學報（哲學社會科學版）	0	2	7	Y	Y
21	思想戰線	0	4	5	Y	Y
22	東北師大學報（哲學社會科學版）	2	3	3	Y	Y
23	煙臺大學學報（哲學社會科學版）	0	0	8	Y	N
24	山西師大學報(社會科學版)	2	0	5	Y	Y
25	湖南大學學報(社會科學版)	0	2	4	Y	Y
26	南都學壇：南陽師範學院人文社會科學學報	1	0	5	N	N
27	武漢大學學報(人文科學版)	4	2	0	Y	Y
28	西北師大學報(社會科學版)	0	1	5	Y	Y
29	湘潭大學學報（哲學社會科學版）	0	0	6	N	Y
30	廣州大學學報(社會科學版)	0	0	5	N	N
31	東南大學學報（哲學社會科學版）	1	1	3	Y	Y
32	河北大學學報（哲學社會科學版）	0	1	3	Y	Y
33	華東師範大學學報（哲學社會科學版）	0	1	3	Y	Y
34	吉首大學學報(社會科學版)	0	0	4	Y	N

35	南通大學學報(社會科學版)	0	0	4	N	N
36	山東大學學報（哲學社會科學版）	1	1	2	Y	Y
37	四川大學學報（哲學社會科學版）	2	0	2	Y	Y
38	蘇州大學學報（哲學社會科學版）	0	0	4	Y	Y
39	天津師範大學學報（社會科學版）	0	0	4	Y	Y
40	武漢大學學報（哲學社會科學版）	0	0	4	Y	Y
41	西北大學學報（哲學社會科學版）	0	0	4	Y	Y
42	北京工商大學學報（社會科學版）	1	1	1	Y	Y
43	福建師範大學學報（哲學社會科學版）	1	1	1	Y	Y
44	杭州師範學院學報（社會科學版）	0	0	3	Y	Y
45	湖南文理學院學報（社會科學版）	1	0	2	N	N
46	華南師範大學學報（社會科學版）	0	1	2	Y	Y
47	南陽師範學院學報	0	2	1	N	N
48	天津大學學報(社會科學版)	0	2	1	Y	N
49	安徽大學學報(哲學社會版)	0	1	1	Y	Y
50	安慶師範學院學報（社會科學版）	0	0	2	N	N

從上表中可以看出，被2004-2006年被新華文摘全文轉載排名前50名的高校人文社會科學學報裏，僅有10所大學創辦

之 11 個學報未能同時進入當屆（2008 版）之中文核心期刊要目總覽與當屆（2006 版）之 C/SSCI 來源期刊（含擴展版），即不是所謂的「雙核心」，這 10 所大學為煙臺大學、湖南科技大學、湘潭大學、廣州大學、吉首大學、南通大學、湖南文理學院、安慶師範學院、南陽師範學院、天津大學，這 10 所大學中除了天津大學外，其他 9 所院校既非「985」也非「211」支持的大學。而全部未進入兩大核心的期刊的高校學報裏，只有廣州大學之廣州大學學報、南通大學之南通大學學報、湖南文理學院之湖南文理學院學報、南陽師範學院之南都學壇、南陽師範學院學報、安慶師範學院之安慶師範學院學報，這 6 個學報所在之 5 所大學既非「985」也非「211」支持之大學，甚至也不是教育部支持之重點大學。由此可以看出，新華文摘的轉載頻率直接決定了期刊是否得以進入下一屆之核心區。僅以前 50 名之期刊觀察，就有 44 家期刊是所謂的「核心期刊」或者「雙核心期刊」，同時還可以看到，期刊能否進入核心，還與期刊之主辦單位有一定的聯繫，通常名氣或國家資源支持力度越大的高校所主辦的期刊信譽度和影響力會較之其他普通高校要大，因為以上要件決定期刊在一定程度上能夠延攬到更多優秀的稿件。

二、中國社會科學文摘為可以與新華文摘媲美之轉載刊物。該刊創始於 2000 年，為擇優推介人文社會科學重要研究成果的文摘類期刊[50]，月刊。因為該刊創始者乃中國社會科學之最高殿堂——中國社會科學院，故而也在一定程度上說明了他的權威性。該刊也下設有政治、歷史、經濟、哲學、法律、文學、社會、管理、教育等學科，主要刊載各學科之前沿成果與重

50 中國社會科學院：中國社會科學文摘簡介，http://ssic.cass.cn/gywm/jj.htm，2012.2.28.

大現實問題。同時也設置有「論點摘編」以及「文章篇目輯覽」。因為中國社會科學文摘載文數少，某一研究者的研究成果能被相中轉載的概率也極其微小，所以自身學術成果能上中國社會科學文摘，也是一種莫大榮耀。

表 16　《中國社會科學文摘》全文轉載高校人文社科綜合學報情況（2004-2006）

排序	期刊名稱	2004 年	2005 年	2006 年	是否為 2008 版中文核心期刊	是否為 2006 版 C/SSCI 來源期刊（含擴展版）
1	清華大學學報（哲學社會科學版）	0	3	22	Y	Y
2	吉林大學社會科學學報	9	4	10	Y	Y
3	求是學刊	4	6	11	Y	Y
4	北京師範大學學報（社會科學版）	3	11	5	Y	Y
5	北京大學學報（哲學社會科學版）	0	7	10	Y	Y
6	華中師範大學學報（人文社會科學版）	4	3	10	Y	Y
7	南京大學學報（哲學・人文科學・社會科學版）	4	3	10	Y	Y
8	浙江大學學報（人文社會科學版）	3	2	11	Y	Y
9	中國人民大學學報	4	4	7	Y	Y
10	陝西師範大學學報（哲學社會科學）	2	0	10	Y	Y

11	廈門大學學報（哲學社會科學版）	5	4	3	Y	Y
12	思想戰線	2	5	4	Y	Y
13	湖南師範大學社會科學學報	0	2	7	Y	Y
14	南開學報(哲學社會科學版)	3	1	4	Y	Y
15	復旦學報（社會科學版）	2	3	2	Y	Y
16	華東師範大學學報（哲學社會科學版）	0	3	2	Y	Y
17	吉首大學學報(社會科學報)	1	0	4	Y	N
18	上海交通大學學報(哲社版)	0	2	3	Y	Y
19	四川大學學報（哲學社會科學版）	1	2	2	Y	Y
20	煙臺大學學報（哲學社會科學版）	0	2	3	Y	N
21	鄭州航空工業管理學院院報	1	2	2	N	N
22	河南大學學報(社會科學版)	1	0	3	Y	Y
23	華南師範大學學報（社會科學版）	0	1	3	Y	Y
24	南京師大學報(社會科學版)	3	1	0	Y	Y
25	山東大學學報（哲學社會科學版）	1	2	1	Y	Y
26	上海師範大學學報（哲學社會科學版）	0	1	3	Y	Y
27	四川師範大學學報（社會科學版）	0	0	4	Y	Y
28	西安交通大學學報（社會科學版）	1	2	1	Y	Y
29	湘潭大學學報（哲學社會科學版）	0	1	3	N	Y
30	中山大學學報(社會科學版)	0	3	1	Y	Y
31	福建師範大學學報(哲社版)	1	1	1	Y	Y
32	廣州大學學報(社會科學版)	0	0	3	N	N

33	上海大學學報(社會科學版)	0	0	3	Y	Y
34	同濟大學學報(社會科學版)	0	1	2	Y	N
35	武漢大學學報(人文科學版)	2	1	0	Y	Y
36	西北大學學報（哲學社會科學版）	0	2	1	Y	Y
37	雲南師範大學學報(哲社版)	0	0	3	N	Y
38	安徽師範大學學報（人文社科版）	1	0	1	Y	N
39	安慶師範學院(社會科學版)	1	1	0	N	N
40	東方論壇：青島大學學報	0	1	1	N	N
41	河北大學學報（哲學社會科學版）	0	2	0	Y	Y
42	湖南科技大學學報（社會科學版）	0	0	2	Y	N
43	蘇州大學學報（哲學社會科學版）	1	1	0	Y	Y
44	武漢大學學報（哲學社會科學版）	0	0	2	Y	Y
45	西北師大學報(社會科學版)	1	0	1	Y	Y
46	鄭州大學學報（哲學社會科學版）	1	1	0	Y	Y
47	安徽大學學報(哲學社會版)	1	0	0	Y	Y
48	北京科技大學學報（社會科學版）	0	0	1	Y	N
49	渤海大學學報（哲學社會科學版）	0	0	1	N	N
50	廣西師範大學學報(哲社版)	0	0	1	Y	N

從上表中可以看出，2004-2006 年被中國社會科學文摘全文轉載排名前 50 名的高校人文社會科學學報裏，僅有 10 所大學創辦之 10 個學報未能同時進入當屆（2008 版）之中文核

心期刊要目總覽與當屆（2006 版）之 C/SSCI 來源期刊（含擴展版），即不是所謂的「雙核心」，這 10 所大學為煙臺大學、吉首大學、鄭州航空工業管理學院、廣州大學、同濟大學、安徽師範大學、安慶師範學院、青島大學、北京科技大學、廣西師範大學，這 10 所大學中除了同濟大學、北京科技大學外，其他 8 所院校既非「985」也非「211」支持的大學。而全部未進入兩大核心的期刊的高校學報裏，只有安慶師範學院之安慶師範學院學報、青島大學之東方論壇、鄭州航空工業管理學院，這 3 個學報所在之 3 所大學既非「985」也非「211」支持之大學，也不是教育部支持之重點大學，更有甚者，鄭州航空工業管理學院乃是名不見經傳的職業技術學院。由此可見，中國社會科學文摘的轉載頻率也直接決定了期刊是否得以進入下一屆之核心區。僅以前 50 名之期刊觀察，就有 47 家期刊是所謂的「核心期刊」或者「雙核心期刊」，同時還可以看到，期刊能否進入核心，還與期刊之主辦單位有一定的聯繫，通常名氣或國家資源支持力度越大的高校所主辦的期刊信譽度和影響力會較之其他普通高校要大，因為在一定程度上能夠延攬到更多優秀的稿件。但值得反思的是，儘管轉載率決定了期刊的「好壞」，期刊的知名度也在影響著期刊的排名，但是類似於鄭州航空工業管理學院學報這樣的個案，著實應該引起我們的反思：毫無疑問，其刊載成果之能夠被中國社會科學文摘頻繁轉載，自然說明其辦刊之水準，但是這樣的刊物沒有得以進入核心期刊行列，則勢必會帶來很多不利的影響。久而久之，好的刊物就會遁入惡性循環的行列而很難再朝良性發展。

三、人大複印資料為中國人民大學創辦的學術轉載期刊群，之所以說是期刊群，是因為該資料包括 126 種複印報刊資料、4 種原發刊、14 種文摘系列與 1 種原發電子刊，覆蓋有政治學與社會學、法律、哲學、經濟學與經濟管理、文學與藝術、教育、歷史、文化與信息傳播類等各門學科。該複印資料歷史悠久，成立於 1958 年，是國內最早從事人文社會科學信息資料蒐集整理、編輯加工、信息發佈的學術研究資料。因為涵蓋的信息量大，種類多，資源豐富，所以相對而言，學者們的成果躋身人大複印資料的幾率相對較前二者而言容易。

表 17　《人大複印資料》全文轉載高校人文社科綜合學報情況（2004-2006）

排序	期刊名稱	2004年	2005年	2006年	是否為2008版中文核心期刊	是否為2006版C/SSCI來源期刊（含擴展版）
1	河南師範大學學報（哲學社會科學版）	48	55	57	Y	Y
2	中國人民大學學報	64	43	52	Y	Y
3	北京師範大學學報（社會科學版）	54	44	42	Y	Y
4	北京大學學報（哲學社會科學版）	41	58	36	Y	Y
5	復旦學報（社會科學版）	41	50	43	Y	Y
6	鄭州大學學報（哲學社會科學版）	56	41	36	Y	Y
7	南京大學學報（哲學·人文·社會科學版）	47	49	34	Y	Y
8	湖南科技大學學報（社會科學版）	27	47	33	N	Y

9	南開學報(哲學社會科學版)	29	36	41	Y	Y
10	清華大學學報（哲學社會科學版）	18	36	46	Y	Y
11	吉林大學社會科學學報	35	36	26	Y	Y
12	浙江大學學報（人文社會科學版）	30	30	37	Y	Y
13	求是學刊	31	26	39	Y	Y
14	湖南師範大學社會科學學報	37	37	20	Y	Y
15	西北師大學報(社會科學版)	24	36	34	Y	Y
16	武漢大學學報(人文科學版)	45	46	0	Y	Y
17	華中師範大學學報（人文社會科學版）	32	28	27	Y	Y
18	廈門大學學報（哲學社會科學版）	32	26	29	Y	Y
19	山東大學學報（哲學社會科學版）	19	36	31	Y	Y
20	上海師範大學學報（哲學社會科學版）	18	27	40	Y	Y
21	四川大學學報（哲學社會科學版）	39	24	19	Y	Y
22	華南師範大學學報（社會科學版）	25	25	28	Y	Y
23	齊魯學刊	27	31	18	Y	Y
24	東北師大學報（哲學社會科學版）	23	26	25	Y	Y
25	湘潭大學學報（哲學社會科學版）	22	19	33	Y	N
26	首都師範大學學報（社會科學版）	32	26	15	Y	Y
27	華東師範大學學報（哲學社會科學版）	24	21	21	Y	Y

28	西南大學學報（人文社會科學版）	0	33	29	Y	Y
29	安徽大學學報(哲學社會版)	18	22	20	Y	Y
30	吉首大學學報(社會科學版)	17	17	26	Y	N
31	暨南學報(哲學社會科學版)	22	21	17	Y	Y
32	安徽師範大學學報（人文社會科學版）	20	15	24	Y	N
33	西北大學學報（哲學社會科學版）	14	27	18	Y	Y
34	中山大學學報(社會科學版)	34	24	1	Y	Y
35	杭州師範學院學報（社會科學版）	24	18	16	Y	N
36	南京師大學報(社會科學版)	32	26	0	Y	Y
37	河南大學學報(社會科學版)	26	0	30	Y	Y
38	思想戰線	25	17	14	Y	Y
39	華中科技大學學報（社會科學版）	21	20	14	Y	Y
40	南陽師範學院學報	10	16	29	N	N
41	北京工商大學學報（社會科學版）	16	16	21	Y	Y
42	同濟大學學報(社會科學版)	10	24	19	Y	N
43	東南大學學報（哲學社會科學版）	22	19	11	Y	Y
44	遼寧大學學報（哲學社會科學版）	17	15	20	N	N
45	天津師範大學學報（社會科學版）	19	16	17	Y	Y
46	湖北大學學報（哲學社會科學版）	19	21	11	Y	N
47	湖南大學學報(社會科學版)	16	16	19	Y	Y
48	深圳大學學報（人文社會科學版）	22	0	29	Y	Y

49	武漢大學學報（哲學社會科學版）	0	0	51	Y	Y
50	河北大學學報（哲學社會科學版）	15	13	22	Y	Y

從上表中可以看出，被2004-2006年被人大複印資料全文轉載排名前50名的高校人文社會科學學報裏，僅有8所大學創辦之8個學報未能同時進入當屆（2008版）之中文核心期刊要目總覽與當屆（2006版）之C/SSCI來源期刊（含擴展版），即不是所謂的「雙核心」，這8所大學為湖南科技大學、湘潭大學、安徽師範大學、杭州師範大學、同濟大學、遼寧大學、湖北大學、南陽師範學院，這8所大學中除了同濟大學、湖北大學外，其他6所院校既非「985」也非「211」支持的大學。而全部未進入兩大核心的期刊的高校學報裏，只有遼寧大學之遼寧大學學報與安慶師範學院之安慶師範學院學報，這2個學報所在之2所大學既非「985」也非「211」支持之大學，也不是教育部支持之重點大學。由此可見，人大複印資料的轉載頻率也直接決定了期刊是否得以進入下一屆之核心區。僅以前50名之期刊觀察，就有48家期刊是所謂的「核心期刊」或者「雙核心期刊」，同時還可以看到，期刊能否進入核心，還與期刊之主辦單位有一定的聯繫，通常名氣或國家資源支持力度越大的高校所主辦的期刊信譽度和影響力會較之其他普通高校要大，因為在一定程度上能夠延攬到更多優秀的稿件。但值得反思的是，儘管轉載率決定了期刊的「好壞」，期刊的知名度也在影響著期刊的排名。

四、高等學校文科學術文摘創刊於1984年，是當時中華人民共和國教育部委託上海市主辦，由復旦大學、華東師範大學、上海

師範大學、上海外國語大學、上海財經學院、華東政法大學等六所高校聯合編輯出版，雜誌社設在上海師範大學內。該刊為雙月刊。該刊在四大轉載刊物中也具備相當之權威性，黨報光明日報曾經率先提出「高等學校文科學術文摘為四大轉載刊物之一」的概念；2005 年卷的中國期刊年鑑曾刊文認為：「新華文摘、高等學校文科學術文摘、中國社會科學文摘被譽為社會科學文摘期刊的三個重鎮。」足可以想見其在學術界及期刊界地位之重要。

表 18　《高等學校文科學術文摘》全文轉載高校人文社科綜合性學報統計（2004-2006）

排序	期刊名稱	2004 年	2005 年	2006 年	是否為 2008 版中文核心期刊	是否為 2006 版 C/SSCI 來源期刊（含擴展版）
1	南京大學學報（哲學・人文科學・社會科學版）	7	14	21	Y	Y
2	北京大學學報（哲學社會科學版）	9	11	16	Y	Y
3	南開學報（哲學社會科學版）	7	8	17	Y	Y
4	北京師範大學學報（社會科學版）	9	1	19	Y	Y
5	復旦學報（社會科學版）	1	11	17	Y	Y
6	廈門大學學報（哲學社會科學版）	8	4	17	Y	Y
7	吉林大學社會科學學報	4	6	13	Y	Y
8	陝西師範大學學報（哲學社會科學版）	6	0	17	Y	Y

9	華中師範大學學報（人文社會科學版）	0	5	17	Y	Y
10	上海交通大學學報（哲學社會科學版）	3	1	17	Y	Y
11	湖南師範大學社會科學學報	0	5	15	Y	Y
12	湖南科技大學學報（社會科學版）	1	0	17	Y	N
13	上海師範大學學報（哲學社會科學版）	0	3	15	Y	Y
14	思想戰線	4	1	13	Y	Y
15	西安交通大學學報（社會科學版）	3	1	14	Y	Y
16	河南大學學報（社會科學版）	2	0	15	Y	Y
17	浙江大學學報（人文社會科學版）	2	2	13	Y	Y
18	中國人民大學學報	5	4	8	Y	Y
19	求是學刊	2	4	10	Y	Y
20	上海大學學報（社會科學版）	1	0	13	Y	Y
21	中山大學學報（社會科學版）	1	5	8	Y	Y
22	東北師大學報（哲學社會科學版）	2	3	8	Y	Y
23	華東師範大學學報（哲學社會科學版）	2	5	6	Y	Y
24	清華大學學報（哲學社會科學版）	0	2	11	Y	Y
25	四川大學學報（哲學社會科學版）	6	2	5	Y	Y
26	武漢大學學報（哲學社會科學版）	0	0	13	Y	Y
27	南通大學學報（社會科學版）	0	0	12	N	N

28	河南師範大學學報（哲學社會科學版）	0	0	10	Y	Y
29	南昌大學學報（人文社會科學版）	0	2	8	Y	N
30	山西師大學報（社會科學版）	0	0	10	Y	Y
31	深圳大學學報（人文社會科學版）	1	0	9	Y	Y
32	淮陰師範學院學報（哲學社會科學版）	0	0	9	N	N
33	福建師範大學學報（哲學社會科學版）	3	0	5	Y	Y
34	湖南文理學院學報（社會科學版）	1	1	6	N	N
35	南都學壇：南陽師範學院人文社會科學學報	0	1	7	N	N
36	齊魯學刊	1	2	5	Y	Y
37	西北師大學報（社會科學版）	1	1	6	Y	Y
38	武漢大學學報（人文科學版）	4	3	0	Y	Y
39	鄭州大學學報（哲學社會科學版）	1	0	6	Y	Y
40	廣州大學學報（社會科學版）	0	0	6	N	N
41	華南師範大學學報（社會科學版）	0	0	6	Y	Y
42	吉首大學學報（社會科學版）	2	1	3	Y	N
43	濟南大學學報（社會科學版）	1	1	4	Y	N
44	暨南學報（哲學社會科學版）	0	1	5	Y	Y
45	南陽師範學院學報	0	0	6	N	N
46	上饒師範學院學報	0	0	6	N	N
47	首都師範大學學報（社會科學版）	2	0	4	Y	Y

48	天津師範大學學報（社會科學版）	0	2	4	Y	Y
49	雲南師範大學學報（哲學社會科學版）	0	0	6	N	Y
50	海南師範學院學報（社會科學版）	0	1	4	N	N

從上表中可以看出，被 2004-2006 年被高等學校文科學術文摘全文轉載排名前 50 名的高校人文社會科學學報裏，僅有 12 所大學創辦之 3 個學報未能同時進入當屆(2008 版）之中文核心期刊要目總覽與當屆（2006 版）之 C/SSCI 來源期刊（含擴展版），即不是所謂的「雙核心」，這 12 所大學為海南師範學院、雲南師範大學、上饒師範學院、南陽師範學院、濟南大學、吉首大學、廣州大學、湖南文理學院、淮陰師範學院、南昌大學、南通大學、湖南科技大學，這 12 所大學中除了南昌大學外，其他 11 所院校既非「985」也非「211」支持的大學。而全部未進入兩大核心的期刊的高校學報裏，只有海南師範學院之海南師範學院學報、上饒師範學院之上饒師範學院學報、南陽師範學院之南陽師範學院學報與南都學壇、廣州大學之廣州大學學報、淮陰師範學院之淮陰師範學院學報、南通大學之南通大學學報、湖南文理學院之湖南文理學院學報，這 8 個學報所在之 7 所大學既非「985」也非「211」支持之大學，也不是教育部支持之重點大學。由此可見，高等學校文科學術文摘的轉載頻率也直接決定了期刊是否得以進入下一屆之核心區。僅以前 50 名之期刊觀察，就有 42 家期刊是所謂的「核心期刊」或者「雙核心期刊」，同時還可以看到，期刊能否進入核心，

還與期刊之主辦單位有一定的聯繫，通常名氣或國家資源支持力度越大的高校所主辦的期刊信譽度和影響力會較之其他普通高校要大，因為在一定程度上能夠延攬到更多優秀的稿件。但值得反思的是，儘管轉載率決定了期刊的「好壞」，期刊的知名度也在影響著期刊的排名。

綜合看上述四表，不難發現類似湘潭大學學報、湖南科技大學學報、南陽師範學院學報、南通大學學報、湖南文理學院學報、廣州大學學報等，在四大轉載刊物中有的均佔有一席之地，甚至排名靠前，雖然有一些刊物進入了其中一種核心期刊行列，但總體來說，它們的影響力斷然沒有與它們的品質不成正比，筆者不揣冒昧：類似於南陽師範學院學報這種不見經傳的刊物，卻勝過很多所謂的 C/SSCI 來源期刊。在中國大陸上有許多類似於南陽師範學院學報的刊物，它們的學術影響力可以體現在很多方面，例如以學術批評見長之社會科學論壇（河北省社科聯）、以學術評價見長之社會科學管理與評論（中國社會科學院）、以當代學術史見長之雲夢學刊（湖南理工學院）、以真思想真文章真觀點著稱的甘肅行政學院學報（甘肅行政學院）等學術期刊，它們在各自的領域都有自己的特色與影響，但是卻不得為 C/SSCI 與中文核心期刊認同，可以想見，單純的以文論刊的局限於偏頗可見一斑。

四種刊物的大致情況已如上述，C/SSCI 來源期刊（含擴展版）與中文核心期刊的遴選，很重要的一條便是看該期刊在上一屆來源期刊或核心期刊有效年中被上述四大期刊轉載、轉摘、轉引、索引的頻率，自然地，越頻繁的刊物，就越有可能進入來源期刊或核心期刊的領域（在其他影響因素等同的情況下），也就說，對於四大轉載刊物所刊載的文章，學界一般會無條件認同，作為晉升、評獎、項目等的評判依據，也間接地等同於：凡是能上得這些轉載刊物的文章，自然的是好文章。對於某一種期刊來說，能被四大轉載刊物相中的文章越多越好，這樣的文章越多，則進入或守住來源期刊、核心期刊的概率越大。這樣一來，期刊發表的文章在通過二次轉載的條件下就成為了衡量刊物是否「核心」的重要因素，即變為了「以文論刊」，這種對期刊的評價辦法固然有其正確或可取之處，因為學術生產並非閉門造車，其學術成果務必要運用於人類生產生活，更大一點說在於推動社會進步，捨此便變成一紙空文，毫無用處，故而學術影響力也是評估學術生產的重要尺碼，作為官方的、權威的、有代表性的四大學術轉載機構，其作用蓋在蒐集社會科學之優秀、前沿、富有創建之成果以供學術同儕甚至整個社會知悉，以進一步擴大其作用與影響力。再據此推斷，一份學術期刊果真有擔當，自然有足夠之魄力與能力得以刊載上述所說的優秀成果，其原因有二：一則期刊能伯樂識良馬，有足夠之審查水準；其二，能得優秀成果而刊載之，亦說明學術期刊口碑良好，受學界同儕青睞。此即學者所說的「長久以來被人們詬病的『以刊論文』現象，實際上是『以文論刊』的後果。期刊論文評價與期刊評價是互為因果的，要么形成良性互動，要么形成惡性互動。」[51]從這個意義上來說，將學術轉載刊物轉載期刊之頻繁程度作為考量學術期刊品質，自然有其可取之處，也符合「引文索引」之說。然而進一步思考轉載刊物、學術期刊、學術成果這三者之間的關係，實際上有很大漏洞，以下逐一列出：

一、轉載刊物畢竟具有時效性，也就是說，往往一個學術成果發表后，在半年或者一年之內未被上述刊物相中，則大體說明已經無緣二次轉載，而評價一篇學術論文的好壞，包括當下的與歷史的各種因素，因為學術轉載刊物必須要以被轉載成果發表的

[51] 任全娥：《「以刊評文」是「以文評刊」的後果》，載中國社會科學報 2011 年 11 月 10 日。

時間為準則（這個自然可以理解），如此一來，就會無形中漏掉很多要經歷時間磨練與檢驗才能發揮光彩的成果。

二、轉載方向與學科設置有關。比如新華文摘比較關注文學與文藝類、經濟管理類的成果，中國社會科學文摘比較注重法學、社會學等前沿問題，往往對這些成果大篇幅的轉載，而對歷史學、考古學、人類學等實用性不強的學科轉載較少，即便是轉載，也是擇這些學科中前沿、實用、大理論性的文章。以人大複印資料為例，據人大複印資料官網的統計，迄筆者統計之日，該系統收錄政治學與社會學類刊 83391 篇、法律學類刊 16604 篇、哲學類刊 25093、教育學類刊 85715 篇、文學與藝術類刊 31626 篇、經濟學與經濟管理學類刊 163655 篇、歷史學類刊 19490 篇、文化與信息傳播類刊 23431 篇，其他類刊 9271 篇，由此明顯看出，各學科在人大複印資料轉載之冷熱程度。

三、中國大陸的學術研究尤其注重現實性與實用性，對符合黨的政策與價值觀的成果會較為認同，而往往忽略那些深負見地、考證有據的論文，當然，這也與中國大陸學術風氣長期以來秉持實用功利不無關係，如此一來，「選題宏觀的論文，與現實性結合緊密、關注當下熱點問題的論文，具有方法論意義和揭示規律的論文，學術資訊量大、綜述性的論文，儘管挖掘較淺，哪怕稍後即如過眼雲煙，也易於被轉摘。而涉及面較窄、問題較小的論文，扎扎實實的考證論文，儘管開掘很有深度，甚至自成一家之言能在學術史上留下一筆，也一般不易被轉摘。」[52]

四、學術轉載的馬太效應。新華文摘與中國社會科學文摘固然權威，很多學者下了「畢其功於一役」的心思也未見得能被轉載，而有些學者則頻繁有文章見諸上述轉載刊物，同樣的道理，學

52 向志柱：《關於學術評價的幾個問題》，載中華讀書報 2004 年 7 月 7 日。

術期刊也是，C/SSCI 排名越靠前的刊物，自然被轉載或引用的次數就越多，而不在 C/SSCI 名單內的刊物，想要被轉載就是難事。道理非常簡單，主辦這些學術轉載刊物的機構與負責遴選轉載成果的學者或工作人員也是理性人，他們除了盡可能保持公正公平的心態去在浩如煙海的學術成果中擇優錄取，也不得不用最為簡便直接的方法去應付此一問題：視學者或刊物的知名度而定，對於那些知名度高的學者或刊物而言，被轉載的概率自然要大，而名不見經傳的學者或刊物，自然就不能如此輕易被轉載。久而久之，便形成了一個圈子，能夠進入這個圈子的學術生產，就有可能被二次轉載，而不能進入者，則如前所說，不管費多大心思也無補於事。問題是，學術成果的質量能與學術名氣相比嗎？

五、四大學術轉載期刊雖曰公正權威，然而亦由人為操作，其對浩如煙海之學術期刊刊載之學術論文，固有其各自之主觀見解，或傾向於編排規範者、或傾向於研究現實問題者，或傾向於黨報黨刊者，或傾向期刊所在地理位置者，不一而足，凡此種種，都直接或間接地影響到轉載的公平公正性，有些期刊雖有好文奇文，無奈因為這些偏好而被邊緣化、背景化。

再來看學術轉引。「引文是科學對話的一種方法，是作者認為對自己的研究有用的資料，但同時也表明，引文的含義不是簡單的，它並不是許多人認為的那樣只是定量的，客觀的。首先它是作者主觀的判斷，但是多少個作者有這樣的主觀判斷，其引文的數據則是客觀的，它既是定性的，又是定量的。」[53]

文章一旦發表，必然要受到外界關注，若無關注，則不僅廢紙一張，甚至浪費有限的學術資源，還有可能對學術生態造成創傷。

---

[53] 百度百科：《引文》，http://baike.baidu.com/view/713567.htm。

既然有關注，除了表現為轉載、轉摘外，還有觀點之引用。與上述所論等同，若一學術成果屢屢被其他學者引用，則自然說明該學者所著之論文影響力大，也在一定程度上反映其文章之品次，同樣地，若一學術期刊所刊載之文章屢屢被其他學者引用，亦說明該學術期刊影響力大，也在一定程度上反映其辦刊之水準。同樣地，C/SSCI 與中文核心期刊所看重的轉引，也成為衡量期刊品級的一個重要標準。所以從這個意義上來講，轉引又成為了以文論刊的另一個重要原因。

但是以引文作為基點的以文論刊也有其弊端，例如：

一、引文有自引與它引之分。顧名思義，自引即「王婆賣瓜，自賣自誇」，在一般條件下可以分為「同時自引」（synchronous）與「歷時自引」（diachronous）兩種情況，前者是指同一成果中的引用，後者是指某一時間段的自我引用。在論證某一觀點或介紹某一研究現狀時引用自己已經獲得的結論，以作為立論之依據。當然自引還包括期刊的自我引用、語言自我引用、學科自我引用等情況，例如期刊自我引用也會成為引文索引的考察指標，要求期刊在發表某一篇文章時，其參考文獻中有發表自本期刊的文章。而它引，則是假借他人之觀點或論據來支撐擬論證之觀點。自引之學術觀點，通常分為偶然引用與經常引用，這也需要視情況而定。偶然引用乃是學術常態，真正進入學術圈之作者，幾乎沒有不引用自身觀點者，若不引自家觀點，反為有失常態。若某一作者為該領域之權威研究者，能與其對話或達到其水平者屈指可數，故該作者可能會經常引用自己觀點，又或者是該作者為尋求高引文率，基於不正當之學術研究目的而反復引用自身觀點，則有王婆賣瓜之嫌，或成為自我中心主義者（egotism），如此，則確實高引文之名不合高水準成果之實。又關於它引，則由於各人研究水準不一，或給予學術研究之馬太效應，則它引之次數或未必與學術成果之質量成正比，況乎學術圈又有小學術圈，基於人情、面子之引用者比比皆是，如此，則損壞了學術公器的原則。

二、學術研究為嚴肅之工作，因而通常情況下，要求作者在引用他人之觀點時要作規範之注釋或引文參考。姑且謂之明引，即能為電腦支持之引文索引系統統計到的引用，然而亦有不若此者，即作者在文中引用他人或自己的觀點而未作引文標注，但用其他辦法說明了所借鑑之觀點非為己出，此亦不可謂不符合學術之規範，只是表述各異而已，此種引用，是為暗引。在學術評價時，暗引是很難納入學術期刊評價中去的，但暗引又卻是常常見諸研究成果之中。

三、往往富有爭議或標新立異之學術觀點容易使得其他學者引用，而四平八穩之學術研究則引用會相對較少，研究熱門問題之學術成果引用較多，冷僻領域研究者少，引用亦相對較少。往往學術觀點較為前沿與創新之觀點引用較多，而反復被學界引用之公認觀點引用較少或成為暗引，蓋學者無從區辨此一觀點始於何人何時，故不作引用或只做文內說明。往往學術綜述性、動態性之論文引用者多，但研究故紙堆之問題者引文亦少。凡此不一而足。

四、作為期刊而言，多數篤定不能進入或無心進入 C/SSCI、中文核心期刊之學術刊物，在引文規範方面不作太多要求，或不加引文，或做夾注，或不特意規範引文格式，這樣的期刊會逐漸墮入「貧者越貧、富者越富」的馬太效應當中。而一意爭取進入 C/SSCI 或中文核心之刊物，亦可能因各家之引文註釋規範不同而影響最終引文統計結果。如此來看，則刊物之好壞實在不能完全與引文次數劃等號。

第五節　一些值得各自反思的地方

臺灣與中國大陸學術期刊對學術生產造成的負面影響已如上所述，不過我們應當看到的是，期刊分級卻並不影響 T/SSCI 期刊的辦刊水準，相反，恰恰是國家科學委員會制定的 T/SSCI 遴選標準，使得得以進入 T/SSCI 目錄的刊物都具備嚴苛的匿名審查制度與標準的出版作業。總結起來，期刊分級之後，導致以 T/SSCI 為代表的臺灣學術期刊在如下幾個品質中形成自身特點：

一、匿名審稿制度。臺灣正式出版的學術期刊幾乎都在實行匿名審稿制度，大多數稿約中有注明「非經兩位以上匿名審查人審查，不得刊登」，而臺灣的學術評價單位對論文的認可首先在於關注該論文是否刊登在有匿名審稿制度的刊物上。

二、退稿率。國家科學委員會社會科學研究中心在設置 T/SSCI 期刊評選指標中，退稿率一項高於 70%者可得滿分（12 分），低於百分之 30%者則為 0 分，介於 30%至 50%可得 8 分；審稿人匿名可得滿分（4 分）；送審稿件匿名也可得滿分（4 分），所以對於那些意欲躋身或保住 T/SSCI 名單之列的期刊，必須不斷提高接受刊登的門檻，要求匿名審稿人對論文從嚴審查。

三、論文品質。因為實行匿名審稿制度，加之嚴苛的用稿要求，最終使得 T/SSCI 刊物會呈現以下現象：因為審稿的費時費力，出版週期只能延長，因而半年刊與年刊比比皆是；嚴格的准入標準，使得單期出版的論文篇數居低不上，通常在 4-6 篇；為了保證期刊正常出版，加之投稿人因迎合審稿人提出的問題而將文章越改越長，一般刊登的文章篇幅在 2-3 萬字左右。

四、投稿門檻。投稿者並不需要為自己刊登的論文付費，極大多數刊物並不向作者收取版面費[54]，國家科學委員會自 2003 年建立了 T/SSCI 期刊審查補助經費[55]，所以作者無需承擔審查費、出版費等一切費用，雖然也有一些刊物如課程與教學、測驗學刊等刊物要求作者付費（如前已述）。

表 19　臺灣 T/SSCI 社會學部份期刊近五年刊登社會學論文篇數

刊物名稱	出版週期	2006 年	2007 年	2008 年	2009 年	2010 年
臺灣社會學刊	半年刊	17	13	9	15	11
新聞學研究	季刊	28	26	33	27	22
社會政策與工作學刊	半年刊	9	9	10	12	10
中華傳播學刊	半年刊	18	15	13	18	10

資料來源：CEPS。

表 20　中國大陸 C/SSCI 社會學部份期刊近五年刊登社會學論文篇數

刊物名稱	出版週期	2006 年	2007 年	2008 年	2009 年	2010 年
社會學研究	雙月刊	69	69	77	75	73

54 也有臺灣學者呼喚建立投稿者付費精神，因為期刊高退稿率的背後是大量審查與評價資源的耗費，為了資助期刊尋找更多有水準的審查人以及完善更嚴謹的審查制度，投稿人願意投稿時付費，以便使自己的文章能夠增加受嚴格、公正審查的機會，通過這種學術生產的集體成長來達到在高品質學術期刊發表論文的目的，這與版面費是兩種不同的概念，可參見彭衛民：《版面費的罪惡在牟利動機》，載中國社會科學報，2011 年 10 月 18 日評論版。

55 行政院國家科學委員會 2003 年補助期刊 10 種，2004 年補助期刊 11 種，2005 年補助期刊 28 種，2006 年補助期刊 36 種，2007 年補助期刊 36 種，2008 年補助期刊 34 種，2009 年補助期刊 42 種，2010 年補助期刊 43 種，2011 年補助期刊 41 種。參見行政院國家科學委員會：《國家科學委員會社會科學研究中心補助期刊編輯費用作業要點》，http://ssrc.sinica.edu.tw/ssrc-home/4-7.htm。除此以外，T/SSCI 期刊編輯費用又有本單位專項財政補助。

中國人口科學	雙月刊	74	80	80	82	95
人口研究	雙月刊	87	73	75	71	75
人口與經濟	雙月刊	148	155	190	224	251
人口學刊	雙月刊	78	76	76	68	68
市場與人口分析	雙月刊	105	115	108	117	117

資料來源：CNKI。本表中的眾種期刊，為 C/SSCI 社會學門中歷年排名最靠前的刊物。

反觀中國大陸的學術期刊有不少刊物無法在 C/SSCI 的指導下做到上述幾點，當然需要強調的是，也有許多在期刊分級中排名靠後或未實行匿名審稿但頗有水準的刊物，但這些往往與期刊堅持的辦刊宗旨或主編的學術成就有很大關係。多數情況是，C/SSCI 期刊並沒有實行匿名審稿制度，沒有抓住期刊分級的契機，努力提升期刊的學術品質與社會聲譽。有審稿制度的刊物對人情稿、關係稿並不能夠完全排斥，審稿制度的不嚴格，使得有些期刊不斷壓縮出版週期，以中國期刊網全文資料庫收錄的學術期刊為例，截至 2011 年 5 月，社會科學類的學術性期刊總計 4428 種，年刊 62 種，半年刊 83 種，季刊 701 種，雙月刊 1267 種，月刊 2191 種，半月刊 74 種，旬刊 43 種，週刊 6 種，半週刊 1 種[56]，而出版量少則三五十篇，多則一、二百篇，每篇文章僅僅占二至三頁，字數不過五六千字，據南京大學中國社會科學評價研究中心的官方統計，僅 2010 年 100 所高校在 C/SSCI 來源期刊發表論文數量就高達 53403 篇[57]。這樣的辦刊模式與學術產出，遑論什麼學術創新與學術價值。

[56] 中國期刊網全文資料庫：http://acad.cnki.net/Kns55/oldnavi/n_navi.aspx?NaviID=17&Flg=，2011/3/3。

[57] 這裏統計的 100 所高校，是指在 2009、2010 年度以第一署名單位發文 200 篇、165 篇以上。參見中國社會科學評價研究中心：《2010 年高校發

以下兩表，是 2009 年與 2010 年中國大陸高等院校發表 C/SSCI 論文數量排前 100 名的高校，從表中不難發現，這 100 所高校與中國大陸排名前 100 名的高校（據武書連 2009 年中國大學排行榜）有 90%以上的重合度，由此可以看出，雖然 SSCI 與 SCI 是中國大陸學術界汲汲以求的，但 C/SSCI 作為本土的學術評價工具，在大學排行中佔據的位置也是至關重要的。另外可以看出 C/SSCI 除了收錄期刊眾多之外，其容納的論文數量也是驚人的，如果參照 T/SSCI 的標準，則僅前十名的高校的發文數已經超過了 T/SSCI 一年發文數的總和，當然，這與刊物的數量與發文數也有一定的關係，但從表中更可以明顯地看出，中國大陸在學術評鑑中對「量」的過度重視已經到了一發不可收的地步。

表 21 2009 年中國大陸高等院校發表 C/SSCI 論文統計

機構名稱	發文數量	機構名稱	發文數量	機構名稱	發文數量
中國人民大學	2511	上海財經大學	509	對外經濟貿易大學	288
南京大學	1987	東南大學	488	廣東商學院	288
北京大學	1972	浙江師範大學	477	鄭州大學	284
北京師範大學	1760	首都師範大學	476	西南交通大學	279
武漢大學	1703	湖南師範大學	469	揚州大學	277
南開大學	1618	河南大學	458	河南師範大學	265
四川大學	1554	中央財經大學	449	上海外國語大學	265
復旦大學	1502	中國傳媒大學	437	溫州大學	259
廈門大學	1205	湘潭大學	435	武漢理工大學	238
華東師範大學	1184	上海社會科學院	433	安徽大學	236
中山大學	1056	西北大學	412	南京航空航太大學	236
浙江大學	1033	大連理工大學	406	河北大學	234

文統計》，http://C/SSCI.nju.edu.cn/news_show.asp?Articleid=380，統計時間：2011/5/8。

清華大學	1028	山西大學	403	天津師範大學	234
吉林大學	1020	上海大學	398	南京財經大學	232
山東大學	1005	東北財經大學	397	山東師範大學	230
華中科技大學	1003	同濟大學	388	深圳大學	228
西安交通大學	964	中國政法大學	387	中國農業大學	227
華中師範大學	859	西南財經大學	384	華南農業大學	220
湖南大學	857	西北師範大學	371	遼寧大學	220
南京師範大學	813	中共中央黨校	363	首都經濟貿易大學	220
華南師範大學	778	福建師範大學	355	西南民族大學	219
重慶大學	745	中央民族大學	350	燕山大學	219
暨南大學	731	江西財經大學	346	曲阜師範大學	218
東北師範大學	726	河海大學	341	杭州師範大學	212
上海交通大學	635	黑龍江大學	340	南昌大學	212
陝西師範大學	610	西南政法大學	330	西北工業大學	211
中南財經政法大學	560	哈爾濱工程大學	324	廣州大學	207
上海師範大學	557	華東政法大學	310	天津財經大學	206
中南大學	556	廣東外語外貿大學	307	安徽師範大學	205
西南大學	539	浙江工商大學	306	江蘇大學	205
天津大學	537	華南理工大學	305	北京交通大學	204
蘇州大學	528	雲南大學	300	哈爾濱工業大學	204
蘭州大學	519	南京農業大學	292		

資料來源：南京大學中國社會科學評價研究中心。

表 22　2010 年中國大陸高等院校發表 C/SSCI 論文統計

機構名稱	數量	機構名稱	數量	機構名稱	數量
中國人民大學	2292	中央財經大學	525	安徽大學	252
北京大學	1967	上海交通大學	519	溫州大學	250
南京大學	1825	浙江師範大學	504	山東師範大學	242
北京師範大學	1718	首都師範大學	477	河南師範大學	241
武漢大學	1635	河南大學	474	河北大學	225

南開大學	1469	湖南師範大學	459	南昌大學	224
復旦大學	1452	上海大學	448	北京航空航太大學	224
四川大學	1417	天津大學	444	廣東商學院	222
吉林大學	1272	西北大學	406	深圳大學	219
華東師範大學	1193	中國政法大學	386	西南民族大學	216
廈門大學	1138	江西財經大學	382	中國農業大學	215
山東大學	1106	對外經濟貿易大學	379	北京交通大學	214
中山大學	1053	同濟大學	374	南京航空航太大學	207
清華大學	966	湘潭大學	364	遼寧大學	205
浙江大學	949	福建師範大學	360	廣州大學	202
華中師範大學	877	華東政法大學	353	上海外國語大學	200
華中科技大學	859	東北財經大學	349	江西師範大學	195
南京師範大學	804	雲南大學	347	中南民族大學	195
華南師範大學	797	西北師範大學	346	江蘇大學	194
西安交通大學	775	大連理工大學	345	南京財經大學	193
重慶大學	754	西南財經大學	340	華中農業大學	193
湖南大學	747	中央民族大學	337	西南交通大學	186
東北師範大學	727	河海大學	337	福州大學	186
暨南大學	720	鄭州大學	336	安徽財經大學	186
陝西師範大學	707	黑龍江大學	329	長沙理工大學	186
中南財經政法大學	625	西南政法大學	326	武漢理工大學	175
蘇州大學	604	廣東外語外貿大學	325	寧波大學	172
中國傳媒大學	587	南京農業大學	313	曲阜師範大學	171
西南大學	581	安徽師範大學	310	杭州師範大學	168
上海師範大學	573	華南理工大學	309	天津財經大學	168
中南大學	538	山西大學	306	徐州師範大學	165
上海財經大學	538	浙江工商大學	274	新疆大學	165
東南大學	529	天津師範大學	272		
蘭州大學	528	揚州大學	271		

資料來源：南京大學中國社會科學評價研究中心。

毋庸置疑，期刊分級如今成為了中國大陸許多期刊斂財的擋箭牌。筆者認為，對期刊分級制的批判並不在制度設計的本身，對那些毫無懸念得以進入「核心期刊」目錄的刊物來說，往往守住排名更重要，所以刊物會注重文章的品質和學術影響力，但並不能就此排除這些刊物沒有「錢文交易」、「予取予求」的可能；對於那些闖入「核心期刊」目錄純粹是為了大肆斂財的刊物來說，學術品質與社會反響對他們來說已經置若罔聞；對於那些「化外之民」的期刊，有的想要保住品質爭取將來為核心名錄接受，但無奈因不納入考核體系而使得稿源品質不濟，經費緊張而不得不慘澹經營；有的則乾脆破罐子破摔，赤裸裸的「見錢就登」。有了上述這些情況，期刊分級帶來的影響，自然會受到學界同仁的批判與鄙夷。多數期刊為了滿足一己之私而向作者大肆榨取版面費，這已經完全違背了國際上「投稿者付費制度」的精神，上述這些現象才是期刊分級飽受詬病的原因。

第三章　臺灣與中國大陸學術成果獎勵辦法

第一節　「獨大英文，二次審查」：臺灣高校學術成果獎勵

陳光興教授曾認為，在晚近的華文世界中出現過這樣的轉折，從政府管理階層，一直下降到各個大學，乃至於系所，都在生產大量的典章制度與獎懲辦法，說是要因應全球化，提升競爭力。簡單地說，這一波以經費二字為主導的強制性「改革」正在席捲學界。這樣的危機表現在：崇尚英文出版，目的基本上是在跟美國學界接軌，而效果上是在貶抑中文，那麼長遠將掏空華文作為世界多元化的主要構成。[1]

在臺灣，經濟生產領域的快速而高度發展，早已使得企業界，特別是私人企業界，視決策的經濟效益以及員工的工作績效為理所當然的「理性」考慮。風氣影響所及，這樣的一種「理性」期待與要求也逐漸擴及學術圈，說起來，無非即是這樣之講求效益和功績

[1] 陳光興：《臺灣高教界對 T/SSCI 學術評鑑體制的檢討》，http://www.chinalw.com/koushi/2011-03-15/632.html，2011.3.15.

的一種「理性」表現形式，呼應的正是當前臺灣社會的一般社會期待。[2]但是不可否認的是，學術研究不僅僅是自身的事業，除了需要有自身的勤勉，還需有外部的激勵，從而更好的喚起研究者的學術研究熱情，並對他們的學術研究事業表達肯定，這種激勵通常表現為精神與物質上的獎勵。但因為精神獎勵無法量化為數據或表格，故而在此處只探討各校的物質獎勵標準。

對於官方來說，學術成果的獎勵有利於培養優秀的學術社群與學術人才，而且還有利於提升國家與地區的學術地位，例如由行政院國家科學院組織評審每兩年一屆的「總統科學獎」，經過嚴格的評審，每位獲獎者除了會得到官方的隆重儀式表彰外，還將獲得兩百萬新臺幣的物質獎勵[3]；行政院國家科學委員會又在本部辦理行政院「傑出科技貢獻獎勵」，經過會議評審的方式，每位獲獎者可以獲得一百萬新臺幣的獎勵[4]；國家科學委員會又有設立「獎勵傑出研究獎勵」，經過嚴格評審，獲獎者可以連續三年總計獲得九十萬元新臺幣的獎勵[5]；又每年評選四十位「吳大猷先生紀念獎」，每位獲獎者可以得到五十萬元新臺幣的獎勵[6]。除此以外，還有「人文社會專書寫作計畫」、「人文社會經典譯注計畫」等補助專題研究、「補助延攬客座科技人才」、「補助延攬研究學者」等延攬科

---

2 葉啟政：《缺乏社會現實感的指標性評鑑迷思》，載臺灣社會研究季刊，2002 年總第 56 期，第 207-221 頁。

3 行政院國家科學委員會：《總統科學獎遴選辦法（中文）》，http://web1.nsc.gov.tw/lp.aspx?CtNode=1048&CtUnit=450&BaseDSD=5&mp=1，2010.10.21.

4 行政院國家科學委員會：《行政院傑出科技貢獻獎》，http://web1.nsc.gov.tw/lp.aspx?CtNode=1049&CtUnit=491&BaseDSD=5&mp=1，2009.5.12.

5 行政院國家科學委員會：《行政院傑出研究獎》，http://web1.nsc.gov.tw/lp.aspx?CtNode=1050&CtUnit=520&BaseDSD=5&mp=1

6 行政院國家科學委員會：《行政院國家科學委員會吳大猷先生紀念獎遴選作業要點》，http://web1.nsc.gov.tw/lp.aspx?CtNode=1052&CtUnit=556&BaseDSD=5&mp=1，2011.8.19.

技人才專題、「國際合作」、「兩岸科技合作」、「學者專家赴國外或中國大陸地區旅費」等推動科技交流與合作專題獎勵。

學術成果獎勵是研究學術評價的一個重要因素，因為每一個學校與研究所制定的成果獎勵標準不盡一致，從獎勵標準上我們可以看到學術團體對本單位學術事業的某些態度。每一個學校幾乎都會制定自己的獎勵辦法，古諺說：「重賞之下，必有勇夫」。學術研究在某種意義上也遵循這樣的大原則，往往制定高金額的獎勵，可以激發研究同仁發表更高水準的科研成果，可以這樣武斷地認為，越是知名的大學，越希望採用這種簡單易行的辦法進一步提升世界排名，比如臺灣大學就認為：

> 成果長久以來一直是世界大學排名與評比的重要關鍵指標。在近 11 年來臺大所發表之論文總數已進入全球 100 名，但被引用總次數的排名雖有進步，卻在 200 名以外，與之國外好的大學仍有些差距。因此臺大未來要邁向頂尖大學，學術研究成果的質與量並重發展是未來努力的方向之一。爰此為鼓勵專任教師及研究人員積極發表學術研究成果，特訂定「國立臺灣大學學術研究成果獎勵辦法」。[7]

當然，臺灣大學制定的學術研究成果獎勵辦法是在「邁向頂尖大學計劃」暨臺灣教育部「五年五百億」計畫的支持下醞釀產生的，除此以外，還有國立清華大學、國立交通大學、國立中正大學、國立中央大學、國立成功大學、國立陽明大學等排名靠前的大學，這些學校所制定的學術成果的獎勵辦法的背景均與臺灣大學別無二致。這些高校的成果獎勵有一個共同的特點，即包含期刊論文及學術專著兩大類。期刊論文指的是本校專任教師或研究人員以

7　台灣大學邁向頂尖大學計劃學術研究績效獎勵制度：http://top100.ntu.edu.tw/outcomes_details.php?oId=16，2012.1.13.

本校為所屬學術機構為名發表在 Nature、Science、SCI、SSCI 及 A&HCI 期刊，及收錄於 T/SSCI 正式名單且經校內外嚴格學術審查的刊物。

學術研究成果獎勵制定並執行的過程，就是如何用公正的辦法、公平的標準來衡量每一位研究者學術成果的過程。研究者們有不同的學術領域、有不同的學術觀點，發表的學術期刊也不盡相同，產生的學術影響力更無法一概而論，所以，制定獎勵標準的同時，還需要對學術期刊進行一個籠統但不失偏頗的評估，這實際是又在考驗學術團體的學術評價能力。

以 JCR（IF）為判斷依據的獎勵辦法：

比如臺灣大學認為應依照 Journal Citation Report（JCR）值與是否為 SSCI\SCI\A&HCI 將期刊分為四級，第一級別即世界公認之兩大權威期刊 Nature 與 Science；第二級別分為甲乙兩種期刊，甲種即 SCI、SSCI、A&HCI 期刊中以 JCR 計算五年內平均排名前 40% 的學術期刊，乙種即 SCI、SSCI、A&HCI 期刊中以 JCR 計算五年內平均排名 40%之外的學術期刊；第三級別即經審定等同於 SCI、SSCI、A&HCI 之水準的外文期刊；第四級別即臺灣本土研製的 T/SSCI 正式收錄名單的期刊。而對學術著作的獎勵應依照審查的嚴格程度將著作獎勵分為二個級別，凡是按照 T/SSCI 期刊以上審查程度來審查書稿的專著，則按照第一級別獎勵，其餘則按照第二級別獎勵。從中我們可以看到作為臺灣學術的橋頭堡，臺灣大學制定的獎勵標準是嚴苛、公正、人性化的，從中可以看出臺灣大學的成果獎勵的根本宗旨是「寧缺勿濫，精益求精」，學校只對有益於實現「邁向頂尖大學計劃」的成果進行獎勵，同樣，研究者想要獲得獎勵，必須要在 T/SSCI 以上的學術期刊發表文章，無疑地，這對於提升高校與個人的知名度都有鞭策的作用，同時為了公平起見，對於未發表在一流期刊上的一流文章，可以通過校內外學術審查，認為確實有獎勵價值的學術成果，也會給予獎勵，這就避免了走進學術評價單純量化的誤區，體現了學術評鑑人性化的一面。

不過讓人不解的是，雖然臺灣大學制定了比較公正嚴謹的獎勵辦法，但是獎勵金額卻並不高，相對於其他五年五百億計劃的高校來說，可以說走的是低等路線，在 Nature 與 Science 上發表文章，只能得到 6 萬元新臺幣，折合人民幣才 1 萬多元，而普通的 SCI、SSCI、A&HCI 論文，只能得到 3 萬元新臺幣，而與之相比的陽明大學，在 IF 指數高於 20 之學術期刊，即可獲得 60 萬元新臺幣的獎勵，是臺灣大學獎勵金額的 10 倍，以這兩所高校為例，可以看出，學術研究獎勵額度與自身實力並無必然聯繫，但獎勵額度對提升高校影響力有著重要的作用。在 2011 年 6 月上海交通大學高等教育研究院世界一流大學研究中心發布的中國大陸與港澳臺大學排名顯示，師均（總量除以教師數）發表 Nature 和 Science 論文最多的是國立陽明大學，儘管她的排名並沒有進入前十位，排名第一位的是北京的清華大學與臺灣的國立臺灣大學[8]。

表 23　國立臺灣大學教師社會科學科研成果獎勵辦法[9]

成果等級	成果要求	獎勵金額
第一款期刊	（Nature 或 Science）	6 萬新臺幣
第二款期刊	SCI、SSCI、A&HCI 期刊中以 Journal Citation Report（JCR）計算五年內平均排名前 40%者	6 萬新臺幣
	SCI、SSCI、A&HCI 期刊中 JCR40%之外者	3 萬新臺幣

[8] 雷宇：《我國首份中國大陸及港澳臺大學排名出爐》，中國青年報 2011 年 6 月 3 日第 3 版。

[9] 台灣大學研究發展處：《國立臺灣大學教師社會科學科研成果獎勵辦法》http://homepage.ntu.edu.tw/~coss/top1/rules/research_rules.pdf，2009.5.4.

第三款期刊	非英文之外文期刊，經審定等同於SCI、SSCI、A&HCI之水準者	3萬新臺幣
第四款 發明專利	專利權歸屬學校	6萬新臺幣
第五款期刊	T/SSCI正式名單	1萬新臺幣
第一款專著	由國際知名出版社、行政院國家科學委員會、中央研究院、本校五種T/SSCI期刊進行審查通過的書稿	補助5萬新臺幣審查費，獎勵10萬新臺幣
第二款專著	經國內外學術出版單位正式審查程序並通過出版者	補助5萬新臺幣審查費，獎勵5萬新臺幣

在頂尖大學計劃中的其他高校如國立清華大學、國立交通大學等的獎勵方法與臺灣大學無異，基本上採取ISI/WOS/JCR中的IF指數作為評判標準。但這些學校在科研獎勵時，也體現出自己的特點：

一、對成果的要求甚高，獎勵範圍小。例如國立清華大學將期刊分為兩類，第一類為Nature與Science，第二類為約當ISI/WOS/JCR資料庫前15%之期刊，低於這個數字的外文期刊均排除在外；國立交通大學只獎勵刊登於ISI/WOS/JCR資料庫之SSCI、SCI期刊論文，且RF排名在前40%的期刊；國立陽明大學只獎勵IF指數在0.7以上且須為SCI、SSCI、A&HCI的學術期刊；國立政治大學在建立研究成果獎勵計劃時，不僅強調要重金獎勵特優計劃，即以重賞方式特別獎勵研究績效特優的教師和研究人員、將研究特優作為教師和研究人員的學術研究費用的主要依據，據此，政治大學訂定「外文學術著作編修及投稿補助辦法」來補助以外文撰寫的文章費用，此謂之「國際化的學術獎勵標準」。再者，政治大學更注重學術平臺的國際化，例如，目前國立政治大學有全臺灣唯一一家為SSCI

收錄的期刊——issue & studies，但該校希望在此基礎上通過投入大批科研獎勵經費以資助輔導另一英文期刊躋身 SSCI。例如，除了給予學術成果獎勵外，政治大學還從優質研究環境建置、研究團隊發展、學術期刊與專著出版、學術智慧財產管理推廣、學術資料庫等計劃方面為本校研究者提供充足的便利。順帶需要提到的是，通常學術期刊的知名度會在某種程度上影響或決定學術成果的地位，因此，對學術期刊進行補助或獎勵使之更具國際影響力也成為臺灣學術成果獎勵辦法的題中之義，這一點，不僅校方會著手實施，官方也會大力支持。國家科學委員會人文學研究中心有「補助期刊加入全球性引文索引資料庫」計劃，其補助對象為「收入臺灣人文學引文索引期刊（T/HCI）資料庫之期刊，且必須具備臺灣人文學引文索引核心期刊（T/HCI Core）收錄實施方案第三條所要求之資格。」[10]補助金額最高在 10 萬新臺幣，但是補助期刊的要求是非常嚴格的，應當符合下列三個條件：

(一) 以刊載學術性論文為主。

(二) 近三年刊行週期固定且出刊頻率至少為半年刊，並出滿應出期數。

(三) 近三年每年刊登經匿名審查之學術論文至少六篇。歸屬於「綜合類」之期刊，所刊登人文學領域之文章達刊登總數 40%以上，且至少包含有兩學門之文章。但即便是如此，國家科學委員會人文處處長傅仰止仍舊宣稱：「『補助專書撰寫』、『補助專書審查及期刊編審會代審專書』、

---

10 行政院國家科學委員會人文學研究中心：《「補助期刊加入全球性引文索引資料庫」作業要點》，http://www.hrc.ntu.edu.tw/index.php?option=com_content&view=article&id=694&Itemid=716&lang=zw，2010.10.11.

『補助專書出版』等獎勵均只在鼓勵專書著述，但尚不能完全認為此一獎勵即在對專書進行評鑑」[11]。

二、獎勵等級分明。這些學校對頂級學術成果的獎勵可以說是不遺餘力的，例如國立陽明大學對 IF 指數高於 20 之學術期刊獎勵金額為 60 萬新臺幣，對 IF 指數在 10 以上之學術期刊獎勵金額為 15 萬新臺幣，但對一般成就的學術論文，獎勵金額則為 0.7 萬至 6 萬新臺幣不等；國立清華大學對 Nature 和 Science 論文獎勵金額為 20 萬新臺幣，但對其他傑出論文則只獎勵 5 萬新臺幣；國立交通大學也同樣循此規則，對 Nature 和 Science 論文獎勵為 60 個績效點，但除此而外的 SSCI、SCI 期刊論文，哪怕是 RF 排名前 5%的刊物，也不過獎勵 8 個績效點。

三、學術專著：嚴格的審查標準，高額的獎勵標準。這些高校幾乎都要求學術專著秉持一個最起碼的準則：須有學術審查程序，否則不得納入獎勵範圍。例如國立清華大學的專著獎勵除了需要出版社審查外，還需本校第二次審定；國立陽明大學的專著獎勵範圍為具有正式審查制度之國內外大學出版社或學術專著出版社發行，並檢附兩份審查意見者。雖然審查標準極盡審慎，但獎勵標準亦十分可觀，例如國立陽明大學的傑出專著可以獎勵 10-25 萬新臺幣；國立交通大學的傑出專著可獎勵 20 萬新臺幣；國立交通大學的傑出專著可獎勵 24 個績效點。

期刊審查學術專著也是彰顯嚴苛審查的一個有力證據。出版社與期刊的創辦宗旨是有本質區別，因為出版社是營利組織，它的著眼點在銷售市場，因而它並不一定十分看重專著的學術性，但期刊是非營利的組織，且每一個學科的 T/SSCI 期刊往往代表著這個學科最權威的水平，它對學術成果的審查程

11 傅仰止：《期刊評比與期刊資料庫分軌化》，載人文與社會科學簡訊，2011 年 6 月第 12 卷第 3 期，第 3 頁。

序與學術論文相類似。為健全國內社會科學學術性專書出版之審查機制，並建立多元的審查管道，以提升專書之學術水準[12]，國家科學委員會便專門出臺了「補助期刊審查專著要點」，公佈了 10 個學科 85 家 T/SSCI 期刊名單，用以審查相對應學科的學術專著，這些期刊，「均是具健全編輯委員會及嚴謹匿名審查程序之國內社會科學（含人類、心理、法律、社會、教育、政治、管理、經濟、區域研究及地理等相關學門）學術性期刊，經該中心主動邀請並獲該期刊編輯委員會同意後列入受理專書書稿審查之期刊名單，當年度獲該中心編輯費用補助之期刊，依規定列入受理專書書稿審查之期刊名單」[13]。其本質是：「設置『期刊編輯費用』補助案。同時，為提升專書學術水準，特別設置『期刊審查專書書稿』補助案，邀請審查嚴謹的期刊單位代審專書書稿，由本中心補助代審所需之審查費及業務費。」[14]其審查程序與學術論文的審查相差無幾，如下：

（一）期刊編委會接獲申請人之書稿後，若認為該書稿之內容與期刊宗旨不符，則可逕予以退件；社會科學研究中心將視該書稿已送審一次。（二）期刊編委會在受理書稿審查時，須採匿名審查方式，並送請二位相關領域的學者審查（視其需要最多可增加至三位審查人）。期刊編委會回覆申請人初審意見應以不超過六個月為原則。不論書稿是否通過審查，期刊編委會皆應將審查意見提供申請人參考。（三）期刊編委會依據

[12] 行政院國家科學委員會社會科學研究中心：《補助期刊審查專書要點》，http://ssrc.sinica.edu.tw/ssrc-home/11-1.htm，2005.12.8.

[13] 行政院國家科學委員會社會科學研究中心：《補助期刊審查專書要點》，http://ssrc.sinica.edu.tw/ssrc-home/11-1.htm，2005.12.8.

[14] 行政院國家科學委員會人文學研究中心：《書刊出版補助》，http://www.hrc.ntu.edu.tw/index.php?option=com_content&view=article&id=198&Itemid=616&lang=zw，2009.11.21.

審查人之評審意見，決定送審書稿是否通過審查。通過審查之書稿，由受理審查之期刊編委會發給審查通過證明。（四）期刊編委會可於期刊內公告由其審查通過之書稿名單，亦可於專書出版後刊登該專書摘要及書評。[15]

當然，國家科學委員會與學術專著所在高校要對期刊與著者就審查費與業務費進行相關的物質補助。例如，國家科學委員會人文學研究中心設立了「補助出版人文學及社會科學專書」計劃，該計劃規定，「經出版單位審查通過，且於申請日前一年內出版或即將出版之人文學、社會科學學術性專書（不含教科書、翻譯著作、譯注及論文集；以下簡稱專書），得由出版單位向研究中心申請補助」[16]。該案補助書稿金額最高上限為 20 萬新臺幣，同一出版單位受補助之專書，每年合計不超過十本。

四、獨大英文，忽視本土學術期刊。即對本土的 T/SSCI 認同度並不高，有些學校甚至沒有將 T/SSCI 論文納入獎勵範圍。淡江大學中文系顏昆陽教授一針見血地指出：

> 以「英文」發聲，在 SSCI、A&HCI 的期刊上多量地發表論文。一篇論文從審查到刊登，往往要等上一、二年。那就耐心排隊吧！因為只有印上 SSCI、A&HCI 的標籤，有權力的審查者才會點頭稱是。至於 T/SSCI 以及人文學門的期刊，是不是需要大家，尤其優秀的學者（大概都去擠 SSCI 或 A&HCI 了）共同來支持、養護，讓它們逐漸茁壯到足以躍上國際學術舞臺，與他國平等對

[15] 行政院國家科學委員會社會科學研究中心：《補助期刊審查專書要點》，http://ssrc.sinica.edu.tw/ssrc-home/11-1.htm，2005.12.8.

[16] 行政院國家科學委員會人文學研究中心：《補助出版人文學及社會科學專書》，http://www.hrc.ntu.edu.tw/index.php?option=com_content&view=article&id=60&Itemid=203&lang=zw，2005.8.24.

> 話；這不是正在為學術評鑑而焦慮的人文、社會科學學者所優先關心的問題。當然更不會是高教當局所優先關心的問題。[17]

這也可以看出，臺灣學術圈獨大英文的事實。這種論斷可以從兩方面來加以證明，第一，對英文期刊尤其是 JCR 值越高的期刊獎勵額度越大，而對 T/SSCI 為代表的中文期刊只作象徵性的獎勵，且二者獎勵金額並不在同一個水平層面。第二，同樣屬於華文期刊的 C/SSCI，在中國大陸卻頗受歡迎，研究者極盡能事希望在 C/SSCI 上發表論文，學術單位也會設置恰當獎勵金額獎給成果發表者，儘管中國大陸學者也汲汲於渴望發表英文論文，但學術單位也並沒有在 SSCI 與 T/SSCI 之間劃分一條天然的界線。曾建元教授認為：「國際化之操作，出現了英文中心主義的偏差。理論上，其他語種的學術論文不應被排除在國際化的指標之外，但在實踐上，由於美國社會科學引用文獻索引資料庫憑藉英文作為全球最普遍之學術語言的優勢，在商業模式的資料庫經營運作機制下，建立了全球最為龐大而完整的英文學術期刊資料庫，乃使其學術統計因為母數的爆量而呈現出相對的權威性。社會科學引用文獻索引資料庫並不只是單純做論文筆數的統計而已，它更建立了引用率，也即衝擊指數，使吾人得以了解特定期刊所收錄論文在學界整體受到重視和影響的程度，不容否認，這一在特定範圍內的客觀統計數據，是其他語種論文所欠缺的，在追求客觀標準的要求下，其他語種論文的採認就變得比較困難」[18]。

---

17 顏昆陽：《再哀大學以及一些期待與建議——當前高教學術評鑑的病症與解咒的可能》，載臺灣社會研究，2004 年第 1 期，第 237-255 頁。

18 曾建元：《其鳴也「I」——一名臺灣學術期刊主編關於 SSCI、T/SSCI 和 C/SSCI 的雜感》，載社會科學報 2012 年 2 月 16 日，第 5 版。

五、研究成果寧缺勿濫。在學術生產日益程序化、產業化、市場化的背景下，這些學校採取了一種較佳的辦法遏制這種苗頭的出現，即在獎勵學術「產品」數量上作出限額，規定每位研究者獲得獎勵的上限，從而一定程度上緩解踏入以量取勝的窘境，當然，如果是傑出成果，則不會做出數量限制。國立交通大學規定優良期刊獎勵總額以每人不超過 20 點為原則，學術專著獎勵總額以每人不超過 30 點為原則；如國立清華大學規定每人每年受獎勵之傑出論文以四件為限，但頂尖論文與傑出專著無上限。

六、彈性的獎勵標準。設立獎勵點數，國立交通大學規定，各年度優良期刊論文點數折合率應由校方依照全校整體研究發展成果與財務狀況另訂。於此同時，優良期刊的獎勵還需提送符合資格者至研發常務會議審查後才能核定獎勵金額。

臺灣的諸多私立大學，也是按照 JCR 排名來分配學術成果的獎勵等級。

例如私立銘傳大學規定專任教師在 SCI、SSCI、A&HCI 收錄期刊且 JCR 排名該領域前 10%以上的學術性期刊，發給新臺幣 8 萬元，在 SCI、SSCI、A&HCI 收錄期刊且 JCR 排名該領域前 25%但未達 10%的學術性期刊，發給新臺幣 7 萬元，以下據此類推。

義守大學規定專任教師在 SSCI 收錄期刊且 IF 排名該領域前 10%以上的學術性期刊，發給新臺幣 8 萬元，在 SCI 收錄期刊且 IF 排名該領域前 25%但未達 10%的學術性期刊，發給新臺幣 7 萬元，以下據此類推。

而私立中華大學的教師研究成果獎勵辦法則更加鉅細靡遺。除了將學術成果劃分極優、特優、優等、甲等四個級別外，還注重還對比賽、發表、展演等學術科技活動進行獎勵。例如受邀國際性國家級展場（至少有兩國以上舉辦）個展者或受邀國際性國家級展場（至少有兩國以上舉辦）個展者可獲得 10 萬元新臺幣的獎勵，獲國際性國家級獎（至少有兩國以上之參展）非前三名之其餘獎項、獎牌、獎章、獎狀可獲得 5 萬元新臺幣的獎勵等等。

這些私立大學對成果的獎勵存在一個共同點，即過分注重英文成果，忽視 T/SSCI 論文。例如義守大學規定 IF 指數在 75%之外的外文期刊或 A&HCI、CIJE、EI、HI、T/SSCI 等資料庫收錄的期刊，每篇獎勵人民幣 1 萬元。也就是說，T/SSCI 收錄的期刊與普通的外文期刊獎勵等同，甚至在排名上還不如後者。除此以外，則是該校規定二級期刊的獎勵，二級期刊則多為中文刊物。

表 24　私立中華大學教師研究成果獎勵辦法

極優等		
研究成果	獎勵點數	修訂前獎勵金額
期刊：SCI（I.F.）≧2.0	12	10 萬元新臺幣
SSCI、A&HCI（I.F.）≧1.5		
期刊：1.5<SCI（I.F.）<2.0	11	
1.0<SSCI、A&HCI（I.F.）<1.5		
期刊：1.0<SCI（I.F.）≦1.5	10	
0.5<SSCI、A&HCI（I.F.）≦1.0		
特殊學術榮譽：獲國家級或國際學會	10	10 萬元新臺幣
發明專利：獲美國、日本、英國及歐盟	12	10 萬元新臺幣
比賽：獲國際性國家級獎（至少有兩國以上之參展）前三名者	10	10 萬元新臺幣
發表：受邀國際性國家級展場（至少有兩國以上舉辦）個展者	10	10 萬元新臺幣

展演：受邀國際性國家級展場（至少有兩國以上聯合舉辦）舉辦個人演奏（唱）會者	10	10 萬元新臺幣
特優等		
研究成果	獎勵點數	修訂前獎勵金額
期刊：0.5<SCI（I.F.）≦1.0 SSCI、A&HCI（I.F.）≦0.5	7	5 萬元新臺幣
期刊：SCI（I.F.）≦0.5	6	5 萬元新臺幣
期刊：T/SSCI、EI	5	5 萬元新臺幣
特殊學術榮譽：獲國家科學委員會研究獎者及國際學（協）會期刊年度論文獎者	5	5 萬元新臺幣
發明專利：獲國內或美國、日本、英國及歐盟以外國外地區	7	5 萬元新臺幣
比賽：獲國際性國家級獎（至少有兩國以上之參展）非前三名之其餘獎項、獎牌、獎章、獎狀	5	5 萬元新臺幣
發表： (1) 受邀國際性國家級展場（至少有兩國以上舉辦）舉辦聯展者 (2) 於國際性地方級展場或國內國家級展場舉辦個展者	5	5 萬元新臺幣
展演： (1) 受邀國際性國家級展場（至少有兩國以上聯合舉辦）舉辦聯合演奏（唱）會者 (2) 於國際性地方級展場或國內國家級音樂廳舉辦個人演奏（唱）會者	5	5 萬元新臺幣
優等		
研究成果	獎勵點數	修訂前獎勵金額
刊登於 TSCI、T/HCI、ACI 等期刊論文者	2	2 萬元新臺幣
獲國際學術研討會或論文比賽之最佳論文獎者	2	2 萬元新臺幣
專書經教育部或全國性學（協）會評選獲獎者	2	2 萬元新臺幣

比賽： (1) 獲國際性地方級獎（由該國政府機關主辦或協辦）前三名者 (2) 獲國内國家級獎，非前三名之其餘獎項、獎牌、獎章、獎狀	2	2 萬元新臺幣
發表： (1) 於國際性地方級展場或國内國家級展場舉辦聯展者 (2) 於國内地方級（於政府機關所屬場地由政府機關主辦或協辦）展覽會場舉辦個展者	2	2 萬元新臺幣
展演： (1) 於國際性地方級展場或國内國家級音樂廳舉辦聯合演奏（唱）會者 (2) 於國内地方級（於政府機關所屬場地由政府機關主辦或協辦）音樂廳舉辦個人演奏（唱）會者	2	2 萬元新臺幣
甲等		
研究成果	獎勵點數	修訂前獎勵金額
刊登於三年内曾獲選為國家科學委員會優良期刊獎助之國内期刊、列入 TSCI、T/SSCI、ACI、T/HCI 等期刊觀察名單者或有編審委員且未列入上述等級的國際期刊	1	1 萬元新臺幣
專書-專業著作（不含技術報告，應由出版社或圖書公司印製發行，載有作者、出版者、發行人、發行日期、ISBN 號碼、定價等相關資料。）	1	1 萬元新臺幣
獲得國内或國外新型專利，但需提供無法發現足以否定其技術具發明專利三要件之技術報告者	1	1 萬元新臺幣
已納入 EI，SCI，SSCI，A&HCI 之國際研討會論文	1	1 萬元新臺幣
獲國内學術學（協）會年度期刊最佳論文獎者；獲國内學術研討會或論文比賽之最佳論文獎者	1	1 萬元新臺幣
比賽：獲國内地方級前三名者	1	1 萬元新臺幣

發表：於國內地方級（於政府機關所屬場地由政府機關主辦或協辦）展覽會場舉辦聯展者	1	1 萬元新臺幣
展演：於國內地方級（於政府機關所屬場地由政府機關主辦或協辦）音樂廳舉辦聯合演奏（唱）會者	1	1 萬元新臺幣

注：各等級獎勵點數依附件一標準給予獎勵，並視每年編列預算計算補助金額。每點數補助金額＝總研究成果獎勵金／總獎勵點數。每點數補助金額≦1.2 萬元。

凡獲得國家科學委員會吳大猷先生紀念獎者，或獲得國家科學委員會專題研究計畫主持費每個月補助兩萬五千元者，須給新臺幣拾萬元，並連續獎勵三年。凡獲得國家科學委員會專題研究計畫主持費每個月補助兩萬元者須給新臺幣八萬元，獲得國家科學委員會研究計畫主持費每個月一萬元（含）以下者，須給新臺幣伍萬元，獎勵期間為一年；同年度獲得國家科學委員會兩件（含）計畫以上者，另須給新臺幣參萬元。

表 25　國立陽明大學教師科研成果獎勵辦法[19]

成果等級	成果要求	獎勵金額
卓越論文	IF 指數高於 20 之學術期刊或相對等之特殊學術貢獻	60 萬新臺幣
傑出論文	IF 指數在 10 以上之學術期刊	15 萬新臺幣
優等論文	IF 指數在 5 以上之學術期刊	6 萬新臺幣
	IF 指數在 5 以下，但該期刊在 SCI、SSCI、A&HCI 領域類別中前 2%之學術期刊	6 萬新臺幣
甲種論文	IF 指數在 3.8 以上之學術期刊	1.5 萬新臺幣
	IF 指數在 3.8 以下之，但該期刊在 SCI、SSCI、A&HCI 領域類別中排名前 10%之學術期刊	1.5 萬新臺幣

[19] 國立陽明大學研究發展處：《國立陽明大學學術研究成果發表獎助辦法》，http://www.ym.edu.tw/rnd/law/r1_old.doc，2006.1.27.

乙種論文	IF 指數在 0.7 以上之學術期刊	0.7 萬新臺幣
	IF 指數在 0.7 以下，但該期刊在 SCI、SSCI、A&HCI 領域類別中排名前 10%之學術期刊	0.7 萬新臺幣
傑出專著	具有正式審查制度之國內外大學出版社或學術專著出版社發行，並檢附兩份審查意見，經院方或通識教育中心推薦，由校方送外審，依據審查意見認定核可者	10-25 萬新臺幣
甲類專著	具有正式審查制度之國內外大學出版社或學術專著出版社發行，並檢附兩份審查意見者	3-9 萬新臺幣
乙類專著	由國內外大學出版社或學術專著出版社發行	1-3 萬新臺幣

注：獲獎人還需於年度舉辦之研究成果發表會中，公開演講得獎論文。

表 26　國立清華大學教師社會科學科研成果獎勵辦法[20]

成果等級	成果要求	獎勵金額
頂尖論文	Nature 或 Science	20 萬新臺幣
傑出論文	約當 ISI/WOS/JCR 資料庫前 15%之期刊	5 萬新臺幣
傑出專著	經學校審定之專著	20 萬新臺幣
舉辦學術研討會	超過十萬元者	由校方核可報銷

注：每人每年受獎勵之傑出論文以四件為限，頂尖論文與傑出專著無上限。

[20] 國立清華大學研究發展處：《國立清華大學傑出學術研究出版成果獎勵辦法》，http://my.nthu.edu.tw/~rd/revised/doc/file/file110121.pdf，2011.8.19.

表 27　國立交通大學教師社會科學科研成果獎勵辦法[21]

成果等級	成果要求	獎勵金額
頂尖期刊	Nature 或 Science	60 點
標竿期刊	刊登於 ISI/WOS/JCR 資料庫之 SSCI、SCI 期刊論文，且 RF 排名前 5%IF 大於 7 的刊物	8 點
優良期刊	刊登於 ISI/WOS/JCR 資料庫之 SSCI、SCI 期刊論文，且 RF 排名在 5%-40%之間者	3 點
專著	傑出學術專著	24 點
	優良學術專著	16 點
	甲類學術專著	8 點

注：優良期刊獎勵總額以每人不超過 20 點為原則，學術專著獎勵總額以每人不超過 30 點為原則。

以學科期刊排名為判斷依據的獎勵辦法：

國立中正大學對期刊的分類雖然也強調區分以 SSCI 為代表的外文期刊與 T/SSCI 為代表的中文期刊，但無論是外文期刊還是中文期刊，都要依照社會科學個學門（學科）期刊的等級來劃分獎勵標準，外文期刊分為四個級別，第一級別為名列社會科學各學門 25%的 SSCI、SCI 期刊，第二級別為名列社會科學各學門 50%的 SSCI、SCI 期刊，第三級別為名列社會科學各學門 50%以外的 SSCI、SCI 期刊，第四級別為非 SSCI、SCI 之外文期刊；中文期刊也分為四個級別，第一級別為 T/SSCI 正式名單收錄的期刊，第二級別為《國家科學委員會各學門期刊評比》第二級期刊，第三級別為《國家科學委員會各學門期刊評比》第三級期刊，第四級別為普

[21] 國立交通大學研究發展處：《國立交通大學教師及研究人員研究成果獎勵辦法》，http://rdweb.adm.nctu.edu.tw/files/2008100709384229.pdf，2011.7.27.

通華文刊物，當然這種期刊應該僅指臺灣出版的學術刊物。學術專著的獎勵仍舊按照審查程度進行操作。中正大學的獎勵標準不同於以臺灣大學、陽明大學為代表的引文分類辦法，該校的這種獎勵規定，在臺灣亦可謂獨樹一幟。

表 28　國立中正大學教師社會科學科研成果獎勵辦法[22]

成果等級	成果要求	獎勵金額
外文期刊	名列社會科學各學門 25%的 SSCI、SCI 期刊	20 分
	名列社會科學各學門 50%的 SSCI、SCI 期刊	15 分
	名列社會科學各學門 50%以外的 SSCI、SCI 期刊	10 分
	非 SSCI、SCI 之外文期刊	5 分
中文期刊	T/SSCI 期刊	15 分
	非 T/SSCI 但屬國家科學委員會期刊評比各學門第二級期刊者	10 分
	非 T/SSCI 但屬國家科學委員會期刊評比各學門第二三級期刊者	5 分
	以上三種以外之學術期刊	3 分
專著	國內有嚴格審查出版之書稿	最多 50 分
	國外有嚴格審查出版之書稿	最多 80 分
合著	國內有嚴格審查出版之書稿	最多 15 分
	國外有嚴格審查出版之書稿	最多 20 分

以中英文索引系統為判斷依據的獎勵辦法：

國立高雄師範大學規定在 SSCI、SCI、EI 發表文章獎勵獎牌一枚，獎金 1 萬元新臺幣；在 A&HCI、SCIE、ERIC、HI、MLA 發表文章兩篇及以上，可以申請獲得獎牌一枚，獎金 1 萬元新臺幣；

22 國立中正大學研究發展處：《國立中正大學教師社會科學傑出研究成果設置辦法》，http://colsoc.ccu.edu.tw/chinese/law/advantage.doc，2011.12.14.

在 T/SSCI 正式名單發表文章兩篇及以上，可以申請獲得獎牌一枚，獎金 1 萬元新臺幣；在國內學術研究優良期刊發表文章三篇以上或創作（演出）作品三件（次），審查後可以獲得獎牌一枚；在 T/SSCI 觀察名單發表文章三篇以上或創作（演出）作品三件（次），審查後可以獲得獎牌一枚；在有審查制度之學術期刊或研討會發表文章三篇以上或創作（演出）作品三件（次），審查後可以獲得獎牌一枚。

國立嘉義大學規定在 SSCI、SCI、EI 發表文章每篇獎勵 8000 元新臺幣；在 A&HCI、SCIE、ERIC、HI、MLA 發表文章每篇獎勵 8000 元新臺幣；在 T/SSCI 正式名單發表文章每篇獎勵 8000 元新臺幣；在國內學術研究優良期刊發表文章每篇獎勵 3000 元新臺幣；在 T/SSCI 觀察名單發表文章每篇獎勵 2000 元新臺幣；在有審查制度之學術期刊或研討會發表文章每篇獎勵 2000 元新臺幣。嘉義大學的獎勵辦法有兩大特點：其一，獎勵額度較之中國大陸省立大學來說，無疑是很少的，可以視為象徵性的獎勵；其二，在獎勵標準上來看，將對 T/SSCI 與 SSCI 的獎勵列為一個額度，並沒有過分地獨大英文期刊。

國立台東大學規定在 SSCI、SCI、EI 發表文章每篇獎勵 1 萬元新臺幣；在 A&HCI、SCIE、ERIC、HI、MLA 發表文章每篇獎勵 1 萬元新臺幣；在 T/SSCI 正式名單發表文章每篇獎勵 1 萬元新臺幣；在國內學術研究優良期刊發表文章每篇獎勵 1 萬元新臺幣；在 T/SSCI 觀察名單發表文章每篇獎勵 1 萬元新臺幣；在有審查制度之學術期刊或研討會發表文章每篇獎勵 1 萬元新臺幣。台東大學的獎勵辦法則更能顯示上述的特點：不因期刊分級而劃分獎勵級別。

國立台南大學規定在 SSCI、SCI、EI 發表文章每篇獎勵 5 萬元新臺幣；在 T/SSCI 發表文章每篇獎勵 5 萬元，而在其他級別刊物發表的文章，均不作獎勵規定。台南大學的獎勵原則與台東大學則恰好相左：獨大英文、分級獎勵。

國立花蓮師範學院規定在 SSCI、SCI、EI 發表文章每篇獎勵三萬元新臺幣；在 A&HCI、SCIE、ERIC、HI、MLA 發表文章每篇獎勵 3 萬元新臺幣；在 T/SSCI 正式名單發表文章每篇獎勵 1 萬 5 千元新臺幣；在國內學術研究優良期刊發表文章每篇獎勵 1 萬 5 千元新臺幣；在 T/SSCI 觀察名單發表文章每篇獎勵 1 萬元新臺幣。

國立台北師範學院規定在本校學報發表論文每篇獎勵 1 萬元新臺幣；在 SSCI、SCI、EI 發表文章每篇獎勵 3 萬元新臺幣；在 A&HCI 發表文章每篇獎勵 3 萬元、在 ERIC 發表文章每篇獎勵 1 萬元；在 T/SSCI 正式名單發表文章每篇獎勵 1 萬元新臺幣；在 T/SSCI 觀察名單發表文章每篇獎勵 5000 元新臺幣。

屏東師範學院規定在 SSCI 發表文章每篇獎勵 4 萬元、在 SCI 與 EI 發表文章每篇獎勵 2 萬元新臺幣；在 A&HCI 發表文章每篇獎勵 1 萬元；在 T/SSCI 正式名單發表文章每篇獎勵 1 萬元新臺幣；在國內學術研究優良期刊發表文章每篇獎勵 1 萬元新臺幣；在參與國際性比賽獲獎者獎勵 1-2 萬元新臺幣；

國立台中師範學院規定 SSCI、SCI、EI 發表文章每篇獎勵 4 萬元新臺幣；在 A&HCI、SCIE、ERIC、HI、MLA 發表文章每篇獎勵 4 萬元新臺幣；在 T/SSCI 正式名單發表文章每篇獎勵 3 萬元新臺幣；在國內學術研究優良期刊發表文章每篇獎勵 2 萬元新臺幣；在 T/SSCI 觀察名單發表文章每篇獎勵 2 萬元新臺幣；在有審查制度之學術期刊或研討會發表文章每篇獎勵 5000 元新臺幣，但累計不超過四篇，在參與國際性比賽獲獎者獎勵 2-3 萬元新臺幣。

新竹師範學院規定 SSCI、SCI、EI 發表文章每篇獎勵 1 萬元新臺幣；在 A&HCI、SCIE、ERIC、HI、MLA 發表文章每篇獎勵 1 萬元新臺幣；在 T/SSCI 正式名單發表文章每篇獎勵 1 萬元新臺幣；

陳伯璋教授對台灣高校學術成果獎勵也頗有研究，他認為，「有些學校提出獎勵研究辦法，一次方法利誘教授們多多投稿發表文章，其立意雖佳，然而如此的發展趨向，將可能使教授們無法專心進行教學工作，更有甚者將可能產生更大的衝突可能的惡性發展。」[23]

第二節　「重量輕質，分級獎勵」：中國大陸學術成果獎勵辦法

中國大陸的學術期刊獎勵辦法與臺灣有幾處共同點：第一、從獎勵主體來看，中國大陸亦獎勵對象為第一署名為本單位的教師或研究人員。第二、從獎勵客體來看，分為國際與國內兩大類別，只不過中國大陸的華文刊物要遠遠多於臺灣，故而在制定辦法時，又稍有出入。第三、與臺灣一致，均在很大程度上不認同對方出版的學術產品。當然，中國大陸學術期刊獎勵辦法與臺灣也有不同之處，最主要的表現在：過於程序化，但也因程序化而顯得細致、詳盡。

通常來說，成果的獎勵應當避免走入如下誤區：第一、以刊評文，即過分相信某一水準刊物會刊載等於或高於這一水準的成果，只注重成果發表的載體而忽視成果本身的質量是否與該刊物水準相符合；第二，認為不同等級的刊物發表的成果的質量也會依次遞減，例如甲類刊物發表的成果一定比乙類要好，丙類刊物的文章

23 陳伯璋：《學術資本主義下台灣教育學門學術評鑒制度的省思》，全球化與知識生產：反思台灣學術評鑒，臺北：臺社季刊社 2005 年版，第 222 頁。以上六所高校學術成果獎勵的標準據陳伯璋教授該文修訂而來。

一定比不上乙類刊物；第三，忽視獎勵辦法收錄之外的刊物，即認為獎勵辦法收錄之外的刊物所發表的成果一定比收錄辦法內的要差。北京師範大學歷史學系黃安年教授曾經多次撰文指出上述弊病[24]，他以自己所在單位——北京師範大學文科科研獎勵辦法為例，分析了晚近學術獎勵的諸多怪現象。

首先，對學術論文的標準設定過於死板、官僚化。不承認報紙學術版或理論版上的文章；不承認學術書評、散文、筆談等成果形式；不承認低於要求字數的成果；不承認以書代刊（集刊）上的文章。

其次，獎勵辦法獎勵的範圍不全，有多數值得收進獎勵辦法的刊物沒有收錄進去。

再次，對於花錢買版面的成果，不應該納入獎勵範圍。

再者，變相地認為沒有受到成果獎勵的成果沒有任何價值。

實際上，黃安年教授的這些觀點，總括起來都是在揭露當前中國大陸學術成果獎勵中的一個致命要害：獎勵機制機械、死板，乏人為的再審查程序。這一點，正是我們要向臺灣學習的重點。實際上不可否認，臺灣和中國大陸的成果獎勵都是在一個大背景下執行的：以刊論文，分級獎勵。這個原則是不可丟棄的，臺灣的學術成果獎勵，實際上也是將刊物與成果分成三六九等，再根據這些等級劃分金額多寡，不過需要釐清的一個概念是，臺灣的學術成果獎勵

24 黃安年：《是獎勵學術刊名還是獎勵論文品質——評本末倒置的文科成果津貼獎勵》，載學術交流網：http://kjc.cqu.edu.cn/article_view.asp?id=13092，2004.12.6；黃安年：《學術性書評不算學術成果嗎？——兼談學術論文認定中的形式主義和官僚主義》，載學術批評網：http://www.acriticism.com/article.asp?Newsid=734，2001.12.29；黃安年：《按文章發表的刊物分級獎勵學術成果的質疑》，載學術批評網：http://www.annian.net/show.aspx?id=18&cid=24，2002.8.8；黃安年：《《北京師範大學文科科研津貼期刊目錄》合理嗎？——兼談科研津貼中的非學術因素》，載學術批評網：http://www.acriticism.com/article.asp?Newsid=818，2002.1.5.

的對象側重在外文期刊，對華文期刊的獎勵，定奪只劃界到不足百種的 T/SSCI 正式收錄期刊，因此對華文期刊的獎勵，也並沒有過多的爭議。其次便是有校內外的審查程序，保障了在表格化、清單化的獎勵時用人為因素保證成果獎勵的公正公允。這樣一來，就不會存在如黃安年教授所列舉的那些情況，譬如以書代刊，因為中國大陸有嚴格的 CN 號管理制度，任何正規期刊都須有 ISSN 與 CN 號，捨此，則被認定為非法刊物，而臺灣的學術期刊基本都只用 ISSN 或 ISBN 國際書號，所以以書代刊成為常態，或許臺灣學者會這樣認為：期刊的生命在於學術質量，與是否經官方核可並無多大聯繫。又如，中國大陸的學術成果公開發表，有絕大部分是通過赤裸裸的錢文交易實現的，那麼，學者們便會爭議對於這樣的成果是否值得獎勵呢？在臺灣則幾乎不存在這種情況，因為臺灣的學術期刊絕大多數不收取版面費，即便有個別情況，也是合情合理，學術共同體都能認可的。再如，成果的字數限制，通常來說，中國大陸的學術成果獎勵辦法一般會限定要求受獎成果達到規定字數，如報紙需要 2000 字以上，論文需 4000 字以上，這樣的規定，實際上也是因為經久以來的慣性造成。因為刊物靠版面費牟利，所以，版面是有限的資源，學術成果的獎勵自然就要求研究者去獲取這種稀缺的資源。然而在臺灣，這種現象亦不多見。

為了分析中國大陸的科研獎勵辦法，我們選取比較具有代表性的兩所高校——湖南大學、西南政法大學，湖南大學是 985 與 211 重點建設的大學，是典型的工科院校，類似於臺灣教育部邁向頂尖大學計劃所支持的大學，西南政法大學曾是司法部直屬高校，是老牌的文科重點大學。這兩所大學所制定的科研獎勵辦法，似可以說明中國大陸高校的一般情況，也足以拿來與上述臺灣高校作出比較。

通過下面二表的對比，我們可以直觀地感受到如下的中國大陸特色：

一、工科院校重理輕文，文科院校重文輕理。例如，湖南大學對在Nature、Science 上發表的文章給予 50 萬元人民幣的獎勵，而發表在中國社會科學上的文章，僅僅給予 2 萬元人民幣的象徵性獎勵，須知中國社會科學乃是代表著華文刊物中頂尖水平，可以與不少國際頂級刊物相媲美，而被新華文摘轉載的文章，也不過獎勵 1 萬元人民幣，因為新華文摘是文摘中的稀缺資源，許多被轉載的文章也代表着中國社會科學的前沿水準，多數研究者終其一生也不見得成果能出現在該刊上，這樣的雙重標準，著實讓人匪夷所思。對於西南政法大學的獎勵分類而言，將中國社會科學定為 A 類刊物順乎情理，或許因為該校發展經費有限，在 A 類刊物上發表文章僅獎勵 1.6 萬元人民幣亦無可厚非，然而讓人不解的是，SCI 收錄的期刊被放置在 C 類刊物，與俯拾皆是的人大複印資料等同，更讓人詫異的是，假定西南政法大學一位研究者在 Nature 或 Science 上發表一篇文章（儘管這種概率幾乎為零），那麼他竟然只能得到區區 0.3 萬元人民幣的獎金！這樣的獎勵標準，豈不讓人啼笑皆非？

二、對外文期刊的劃分標準混亂，一概而論。如果看過上述臺灣高校對 SSCI、SCI、A&HCI 詳細科學的劃分標準，一定會對接下來中國大陸劃分的這些外文期刊標準瞠目結舌。如果說中國大陸類似西南政法大學這樣的文科大學將 SCI 置於較低級別是因為這樣的文科大學發表不了 SCI 且不將 SCI 納入考核體系的話，而作為 985 重點建設的湖南大學所列出的外文期刊獎勵標準實在過於籠統，湖南大學將外文期刊簡單地分為SCI、EI、SSCI、A&HCI 四大類，SCI 上發表一篇文章獎勵

0.4 萬元人民幣，EI 上發表一篇文章獎勵 0.2 萬元人民幣，SSCI 與 A&HCI 發表一篇文章獎勵 0.5 萬元人民幣，這樣籠統的、毫無分類可言的標準。

三、重視對社會科學領域的華文刊物的分類，當然這個前提是只認中國大陸期刊。西南政法大學的期刊分類辦法將中國大陸出版的中文期刊分得非常細致，例如，她詳細地劃定了各級別刊物的種類及名稱。

A 類刊物的種類：

中國社會科學（含英文版）、中國科學（任一專業版）。

B 類刊物的種類：

1、馬克思主義研究、哲學研究、法學研究、中國法學（不含英文版）、歷史研究、文學評論、新聞與傳播研究、經濟研究、政治學研究、社會學研究、民族研究、教育研究、體育科學、管理世界、中國圖書館學報、外語教學與研究、求是、心理學報、世界宗教研究、中華醫學雜誌、電腦科學、中國農業科學、中國環境科學。2、新華文摘、中國社會科學文摘（不含會議綜述、論點摘要或摘編、學術卡片）。3、人民日報、光明日報（理論版或學術版）

C 類刊物的種類：

1、綜合性期刊：讀書、國外社會科學、學術月刊、天津社會科學、浙江社會科學、江海學刊、南京社會科學、社會科學、開放時代、江蘇社會科學、思想戰線、學術研究、社會科學戰線、社會科學研究、學術界、東南學術。2、高校綜合性學報：中國人民大學學報、北京大學學報（哲學社會科學版）、北京師範大學學報（社會科學版）、復旦學報（社會科學版）、南京大學學報（哲學・人文科學・社會科學）、南開學報（哲學社會科學版）、吉林大學社會科學學報、中山大學學報（社會科學版）、廈門大學學報（哲學社會科學版）、清華大學學報（哲學社會科學版）、上海財經大學學報（哲學社會科學版）、武漢大學學報（哲學社會科學版）、華中師範大學學報（人文社會科學版）、求是學刊、四川大學學報（哲學社會科學版）、東北師範大學學報（哲學社會科學版）、陝西師範大學學報（哲學社會科學版）、中國人民公安大學學報（哲學社會科學版）。3、法學期刊：現代法學、中外法學、政法論壇、法學、法商研究、法律科學、法學評論、法學家、法制與社會發展、知識產權、環球法律評論、比較法研究、人民檢察、人民司法。4、政治學期刊：世界經濟與政治、歐洲研究、美國研究、現代國際關係、國際問題研究、國家行政學院學報、當代亞太、青年研究、求實、國際論壇、中共中央黨校學報。5、新聞學與傳播學期刊：編輯學報、中國科技期刊研究、國際新聞界、現代傳播（中國傳媒大學學報）、編輯之友。6、教育學期刊：高等教育研究、學位與研究生教育、北京大學教育評論、電化教育研究、華東師範大學學報（教科版）、比較教育研究、清華大學教育研究、教師教育研究、教育與經濟、教育發展研究、中國高等教育。7、管理學期刊：中國軟科學、科研管理、科學學研究、外國經濟與管理、南開管理評論、管理科學學報、研究與發展管理、公共管理學報、中國管理科學。8、經濟學期刊：中國工業經濟、世界經濟、金融研究、會計研究、中國農村經濟、國際經濟評論、經濟科學、中國農村觀察、世界經濟文匯、經濟學動態、經濟社會體制比較、農業經濟問題、財貿經濟、財經研究、國際金融研究、改革。9、馬克思主義學科期刊：馬克思主義與現實、教學與研究、當代世界與社會主義。10、語言學期刊：現代外語、當代語言學、中國語文、外國語。11、圖書館、情報與文獻學期刊：大學圖書館學報、情報學報、圖書情報工作、情報理論與實踐。12、社會學期刊：中國人口科學、人口研究。13、哲學期刊：世界哲學、自然辯證法研究。14、民族學期刊：世界民族、中國藏學。15、歷史學期刊：近代史研究、中國史研究、清史研究、史學理論研究、史學月刊。16、體育學期刊：中國體育科技、體育與科學。17、中國文學期刊：文學遺產、文學爭鳴、文藝理論研究。18、外國文學、環境科學、人文經濟地理、統計學、心理學、宗教學期刊：外國文學評論、中國人口・資源與環境、旅遊學刊、統計研究、心理發展與教育、宗教學研究。19、SCI、SSCI、A&HCI收錄期刊論文。20、中國社會科學內部文稿、人大複印報刊資料（全文轉載）、高等學校文科學術文摘（不含會議綜述、論點摘要或摘編、學術卡片）。21、法制日報、中國教育報（理論版或學術版）

D 類刊物的種類：

(一) D1 類期刊

1、C/SSCI 來源期刊或 C/SSCI 來源集刊（南京大學中國社會科學研究評價中心發佈）。2、CSCD 來源期刊（中國科學院文獻情報中心發佈）。3、經濟日報、社會科學報、人民法院報、檢察日報（理論版或學術版理論學術文章）。4、EI 核心版收錄的國外期刊論文、國外人文社會科學核心期刊總覽收錄期刊。5、中國法學（英文版）。6、中國法律（中英文，香港出版）。

(二) D2 類期刊

1、中文核心期刊要目總覽所列核心期刊。2、西南政法大學學報。3、C/SSCI 擴展版來源期刊。4、CSCD 擴展版來源期刊。5、SCI 及 EI 擴展版收錄的國外期刊論文、CPCI-SSH（原 ISSHP）和 CPCI-S（原 ISTP）收錄論文。

這樣的劃分標準相對於前上外文期刊的劃分，無疑是細微、周到的，對於 A、B、C、D 刊物的概括，是根據「以 SCI、SSCI、A&HCI、C/SSCI、CSCD、EI、中文核心期刊要目總覽、國外人文社會科學核心期刊總覽、CPCI-SSH（原 ISSHP）、CPCI-S（原 ISTP）等來源期刊為基礎，結合學校科學研究、學科建設現狀以及學校中長期發展目標編制而成。若 SCI、SSCI、C/SSCI、CSCD、A&HCI、EI、中文核心期刊要目總覽、國外人文社會科學核心期刊總覽、CPCI-SSH（原 ISSHP）、CPCI-S（原 ISTP）等更新，以其更新版本為標準，各索引新增收錄的期刊，將自動列為相應類別，被各索引調整出的期刊，將自動從相應類別中退出。具體論文類別的認定，以論文發表時各索引收錄期刊目錄為准，國外論文以檢索資料庫收錄時間為准。」[25]除此以外，為了保證分類辦法的盡可能周全，在該辦法中，還將中國社會科學內部文稿、社會科學報等特殊刊物或報紙收錄進來。除此還能看到，對華文刊物的獎勵最低限度設置到 C/SSCI 擴展版以及中文核心期刊要目總覽收錄的期刊。

四、重視官方成果獎的再獎勵。社會科學成果獎與自然科學成果獎的設置是中國大陸的又一大特色，各級官方為了籠絡研究者的人心，均會設置成果獎，例如國家級的成果獎由中華人民共和國國務院或教育部主導，省部級的學術成果將由各省、自治區、直轄市人民政府主導，規定若干年評選一次，設置一二三等獎，頒發獎狀，獎勵人民幣若干，以直轄市重慶為例，新近修訂的「重慶市社會科學優秀成果獎勵辦法」就規定將成果分為一、二、三等獎，由重慶市人民政府出面表彰，獎勵金額分

[25] 西南政法大學科研處：《西南政法大學成果獎勵辦法》，2009.12.22.

別為 5 萬元、2.5 萬元、1 萬元人民幣，並明文規定此項獎勵將作為「考核、晉級、評審專業技術職稱、享受有關待遇的重要依據」[26]。因為該榮譽是政府意志的結果，所以高校也會將這些成果獎納入考核體系，同樣，對於這些成果獎，也會重複給予重獎，例如，湖南大學對國家最高、一、二等獎勵分別獎勵 500、20、10 萬元人民幣，對國家哲學社會科學基金項目優秀成果一、二、三等獎分別獎勵 15、10、5 萬元人民幣，對省部級及其他成果也給予相應獎勵。西南政法大學對國家級成果一、二、三等獎給予 10、3、1 萬元人民幣獎勵，對省部級及其他成果也給予相應獎勵。

當然，中國大陸學術獎勵還有一個更大的特點已如前述：缺乏學術成果的再審查，雖然校方也會審查學術成果，但是只對學術成果的真實性——提交的複印件是否與原件相符，不對成果的原創性與學術性作出審查，然而這種丟失了的審查又是十分必要的，因為中國大陸的不少學術期刊與研究者存在買賣版面的嫌疑，客觀地講，許多刊物與文章名不副實，雖然收入 C/SSCI 或中文核心期刊要目總覽，但其水平確實不值得作出成果獎勵，因此，這樣的成果是一定需要校院學術委員會進行再審查的，審查的側重點可以不盡一致，但是應該保證一個基本原則：公正公平。

---

[26] 重慶市人民政府：《重慶市社會科學優秀成果獎勵辦法》（渝府令第 257 號），2011 年 9 月 14 日。

表 29　湖南大學（985、211 工程重點建設大學）教師科研獎勵辦法（一）

<table>
<tr><th>類別</th><th>發表、收錄類型</th><th>獎勵額度</th></tr>
<tr><td rowspan="3">自然科學類</td><td>Science，Nature 發表文章</td><td>50 萬元人民幣</td></tr>
<tr><td>《SCI》一般期刊收錄</td><td>0.4 萬元人民幣</td></tr>
<tr><td>《EI》一般期刊收錄</td><td>0.2 萬元人民幣</td></tr>
<tr><td rowspan="5">人文社會科學</td><td>《中國社會科學》（中、英文版）</td><td>2 萬元人民幣</td></tr>
<tr><td>《新華文摘》全文收錄</td><td>1 萬元人民幣</td></tr>
<tr><td>《SSCI》收錄、《A＆HCI》收錄</td><td>0.5 萬元人民幣</td></tr>
<tr><td>人文社會科學重點期刊</td><td>0.3 萬元人民幣</td></tr>
<tr><td>《新華文摘》摘要、人大報刊複印資料全文收錄、《C/SSCI》（含集刊）收錄</td><td>0.1 萬元人民幣</td></tr>
</table>

表 30　湖南大學（985、211 工程重點建設大學）教師科研獎勵辦法（二）

<table>
<tr><th>類別</th><th>獎勵級別</th><th>獎勵額度</th></tr>
<tr><td rowspan="8">自然科學類</td><td>國家最高獎</td><td>500 萬元人民幣</td></tr>
<tr><td>國家一等獎</td><td>20 萬元人民幣</td></tr>
<tr><td>國家二等獎</td><td>10 萬元人民幣</td></tr>
<tr><td>湖南省科學技術傑出貢獻獎</td><td>20 萬元人民幣</td></tr>
<tr><td>省一等獎</td><td rowspan="2">8 萬元人民幣</td></tr>
<tr><td>教育部自然科學優秀科研成果一等獎</td></tr>
<tr><td>省二等獎</td><td rowspan="2">5 萬元人民幣</td></tr>
<tr><td>教育部自然科學優秀科研成果二等獎</td></tr>
<tr><td rowspan="6">人文社會科學</td><td>國家哲學社會科學基金項目優秀成果一等獎</td><td>15 萬元人民幣</td></tr>
<tr><td>國家哲學社會科學基金項目優秀成果二等獎</td><td rowspan="2">10 萬元人民幣</td></tr>
<tr><td>教育部人文社會科學優秀科研成果一等獎</td></tr>
<tr><td>國家哲學社會科學基金項目優秀成果三等獎</td><td rowspan="3">5 萬元人民幣</td></tr>
<tr><td>教育部人文社會科學優秀科研成果二等獎</td></tr>
<tr><td>湖南省人文社會科學優秀科研成果一等獎</td></tr>
</table>

	教育部人文社會科學優秀科研成果三等獎	2 萬元人民幣
	湖南省人文社會科學優秀科研成果二等獎	
	中央（國務院）各部委頒發的社會科學優秀成果一等獎	
	湖南省人文社會科學優秀科研成果三等獎	1 萬元人民幣
	中央各部委頒發的社會科學優秀成果二等獎	

表 31　西南政法大學（一般重點大學）教師科研獎勵辦法

類別	獎勵級別	獎勵額度
論文	A 類論文（《中國社會科學》、《中國科學》）	1.6 萬元人民幣
	B 類論文（《新華文摘》、《中國社會科學文摘》、C/SSCI 排前 5%之刊物）	0.8 萬元人民幣
	C 類論文（《人大復印資料》、《高等學校文科學術文摘》、SSCI、SCI、A&HCI、各學門 C/SSCI 排前 15%之刊物）	0.3 萬元人民幣
	D 類論文（EI、C/SSCI 來源期刊、中文核心期刊）	0.2 萬元人民幣
著作	專著	1 萬元人民幣
	譯著	0.5 萬元人民幣
成果獎	國家級成果一等獎	10 萬元人民幣
	國家級成果二等獎	3 萬元人民幣
	國家級成果三等獎	1 萬元人民幣
	省部級成果一等獎	1 萬元人民幣
	省部級成果二等獎	0.6 萬元人民幣
	省部級成果三等獎	0.3 萬元人民幣

第四章　臺灣與中國大陸高等教育評鑑：歷史與借鑑

自上個世紀 60 年代以來，臺灣高等院校發展勢頭強勁，1972 年大學校院的校數為 167 所，大學部學生人數為 251058 人；1996 年大學校院的校數為 67 所（含獨立學院），大學部學生人數為 337837 人；2006 年大學的校數增加為 147 所（不含專科學校），大學部學生人數增加為 966591 人。大學考試分發錄取率，在 2008 年高達 97.1%，高等教育已從菁英教育正式邁入普及化教育。因此如何確保高等教育品質與水準，乃成為高等教育發展重要的議題。

為了促進臺灣高教事業的繁榮，增強高等教育的國際競爭力與影響力，臺灣教育部先後在 1998 年推行「追求高等教育卓越發展」教育改革項目，並於 2001 年發布大學教育政策白皮書，此外，行政院國家科學委員會又在 2004 年提出「五年五百億計畫」，後改為「發展國際一流大學及頂尖研究中心計畫」，希望五年內打造國內至少一所大學進入世界前一百名；同年，臺灣教育部又斥資 10 億元頒布「獎勵大學教學卓越計畫」，以鼓勵大學提昇教學品質及發展國內教學卓越大學典範。

表 32　臺灣歷年大專校院校數

學年度	大學		獨立學院		專科學校		合計		
	公立	私立	公立	私立	公立	私立	公立	私立	合計
1950	1	--	3	--	3	1	7	1	8
1953	1	--	3	--	4	1	8	1	9
1954	2	--	3	2	6	1	11	3	14
1968	6	2	4	10	20	43	30	55	85
1971	6	3	5	9	20	53	31	65	96
1972	6	3	5	9	20	56	31	68	99
1985	9	7	6	6	21	56	36	69	105
1986	9	7	6	6	21	56	36	69	105
1993	13	8	15	15	14	60	42	83	125
1994	15	8	17	18	13	59	45	85	130
2001	27	30	23	55	3	16	53	101	154
2002	27	34	23	55	3	12	53	101	154
2004	34	41	17	53	3	11	54	105	159
2005	41	48	10	46	3	14	54	108	162
2006	41	53	11	42	3	13	55	108	163

資料來源：台灣教育部（2007）：中華民國教育統計——民國 96 年版。

表 33　臺灣歷年大專校院學生人數

類別／學年	專科學校		大學部		碩士		博士		合計	
	公立	私立	公立	私立	公立	私立	公立	私立	小計	私立(%)
1950	912	374	5,374	–	5	–	–	–	6,665	5.61
1953	3,286	954	7,687	–	16	–	–	–	11,943	7.99
1954	9,001	821	8,540	461	82	–	–	–	18,905	6.78
1962	6,084	4,990	24,140	8,392	603	90	15	–	44,314	30.4
1963	7,511	5,660	25,352	12,367	629	172	16	–	51,707	35.2

1967	19,607	43,804	35,295	38,586	1,096	175	37	13	138,613	59.57
1971	31,813	87,333	47,524	52,931	2,286	411	151	56	222,505	63.25
1972	42,367	95,943	50,520	59,577	2,159	534	171	57	251,328	62.11
1985	55,646	181,178	67,829	111,505	7,768	2,870	1,453	327	428,576	69.04
1986	53,536	190,946	69,251	115,478	8,238	3,056	1,787	356	442,648	70
1988	49,824	221,886	82,104	125,375	10,548	3,571	2,781	441	496,530	70.75
1993	58,140	305,233	120,901	165,081	20,524	7,593	6,851	862	685,185	69.87
1994	60,289	318,571	126,913	175,180	22,574	8,258	7,464	931	720,180	69.84
2000	55,294	388,888	178,509	385,550	49,413	20,626	11,968	1,854	1,092,102	72.97
2001	48,222	358,619	195,610	481,561	60,782	26,469	13,700	2,262	1,187,225	73.19
2002	39,017	308,230	213,096	557,819	69,688	33,737	15,881	2,824	1,240,292	72.77
2003	30,477	258,548	227,386	610,216	80,228	41,681	18,292	3,366	1,270,194	71.06
2004	22,567	208,371	238,746	655,782	88,072	47,920	20,504	3,905	1,285,867	71.23
2005	17,857	163,029	247,298	691,350	96,689	52,804	23,091	4,440	1,296,558	70.31
2006	15,150	138,828	253,831	712,760	106,100	57,485	24,948	4,891	1,313,993	69.56

資料來源：台灣教育部(2007)：中華民國教育統計——民國96年版，頁20-23。

第一節　臺灣高等教育評鑑制度的歷史沿革

學界通常將臺灣的高等教育評鑑史可以分為如下幾個階段：[1]

一、1975-1990 年：由教育部主導的學科評鑑。上世紀 70 年代中期，臺灣教育部在數學、物理、化學、醫學、牙醫等五個學科進行試點評鑑，其目的旨在了解大學校院以及系所的教育質量與研究水平，以此幫助各校輔導獎助以及核准各校的申請案。

[1] 關於對台灣高等教育評鑑史的回顧，可參見楊瑩、吳言蓀、尚紅娟等教授的系列文章。

期間，臺灣教育部主導並一手操辦評鑑工作的全過程，評鑑結果由教育部門分發至各校參考，但並沒有等級之分。因為欠缺人力與經費，這項綜合性的評鑑工程斷斷續續地進行。1977年後，教育部開始委託專業的評鑑團體進行評鑑，評鑑的範圍也由此擴大到院系，其評鑑目標也擴展到農、工、醫、商、法、文以及師範類校院的評鑑。與此同時，教育部在 1979-1982 年間，組織 176 個評鑑小組對 188 個校院的 1517 個系所進行評鑑，完成了所有大學的初次評鑑及追蹤評鑑；1983 年 7 月，教育部成立了「大學教育評鑑規劃小組」，並於同年 11 月組團赴美考察美國大學評鑑作業；1984 年，規劃小組完成編製了「大學教育評鑑手冊」草案，教育部參照這一草案，頒訂了「大學教育評鑑實施要點」、「訪問評鑑實施要點」，上述兩要點自 1985 年度起開始實施。這一階段的評鑑由教育部高等教育司聘請學者與專家 5-10 人擔任評鑑委員，其評鑑指標主要包括系所、研究所、師資、課程、設備、圖書、輔導、發展、教育成果、行政支持等名目。高教司統一制定評鑑表以及各評鑑指標權重、要點，以供評鑑委員參考，評鑑委員在評鑑結束後提出意見並形成書面報告送交召集委員，召集委員分類整理意見報送教育部。

評鑑工作的作業程序，大致為：（1）擬定評鑑計劃。（2）寄發評鑑資料調查表：因為評鑑時間以一天一校為原則，為了使評鑑委員對該學校欲評鑑的內容有一個概略的認識，因此事先寄出調查表由學校填寫。（3）聘請評鑑委員。（4）依據評鑑日程，分赴各校評鑑。（5）撰寫評鑑報告。（6）公布評鑑結果、舉辦複評[2]。

---

2 李大正等：《大學教育評鑑的實然與應然》，載網絡社會學通訊期刊（台灣），2002 年總第 23 期。

二、1991-1994 年：由教育部委託專業評鑑團體進行的學科評鑑。

1991 年，臺灣教育部高教司委託新竹師範學院「教學與學校評鑑研究中心」就「大學評鑑委託公正學術團體辦理可行性」進行專案評估研究，以及邀請各大校院教育專家及評鑑委員召開座談會，討論下一步評鑑工作的開展。研究的結論為：教育部可選擇適當的學術學會試辦大學評鑑。在此基礎上，教育部便制定了「大學學門評鑑委託公正學術團體試辦計劃」，並在 1992 與 1993 年度之間如期依計劃委託三個學會——「中國電機工程學會」、「中華民國管理科學學會」、「中國機械工程學會」就電機、管理、機械等三個學科進行學科評鑑。淡江大學楊瑩教授認為，這種由非官方的學術團體評鑑，「可以擺脫以往中央管制的模式，比較能增加各界對評鑑結果的公信力，成效亦獲得肯定，而且此種方式進行的學科評鑑也等於是在自我評鑑之外同時進行外部同行評鑑」[3]。也就是說，教育部不再直接過手高等教育評鑑的直接事務，使得臺灣大學評鑑脫離政府管制模式。此一時期的評鑑方式有改進之處，但尚存在不足。吳言蓀教授認為，此一時期，全部的學術團體進行所有學科的評鑑工作也有困難，主要表現在：一、各個學術團體的組織健全與否、參與教育評鑑的意願會影響教育評鑑的質量與公信力。二、由於學科專業數多，學會數量少，完成評鑑需要耗費巨大的時間與精力。三、交叉學科的評鑑很難由學術評鑑團體來完成[4]。在此一階段，為了協助各大學做出中期規劃、教育部又組織評鑑團體對 36 所公私立大學進

3　楊瑩：《台灣的大學系所評鑑》，載中國高等教育評估，2008 年第 3 期，第 44 頁。

4　吳言蓀：《台灣高等教育評鑑的演進與思考》，載重慶大學學報，2008 年第 2 期，第 133 頁。

行中程校務發展計劃，教育部將該審查結果與各校辦學績效一起計算，以作為分配公立大學預算經費額度、增設系所審查、獎勵私立大學經費分配的主要參考辦法。

三、1995-2000 年：以大學法為依托的學門評鑑。1994 年，臺灣立法院頒布了新的大學法，同時修訂了關於大學評鑑工作的實施細則，在法律上確保了教育部對大學校院進行評鑑的重要作用與責任；1996 年教育部初步制定了「大學教育評鑑計劃草案」；1997 年，教育部除了委託通識教育學會辦理各大學通識教育評鑑之外，首次實施以大學整體校務為主的綜合評鑑以及理科為主的院系評鑑。然而在這一時期，臺灣的高等教育受挫，規模擴大的同時使得質量下降，該年教育部即邀集專家學者，召開相關會議，研商辦理大學教育評鑑的相關事宜，會中決議立即於 1997 學年度採試辦全面性的大學教育評鑑。

為此，1999 年的教育工作會議提出要求：大學評鑑除量的評鑑外，更應注重質的提升；大學及其專業系所應定期接受評鑑，但以自評為主；評鑑的信息應當公開；評鑑結果應作為未來改善的依據，不宜與經費補助關聯落實教學評鑑；推動多元評鑑制度且與社會及產業加強互動。[5]

四、2001-2006 年：鼓勵自我評鑑。教育部在 2001 年制定「大學校院實施自我評鑑計劃補助申請要點」，旨在鼓勵公私立大學校院辦理自我評鑑，並建立自我品質管制的機制。2002 年，教育部委託臺北市立教育大學（原臺北市立師範學院）進行「規劃成立辦理大學評鑑事務之財團法人專責單位」專案的研究，目的為成立一獨立於行政機關之外的評鑑中心來專門負責實施評鑑工作。2004 年，臺灣教育部將校務評鑑的內容劃分在

[5] 同上，第 134 頁。

「教學資源」、「國際化程度」、「推廣服務」、「學生事務」、「通識教育」以及「行政支持」等六大項目。

五、2005 年迄今。以「財團法人」為依托的大學評鑑。大學法及大學法施行細則公布施行後，確立了財團法人對大學評鑑的權責，該部成立「財團法人高等教育評鑑中心」[6]，據以規劃並執行各項大學評鑑工作;其辦理結果供大學做為自我改進的參考。官方認為，成立這一中心，能夠「有效防禦全球化的衝擊、確保公共經費之績效責任、避免外界質疑行政官僚操作、引導大學發揮自主性、研發客觀專業之評鑑指標、累積評鑑經驗、建立評鑑制度、樹立評鑑之專業度及公信力」[7]。該中心在教育部與地方高校合力資助下，於 2005 年 12 月籌集 3000 餘萬元基金，正式掛牌運作，至此，臺灣大學的評鑑逐步上升到一個新的臺階，教育部批准該中心評鑑全臺 78 所大學校院的全部系所，並根據評鑑結果作為教育部核定系所招生名額調整的重要依據[8]。該中心評鑑的主要職責有：

（1）先進國家高等教育評鑑相關資訊之蒐集分析。（2）各類評鑑指標之相關研究。（3）國內大學評鑑制度之規劃研究。（4）建立國內辦理大學評鑑之人才庫及資料庫。（5）提供大學評鑑相關人員之培訓課程。（6）發展各類學門國

---

6 大學法規定，教育部為促進各大學之發展，應組成評鑑委員會或委託學術團體或專業評鑑機構，定期辦理大學評鑑，並公告其結果，作為政府教育經費補助及學校調整發展規模之參考；其評鑑辦法，由教育部定之。參見大學法第二章第五條。

7 台灣教育部：《成立「財團法人高等教育評鑑中心基金會」規劃草案》，http://www.edu.tw/files/list/B0068/940825.doc，2007.09.06.

8 楊瑩：《台灣的大學系所評鑑》，載中國高等教育評估，2008 年第 3 期，第 45 頁。

際認證機制（7）辦理大學校院及技專校院等各類評鑑及考核工作。[9]

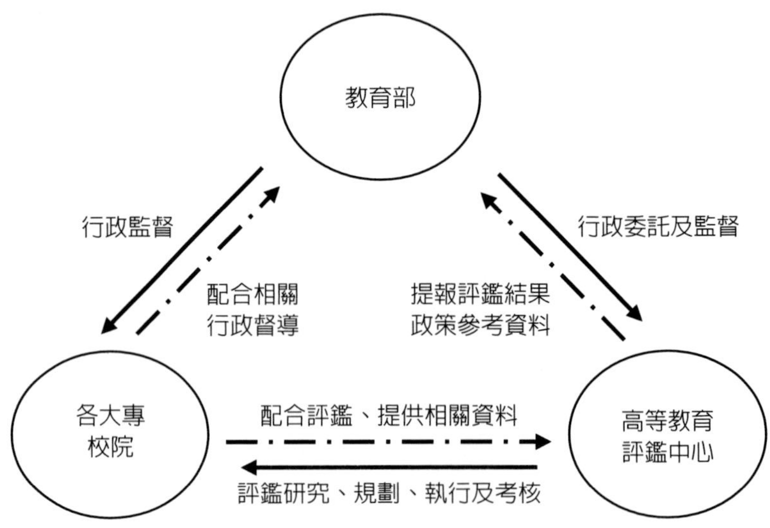

圖 4　高等教育評鑑中心、教育部、高等學校權責關係

2007 年 1 月 9 日，臺灣教育部依據大學法制定並正式頒布了「大學評鑑辦法」，有學者認為，這是臺灣大學院校在經歷了上個世紀 70 年代的「大學學門評鑑」、80 年代的「私校中程校務發展計畫」和 90 年代試辦「大學校務綜合評鑑」，以及 2004-2005 年制度性地辦理「大學校務評鑑」等艱難嘗試探索之後所出臺的較為成熟的大學院校評鑑法規[10]。

教育部在該法中明確了自身的權責在於：

9　同上。

10　金誠：《臺灣《大學評鑑辦法》述評及系所評鑑》，載高教探索 2008 年第 3 期，第 58 頁。

（1）規劃研究臺灣大學評鑑制度（必要時得由「教育部」與大學共同成立之財團法人高等教育評鑑中心基金會（以下簡稱評鑑中心）辦理；其所需經費，由評鑑中心擬訂工作計畫報「教育部」核定補助之）。（2）收集分析國外大學評鑑相關資訊。（3）協助大學申請各類學門國際認證。（4）發展建立專業評鑑機構資格指標。（5）建立臺灣大學評鑑之人才庫及資料庫。（6）提供大學評鑑相關人員之培訓課程。（7）其他與評鑑制度相關之事項。

該辦法將大學院校評鑑類別定為四類：

（1）校務評鑑。對各大學教務、學生事務、總務、圖書、資訊、人事及會計等事務進行整體性評鑑。（2）院系所及學程評鑑。對各大學院、系、所及學程之課程設計、教師教學、學生學習、專業表現、圖儀設備、行政管理及辦理成效等項目進行評鑑。（3）學門評鑑。對特定領域之院、系、所或學程，於研究及教學等成效進行評鑑。（4）專案評鑑。基於特定目的或需求對大學進行評鑑。

該辦法還規定，為了辦理大學評鑑，教育部應當自行組成評鑑委員會或委託學術團體或專業評鑑機構定期評鑑。所定學術團體或專業評鑑機構，應符合下列條件：（1）經核准立案的臺灣學術團體或經核准立案且設立宗旨與大學教育相關之臺灣民間團體或專業機構。（2）有專業客觀之評鑑實施計畫，包括足夠的評鑑領域專家學者、完善的評鑑委員遴選與培訓制度、足夠的專（兼）任行政人員及健全的組織與會計制度。在此基礎上，該辦法對評鑑流程又做了細致的交代：

（1）組成評鑑委員會，統籌整體評鑑事宜。（2）各項評鑑應於評鑑辦理一年前通知受評鑑大學。但學門評鑑及項目評鑑，不在此限。（3）編訂評鑑實施計畫，計畫內容應包括評鑑類別、程序、指標、評鑑結果處理及其它相關事項，經評鑑委員會通過及本部核定後，由本部或本部委託之學術團體或專業評鑑機構公告之。（4）

辦理評鑑說明會，針對評鑑計畫之實施向受評鑑大學詳細說明。（5）籌組評鑑小組，接受評鑑委員會之督導，執行評鑑事務。（6）評鑑結束後應於三個月內完成評鑑報告初稿，並通知各受評鑑大學。（7）訂定申覆製度及處理機制，並針對受評鑑大學對評鑑報告初稿所提申覆意見處理。（8）評鑑報告書及評鑑結果，由教育部（或委託）學術團體或專業評鑑機構公佈。（9）依評鑑性質及目的的不同，制訂評鑑結果處理方式，並建立追蹤評鑑機制，定期辦理追蹤評鑑。（10）評鑑委員之迴避，應依行政程序法相關規定辦理。（11）評鑑委員及參與評鑑相關人員對自評鑑工作所獲取的各項資訊，應負有保密義務，非經「教育部」同意不得對外公開。

第二節　大學系所評鑑流程

評鑑認可程序：

（1）實地訪評委員於訪評結束後，根據系所「自我評鑑報告」，並參酌訪評之資料檢閱、訪談、觀察和問卷調查等資料，由召集人召集訪評委員討論和撰擬「實地訪評報告書初稿」。（2）中心彙整各組「實地訪評報告書初稿」，分送各校。各校受評系所收到初稿後，得於規定時間內向本中心提出「實地訪評報告書初稿意見」。（3）中心收到各校「實地訪評報告書初稿意見」後，交由各實地訪評委員討論，並提出回覆說明後，完成「實地訪評報告書」之確認。（4）中心將實地訪評委員之「實地訪評報告書」、「實地訪評報告書初稿意見」、「初稿意見回覆說明」等資料，提交「學門認可初審小組」審議，並做成「認可結果建議書」。（5）中心將「學門認可初審小組」之「認可結果建議書」提交「認可審議委員會」議決，並做成「認可結果報告書」。

評鑑內容：

（1）目標、特色與自我改善；（2）課程設計與教師教學；（3）學生學習與學生事務；（4）研究與專業表現；（5）畢業生表現。

評鑑方式：

（1）系所獨立接受評鑑。（2）共同評鑑：具專任師資四人以下系所，可共同接受實地訪評，分別認可結果。（3）聯合評鑑：不具專任師資系所，與具專任師資系所聯合接受實地訪評，共同認可結果。

評鑑原則[11]：

（1）明確性：系所評鑑的程序強調正式的書面文件公布，以一致與明確的文字敘述，使受評單位瞭解整個評鑑的流程、效標、檢核方法、結果評定等資訊。（2）透明性：藉由整個過程之透明

[11] 財團法人高等教育評鑑中心：《財團法人高等教育評鑑中心大學校院系所評鑑實施計畫》，2006 年。

性而增強系所評鑑之可信性。包括評鑑之前置作業規劃、評鑑方法論、系所分類、實地訪評小組組成、評鑑結果公布等均強調透明性。（3）一致性：以相同學術性質之國際卓越標準，評定系所評鑑之結果。（4）統整性：為符應系統化評鑑之國際潮流，並適合各大學校院系所設立宗旨與目標之獨特性，系所評鑑項目強調系統化與統整性之取向，採參考效標方式設計評鑑項目，由受評系所根據本身實況，因應性質之個別差異，提出證據說明品質，以落實評鑑項目之統整性。（5）等值性：各受評大學校院之型態、規模、過去聲望、或產出之形式、格式不同，系所評鑑不因此有個別差異之評鑑，使各大學校院是在相同的立足點上，單純就「品質」進行評鑑。（6）中立性：系所評鑑的過程不鼓勵任何特定形式之準備及研究活動，以求公正地評鑑各大學之教學品質，同時也不提供各系所整體品質改善之任何刺激或線索，以確保評鑑作業之中立性。此外，在某些系所亦導入非本國籍之國際知名學者，確保作業之中立與公正。（7）自我管制：系所評鑑旨在藉由評鑑，以協助各大學校院系所根據設立的宗旨與目標，進行品質改善以邁向卓越，因此，整個評鑑的歷程強調大學之學術自主性。（8）可信性：系所評鑑之評鑑方法、過程及格式，均強調能獲得受評單位之信賴，使評鑑結果能做為政府擬定相關政策之有效依據。

評鑑流程：

每一個年度整體之評鑑時程可分為：

1、前置作業階段：（1）確定受評學校學門歸屬；（2）確認系所評鑑計畫；（3）遴聘學門規劃召集人名單；（4）召開各學門規劃小組會議；（5）召開學門評鑑實施計畫公聽會；（6）公布評鑑實施計畫；（7）辦理學門評鑑說明會；（8）辦理學門評鑑標準微調與細部規劃會議。

2、自我評鑑階段[12]：（1）實地訪評委員培訓；（2）受理訪評委員迴避申請；（3）系所進行自我評鑑；（4）系所提交自我評鑑報告；（5）系所上傳自我評鑑報告；（6）上網填報基本資料。

3、實地訪評階段[13]：（1）訪視小組行前會議；（2）訪評小組實地訪評；（3）訪評小組提交訪視評鑑報告。

4、結果決定與後續追蹤階段：（1）召開實地訪評委員檢討會議；（2）各校提出意見申覆；（3）學門規劃委員會確認評鑑結果；（4）公布評鑑結果。

---

12 自我評鑑是整個系所評鑑的核心，各受評大學系所應當感召所屬學門的五個評鑑項目充分瞭解各項目的內涵、最佳實務、參考效標以及建議準備參考資料，根據校務整體發展計劃與系所發展策略規劃的需求，利用量化的表現指標或質性描述，根據系所特性並參考評鑑項目的參考效標，以便能對系所在每一個評鑑項目的現況做完整描述，進而進行優勢與缺失之分析，確認品質上的特色，並提出未來改善的建議。參見財團法人高等教育評鑑中心：《財團法人高等教育評鑑中心大學校院系所評鑑實施計畫》，2006 年。

13 由專業同儕組成訪視小組實地進行訪評以保證瞭解各系所自我評鑑過程的客觀性與結果的信效度，以檢證整個自我評鑑之效度，並提供系所未來發展的建議。訪視委員，由深負高教經驗的大學教授和系所主任組成，在決定名單之前，由評鑑中心將建議名單告知受評系所，各受評系所可以推薦訪評委員進行迴避申請。系所訪評委員必須參加過評鑑中心辦理的行前說明會。訪評以四天評鑑一所大學校院的全部系所，每一個系所以接受兩天的實地訪評為原則。每一受訪系所由訪評委員四至六人組成為原則。在訪評過程中，根據評鑑項目的內涵，訪評將採取實地觀察、座談、教學現場訪問、資料檢閱及問卷調查為資料蒐集方法。同時根據評鑑項目向系所主管、教師、行政人員、學生及畢業校友蒐集資料。參見財團法人高等教育評鑑中心：《財團法人高等教育評鑑中心大學校院系所評鑑實施計畫》，2006 年。

表 34　評鑑流程：以 2007 年上下半年為例

階段	日期	工作項目
前置作業階段	06.8.17	中心董事會通過系所評鑑實施計畫
	06.8.25	教育部核定系所評鑑實施計畫
	06.8.29-8.31	辦理學門評鑑說明會
自我評鑑階段	06.9.1-96.2.28	上半年受評學校進行自我評鑑
	06.12.31 前	受理上半年訪評委員迴避申請
	07.3.1	上半年受評系所提交自我評鑑報告
	07.3.1	上半年受評系所上傳自我評鑑報告
	06.1.1-2.28	上半年受評上網填報基本資料
	06.9.1-96.8.31	下半年受評學校進行自我評鑑
	06.6.30 前	受理下半年訪評委員迴避申請
	07.9.1	下半年受評系所提交自我評鑑報告
	07.9.1	下半年受評系所上傳自我評鑑報告
	07.7.1-8.31	下半年受評上網填報基本資料
實地訪評階段	07.3.1-6.15	上半年受評學校實地訪評
	07.6.15	上半年訪評小組提交訪視評鑑報告
	07.10.1-12.15	下半年受評學校實地訪評
	07.12.15	下半年訪評小組提交訪視評鑑報告
結果決定與後續追蹤階段	07.6.16-6.30	上半年受評系所提出意見申覆
	07.7.1-7.31	上半年訪視小組完成意見申覆處理
	07.8.1-8.31	召開上半年受評系所之訪評小組會議
	07.9.15 前	召開上半年受評系所之學門認可審議小組會議確認評鑑結果
	07.9.30 前	召開上半年受評系所之認可審議委員會審核評鑑結果
	07.10.15 前	召開董事會，通過上半年受評系所之評鑑結果報告案
	07.11.1 前	上半年受評系所評鑑結果報部核定公布
	07.12.16-12.31	下半年受評系所提出意見申覆

	08.1.1-1.31	下半年訪視小組完成意見申覆處理
	08.2.1-2.28	召開下半年受評系所之訪評小組會議
	08.3.15 前	召開下半年受評系所之學門認可審議小組會議確認評鑑結果
	08.3.30 前	召開下半年受評系所之認可審議委員會審核評鑑結果
	08.4.15 前	召開董事會，通過下半年受評系所之評鑑結果報告案
	08.5.1 前	下半年受評系所評鑑結果報部核定公布

最終的評鑑結果，可以分為「通過」、「待觀察」、「未通過」三種。其中「待觀察」、「未通過」者次年須接受追蹤評鑑。追蹤評鑑與再評鑑的結果又再分為「通過」、「待觀察」與「未通過」三種，評鑑結果由評鑑委員提出認可結果建議案，經系所申覆程序後，提交「學門認可初審小組」進行審議，再提交「認可審議委員會」決議，送交教育部做為決策之參考。以 2008 年上半年大學系所評鑑結果為例，該次評鑑受評且給予認可結果的 9 所公私立大學（大同大學、中原大學、世新大學、亞洲大學、國立東華大學、國立政治大學、國立清華大學、開南大學、時間大學）、231 個系所、418 個班制中，共有 376 個班制評鑑為「通過」，42 個班制為「待觀察」，沒有未通過的系所，對於待觀察的系所將由評鑑中心針對問題與缺失在 2000 年 3 月至 5 月進行追踪評鑑。該中心再將評鑑結果提交給教育部作為將來核定系所招生名額調整的依據。

從臺灣高教評鑑的歷史沿革中我們可以看到，高教評鑑的發展實際上是臺灣教育部門在影響高教評鑑的動態過程。從 1975 年到 1990 年，可以看成是臺灣教育部對高等教育評鑑事務直接領導與接手時期，這一時期所進行的學門評鑑偏向於教學、研究與服務在內的綜合評鑑，不僅由教育部主導，且由教育部辦理，完全受到官方主導；從 1991 年至 1993 年，教育部開始逐步放權，委託其他團體代為評鑑，進入間接引導時期，教育部遴選相關團體，並要求該團體對其負責，受其指揮與控制；1994 年迄今，大學法的修訂，意味著臺灣高教評鑑進入立法保障並執行時期，教育部通過立法保證其對高教評鑑事務運作的合法基礎，此時，實際的評鑑執行工作由教育部遴選學術團體或財團法人進行辦理，並形成了一系列上綱上線的條目。有學者指出，之所以臺灣當局會如此強勢介入評鑑事務，「其本身只是在證明大學系所存在的合法性，而並非大學自身的改善與提升」[14]。與此同時，也有學者對高等教育評鑑的政策導向及執事者個人水準提出嚴重質疑，認為這與「五年五百億」的亡臺計畫無異，例如清華大學的彭明輝教授認為，「把攸關一個國家學術發展的評鑑制度委由專門培訓國中小教師的單位去研發，天底下有幾個人想得出這麼勁爆的點子？」[15]；東吳大學的劉源俊教授則從立法院的角度指出了高等教育評鑑的弊病：「教育部藉修大學法擴權，而立法院則只充當背書的角色。不當的高等教育評鑑不僅斲喪學術，也有違憲之嫌。」[16]；更有甚者，知識通訊評論的評論員則用「如犬逐尾」來形容大學評鑑，他指出了評鑑「四宗罪」：「一、（被）接受評鑑單位除了挑選俊男美女一路護送評鑑委員往返，張燈結綵者有之，歡迎光臨者有之。二、年輕學子學會在這種體制下卑躬屈膝。三、評鑑委員來自南北各校，藉機宣揚德威招攬門徒者不乏其人，趁著訪視的機會要求研究生對來客推崇，等於是要求受訪單位學生必須閱讀訪視委員著作之後，才能應答如流。

---

14 尚紅娟：《台灣當局在高等教育評鑑中的影響力分析》，載福建師範大學學報 2011 年第 2 期，第 151 頁。

15 彭明輝：《誰在主導高教政策與高教評鑑》，參見彭明輝的部落格：http://mhperng.blogspot.com/2011/07/blog-post.html，2011 年 7 月 6 日。

16 劉源俊：《請正視拙劣評鑑對台灣高教的影響——在立法院教育與文化委員會公聽會上發言》，2011 年 5 月 26 日。

四、為了評鑑，系所耗費大量人力物力，嚴重占用研究教學的時間，貶抑知識份子面對學術頂天立地對良心負責的應有氣度」。[17]

第三節　大學系所評鑑結果

隨著大學法的規定與財團法人高等教育評鑑中心的成立，臺灣的高教評鑑進入一個全新的歷史時期，2006 年至 2010 年，該中心開始對全臺所有公私立大學的 44 個學門進行第 1 輪評鑑。

（1）2006 年納入評鑑的大學有：國立臺灣師範大學、國立彰北師範大學、國立高雄師範大學、國立臺北教育大學、市立臺北教育大學、國立臺中教育大學、國立臺南大學、國立屏東教育大學、國立花蓮教育大學、國立臺東大學、國立體育大學、國立臺灣體育學院、臺北市立體育學院、國立臺灣藝術大學、國立臺北藝術大學、國立臺灣藝術大學[18]。

表 35　2006 年度大學系所評鑑結果

校名	系所數	通過	待觀察	未通過	備註
國立臺灣師範大學	42	38	2	1	1 延後認可
國立彰化師範大學	36	29	3	4	
國立高雄師範大學	27	25	2	0	

[17] 社論：《大學評鑑，如犬逐尾》，載知識通訊評論（臺灣）2009 年 3 月 1 日總第 77 期。

[18] 2006 年度納入評鑑有傳播與新聞、法律、教育、政治管理、會計、工程學、建築學、機械與航空、電子工程、社會學、社會工作、藝術學、中文、外語學、歷史學、體育與運動、休閒、餐旅、人文學、數學與統計學、物理與天文學、地理與地球科學、電腦科學與資訊工程等學科 24 門學科。

國立臺北教育大學	22	17	4	1	
臺北市立教育大學	18	16	12	0	
國立新竹教育大學	14	12	2	0	
國立臺中教育大學	19	17	2	0	
國立臺南大學	30	20	10	0	
國立屏東教育大學	18	15	2	1	
國立花蓮教育大學	24	20	4	0	
國立臺東大學	17	6	11	0	
國立體育學院	12	9	2	1	
國立臺灣體育學院	6	5	1	0	
臺北市立體育學院	11	9	1	1	
國立臺灣藝術大學	17	11	6	0	
國立臺北藝術大學	22	19	3	0	
國立臺南藝術大學	17	11	4	2	
小計	362	279	71	11	1

資料來源：財團法人高等教育評鑑中心。

（2）2007 年上半年納入評鑑的大學有：中山醫學大學、中華大學、致遠管理學院、真理大學、宜蘭大學、國立高雄大學、嘉義大學、義守大學、稻江科技管理學院、興國管理學院。

表 36　2007 年上半年大學系所評鑑結果

校名	系所數	通過	待觀察	未通過	備註
中山醫學大學	25	20	5	0	
中華大學	24	18	4	1	1 延後認可
致遠管理學院	15	4	7	4	
真理大學	34	12	12	10	
國立宜蘭大學	15	14	1	0	
國立高雄大學	23	19	3	1	
國立嘉義大學	47	43	4	0	

義守大學	28	24	4	0	
稻江科技暨管理學院	16	3	5	8	
興國管理學院	15	2	10	3	
小計	242	159	55	27	1

資料來源：財團法人高等教育評鑑中心。

表 37　2007 年上半年大學系所評鑑追踪評鑑與再評鑑認可結果

校名	通過	待觀察	未通過	備註
中山醫學大學	4	1	0	
中華大學	5	0	0	
致遠管理學院	8	2	0	
真理大學	14	8	0	
國立宜蘭大學	1	0	0	
國立高雄大學	4	0	0	
國立嘉義大學	4	0	0	
義守大學	4	0	0	
稻江科技暨管理學院	6	4	0	1 不許給予認可
興國管理學院	7	3	0	3 不許給予認可

資料來源：財團法人高等教育評鑑中心。

（3）2007 年下半年納入評鑑的大學有：中國文化大學、元智大學、臺北醫學大學、玄奘大學、立德管理學院、明道管理學院、國立中興大學、國立臺灣海洋大學、輔仁大學[19]。

---

[19] 2007 年度納入評鑑的有農業、食品科學、新聞傳媒、法律、教育、心理、政治、管理、經濟、商業會計、社會工作、社會學、電子工程、機械與航空、化學、材料科學、土木、工業工程、環境科學、建築學、工程學、藝術學、設計學、中文、外文、歷史學、哲學、宗教學、體育與運動、休閒、人文學、醫學、牙醫、護理、藥理學、公共衛生、遺傳、生理、數學與統計、物理與天文、化學、地球科學、電腦科學、生命科學、海洋科學等 46 門學科。

表 38　2007 年下半年大學系所評鑑結果

校名	系所數	通過	待觀察	未通過	備註
中國文化大學	104	79	22	2	
元智大學	41	25	1	0	
臺北醫學大學	29	27	2	0	
玄奘大學	30	17	11	0	
立德管理學院	29	9	15	5	
明道管理學院	19	14	5	0	
國立中興大學	115	89	1	0	
國立臺灣海洋大學	54	44	4	0	
輔仁大學	102	82	4	0	
小計	523	386	56	7	

資料來源：財團法人高等教育評鑑中心。

表 39　2007 年下半年大學系所評鑑追踪評鑑與再評鑑認可結果

校名	通過	待觀察	未通過	備註
中國文化大學	18	0	0	1 未知
臺北醫學大學	2	0	0	
玄奘大學	10	1	0	
立德大學	5	7	0	2 未知
明道大學	3	2	0	
國立中興大學	1	0	0	
國立臺灣海洋大學	4	0	0	
輔仁大學	4	0	0	

資料來源：財團法人高等教育評鑑中心。

(4)2008 年上半年納入評鑑的大學有：大同大學、中原大學、世新大學、東華大學、國立政治大學、國立清華大學、開南大學、實踐大學。

表 40　2008 年上半年大學系所評鑑結果

校名	系所數	通過	待觀察	未通過	備註
大同大學	9	8	1	0	
中原大學	37	36	1	0	3 不許給予認可
世新大學	42	40	2	0	1 不許給予認可
亞洲大學	40	38	2	0	
國立東華大學	53	51	2	0	2 不許給予認可
國立政治大學	81	78	3	0	3 不許給予認可
國立清華大學	77	71	6	0	2 不許給予認可
開南大學	38	20	18	0	
實踐大學	41	34	7	0	
小計	418	376	42	0	

資料來源：財團法人高等教育評鑑中心。

表 41　2008 年上半年大學系所評鑑追踪評鑑與再評鑑認可結果

校名	通過	待觀察	未通過	備註
中原大學	1	0	0	
世新大學	1	0	0	
亞洲大學	2	0	0	
國立東華大學	2	0	0	1 未知
國立政治大學	3	0	0	
國立清華大學	5	0	0	
開南大學	11	0	0	
實踐大學	7	0	0	
稻江科技暨管理學院	0	1	0	

資料來源：財團法人高等教育評鑑中心。

（5）2008年下半年納入評鑑的大學有：東吳大學、長庚大學、高雄醫科大學、國立中央大學、國立交通大學、國立成功大學、逢甲大學、銘傳大學[20]。

表42　2008年下半年大學系所評鑑結果

校名	系所數	通過	待觀察	未通過	備註
東吳大學	50	46	2	0	
長庚大學	45	26	2	0	
高雄醫科大學	47	44	0	0	
國立中央大學	100	71	9	0	
國立交通大學	95	55	3	0	
國立成功大學	165	100	13	0	
逢甲大學	83	35	0	0	8不許給予認可
銘傳大學	61	48	1	0	
小計	646	425	30	0	

資料來源：財團法人高等教育評鑑中心。

表43　2008年下半年大學系所評鑑追踪評鑑與再評鑑認可結果

校名	通過	待觀察	未通過	備註
東吳大學	2	0	0	
長庚大學	1	0	0	
國立中央大學	9	0	0	
國立交通大學	1	0	0	
國立成功大學	8	0	0	

[20] 2008年度納入評鑑的有農業、食品科學、新聞傳媒、法律、教育、心理、政治、管理、經濟、商業會計、社會工作、社會學、電子工程、機械與航空、化學、材料科學、土木、工業工程、環境科學、建築學、工程學、藝術學、設計學、中文、外文、歷史學、哲學、宗教學、體育與運動、休閒、人文學、醫學、牙醫、護理、藥理學、公共衛生、遺傳、生理、數學與統計、物理與天文、化學、地球科學、電腦科學、生命科學、海洋科學等46門學科與學位學程。

銘傳大學	1	0	0	
元智大學	0	0	0	1 未知
國立臺東大學	1	0	0	
康寧大學	1	2	0	1 未知

資料來源：財團法人高等教育評鑑中心。

（6）2009 年上半年納入評鑑的大學有：大葉大學、中國醫藥大學、佛光大學、長榮大學、國立中山大學、國立陽明大學、國立暨南國際大學、聯合大學、淡江大學。

表 44　2009 年上半年大學系所評鑑結果

校名	系所數	通過	待觀察	未通過	備註
大葉大學	50	31	6	0	
中國醫藥大學	46	41	5	0	
佛光大學	39	30	9	0	
長榮大學	41	31	8	0	
國立中山大學	81	41	2	0	
國立陽明大學	52	48	2	0	
國立暨南國際大學	55	33	3	0	2不許給予認可
國立聯合大學	31	7	2	0	1不許給予認可
淡江大學	104	74	5	0	
中華大學	1	0	1	0	
國立東華大學	1	1	0	0	
小計		336	42	0	

資料來源：財團法人高等教育評鑑中心。

表 45　2009 年上半年大學系所評鑑追踪評鑑與再評鑑認可結果

校名	通過	待觀察	未通過	備註	
大葉大學	5	0	0		
中華大學	1	0	0		

佛光大學	6	0	0		
長榮大學	7	1	0		
國立中山大學	2	0	0		
國立東華大學	0	0	0	2 未知	
國立清華大學	0	0	0	1 未知	
國立陽明大學	2	0	0		
國立暨南國際大學	2	0	0		
國立聯合大學	2	0	0		
淡江大學	2	0	0	1 未知	
開南大學	3	0	0	1 未知	

資料來源：財團法人高等教育評鑑中心。

（7）2009 年下半年納入評鑑的大學有：東海大學、南華大學、國立中正大學、國立臺北大學、臺灣大學、華梵大學、慈濟大學、靜宜大學、臺灣首府大學（原致遠管理學院）[21]。

表 46　2009 年下半年大學系所評鑑結果[22]

校名	系所數	通過	待觀察	未通過	備註
東海大學	83	61	6	0	
南華大學	47	38	9	0	
國立中正大學	102	80	2	0	
國立臺北大學	48	41	2	0	
國立臺灣大學	239	193	1	0	1 不許給予認可

[21] 2009 年度納入評鑑的有農業、食品科學、新聞傳媒、法律、教育、心理、政治、管理、經濟、商業會計、社會工作、社會學、電子工程、機械與航空、化學、材料科學、土木、工業工程、環境科學、建築學、工程學、藝術學、設計學、中文、外文、歷史學、哲學、宗教學、體育與運動、休閒、人文學、醫學、牙醫、護理、藥理學、公共衛生、遺傳、生理、數學與統計、物理與天文、化學、地球科學、電腦科學、生命科學、海洋科學、等 46 門學科與學位學程、學業學院。

[22] 在本書出版時，財團法人高等教育評鑑基金會尚未公布 2009 年下半年系所追蹤評鑑與在評鑑認可結果，故本書並未錄入相關數據。

華梵大學	26	11	2	0	
慈濟大學	29	27	2	0	
靜宜大學	44	33	2	0	
臺灣首府大學（原致遠管理學院）	1	0	1	0	
小計	619	484	27	0	

資料來源：財團法人高等教育評鑑中心。

（8）2010年上半年納入評鑑的大學有：中央警察大學、中華民國陸軍軍官學校、世新大學、空軍軍官學校、海軍軍官學校、國防大學、國防醫學院。

表47　2010年上半年大學系所評鑑結果[23]

校名	系所數	通過	待觀察	未通過	備註
中央警察大學	28	-	-	-	
中華民國陸軍軍官學校	8	-	-	-	
世新大學	1	-	-	-	
空軍軍官學校	4	-	-	-	
海軍軍官學校	5	-	-	-	
國防大學	40	-	-	-	
國防醫學院	16	-	-	-	
小計					

資料來源：財團法人高等教育評鑑中心。

（9）2010年下半年納入評鑑的大學有：空軍航空技術學院、陸軍專科學校、臺灣警察專科學校、中國醫藥大學、國立暨南國際大學、淡江大學[24]。

---

23 在本書出版時，財團法人高等教育評鑑基金會尚未公布2010年下半年系所追蹤評鑑與在評鑑認可結果，故本書並未錄入相關數據。

24 2009年度納入評鑑的有公共衛生、牙醫學、生命科學、病理學、國防學、

表 48　2010 年下半年大學系所評鑑結果

校名	系所數	通過	待觀察	未通過	備註
空軍航空技術學院	9	-	-	-	
陸軍專科學校	8	-	-	-	
臺灣警察專科學校	2	-	-	-	
中國醫藥大學	2	-	-	-	
國立暨南國際大學	1	1	0	0	
淡江大學	1	1	0	0	

資料來源：財團法人高等教育評鑑中心。

該中心設立「認可審議委員會」，由各學門召集人及教育部代表組成，主席由出席人員推舉。「認可審議委員會」下設「學門認可初審小組」，由各學門召集人、規劃委員及二名相關專業領域之公正人士組成，主席由召集人擔任。該中心在收到各校提出的「完成自我評鑑並免受實地訪評」申請資料後，邀集相關學門專家進行書面審查。審查結果提交「學門認可初審小組」審議後，作成「認可結果建議書」，再提「認可審議委員會」議決，議決結果作成「認可結果報告書」，函知申請學校。

第四節　中國大陸高等教育評估的歷史沿革

1985 年 11 月，中華人民共和國教育委員會（今國家教育部）頒布「關於開展高等工程教育評估研究和試點工作的通知」，一些省市開始啟動高校辦學水準、專業、課程的評估試點工作，標誌

遺傳、醫學、藥學、警政等 9 個學門。

著中國大陸開始進入高等教育評估的實踐階段，期間，1997 年國家教委對全國高等工程院校進行「本科教學評估」、「專業評估」、「課程評估」等三個層次的教育評估試點。

1990 年，國家教委頒布了「普通高等學校教育評估暫行規定」，就高教評估性質、目的、任務、指導思想、基本形式等做了明確規定，該檔規定了在學校自我評估的基礎上，以社會評估為重點，鼓勵學術機構、社會團體參加教育評估，并制定了合格評估（鑑定）、辦學水平評估、優選評估、學校內部評估等四大評估體系。[25]這是中國第一部關於高等教育評估的法規。

1992 年，國家教委成立了「全國高等學校設置評議委員會」[26]。接受教育部的委託，主要對以下三項進行評議，向教育部提供決策諮詢意見。（1）各省、自治區、直轄市人民政府和國務院各部門申報設置新的高等學校；（2）現有高等學校升格更名（指高等專科學校升格為學院和學院改大學）的申請；（3）現有高等學校的撤並調整方案。

1994 年，中國大陸第一家專門的教育評估機構——「高等學校與科研院所學位與研究生教育評估所」在北京理工大學成立，該所是受國務院學位委員會和國家教育委員會的委託，承擔開展學位與研究生教育評估及有關諮詢服務的事業性質的非盈利性機構，國家教委委任其對全國 33 所試辦研究生院和申請新設置研究

---

25 參見《普通高等學校教育評估暫行條例》（中華人民共和國國家教育委員會令第 14 號），http://www.moe.edu.cn/publicfiles/business/htmlfiles/moe/moe_621/200409/3193.html,1990.10.31.

26 教育部規定，對地方或中央部門申請設置普通高等學校和成人高等學校的報告，國家教育委員會將委託院校設置評議委員會評議，並根據院校設置評議委員會提出的評議結論報告進行審批工作。院校設置評議委員會接受委託後，可視需要派員進行實地考查，有權通知申請單位進行答辯和提供與評議有關的補充材料。院校設置評議委員會所需經費，由國家教育委員會核撥，或向申請單位收取評議費。

生院的高等學校進行評估[27]。是年，國家教委開始有計畫、有組織地實施對普通高等學校的本科教學工作水準進行評估。從發展過程來看，高等學校本科教學工作評估相繼經歷了三種形式：合格評估、優秀評估和隨機性水準評估。

1994 年，啟動合格評估[28]。這種評估方式主要用於 1976 年以後新建的、本科教育歷史較短的、基礎比較薄弱的學校，目的是使這類學校能夠達到國家規定的基本的辦學水準和品質標準，並幫助這類學校進一步明確辦學指導思想、加強教學基本建設、提高教學管理水準，被評學校由國家教委指定。

1996 年，啟動優秀評估[29]。主要用於 100 所左右本科教育歷史較長、基礎較好、工作水準較高的學校（211 工程大學），主要目的是政府為了實現分類指導的原則以及促進學校自我激勵、自我約

---

27 這 33 所普通高等學校研究生院分別是：北京大學、清華大學、中國人民大學、北京航空航太大學、北京理工大學、北京科技大學、北京醫科大學、北京師範大學、北京農業大學、南開大學、天津大學、復旦大學、上海交通大學、哈爾濱工業大學、南京大學、中國科技大學、浙江大學、武漢大學、華中理工大學、西安交通大學、西北工業大學、國防科技大學和上海醫科大學研究生院（以上為 1984 年試辦的研究生院）；吉林大學、廈門大學、大連理工大學、東北大學、同濟大學、東南大學、中國協和醫科大學、華東師範大學、中山大學和中國地質大學研究生院（以上為 1986 年試辦的研究生院）。這次評估是對上述研究生院整體的綜合水準評估，評估內容包括「研究生培養及品質」、「學科建設及成果」和「研究生院機構建設」三個方面，其指標體系有 3 個一級指標，16 個二級指標等。指標體系是經過了多次討論研究並通過試評後確定的，基本上體現了導向性、整體性、客觀性、可測性、可比性和簡易性的原則。

28 普通高等院校本科教學工作合格評估的指標體系大致包括：辦學思路與領導作用、教師隊伍、教學條件與作用、專業與課程建設、質量管理、學風建設與學生指導、教學質量等。

29 優秀評估方案依據權重標準，選出辦學指導思想、人才培養目標與模式、項目結構與建設、課程體系與授課質量、整體結構及主講教師、教學基地與設備、基本理論與基本能力和畢業設計論文等 8 項核心指標。整個評估方案的核心主要在於：專業學術、教育品質、菁英人才的培養等方面。

束和自我發展的教學運行機制，評比選出表現優秀的學校加以支持，希望能帶動學校間的良性競爭，提高教育品質，促進這類學校深化改革和辦出特色，被評學校由國家教委根據學校申請確定。

1999 年，啟動隨機性水準評估[30]。主要是針對介於上述兩類學校之間的普通院校，被評學校由教育部隨機抽取。

2002 年，教育部將合格評估、優秀評估和隨機性水準評估三種方案合併為一個方案，即現行的「普通高等學校本科教學工作水準評估方案」[31]。普通高等學校本科教學工作水準評估的結論分為優秀、良好、合格和不合格四種。截至 2004 年底，使用該方案共評估了 116 所普通高等學校。

2003 年，教育部在 2003 至 2007 年教育振興行動計畫[32]中明確提出實行「五年一輪」的普通高等學校教學工作水準評估制度。同

---

30 隨機性水準評估方案適用於本科教育歷史較長，並以本科教學為主要任務的普通高等學校。已通過合格評估的學校自動進入隨機性水準評估的範圍。其評估指標包括：辦學指導思想、師資隊伍、教學條件與利用、教學建設與改革、教學管理、學風、教學效果、特色項目等八個一級指標。隨機性水準評估的評估結論分為四種：優秀、良好、合格、不合格。優秀：D=0，A≥16，C≤3（其中重要專案 A≥9，C≤1）；有重大特色專案良好：A≥11，C+D≤8，（其中重要專案 A≥6，C≤3，D=0，一般專案 D≤1）；有特色專案合格：D≤5）其中重要專案 D≤2）（二級指標總共 25 項。其中黑體字的指標為評估的重要專案，共 12 項；一般的專案 13 項。）二級指標的評估標準中給出 A、C 兩等，低於 C 級的為 D 級，A、C 之間為 B 級。

31 其評估指標與隨機性水平評估一致，包括：辦學指導思想、師資隊伍、教學條件與利用、教學建設與改革、教學管理、學風、教學效果、特色項目。評估結論分為優秀、良好、合格、不合格四種，其標準如下：優秀：A≥15，C≤3，（其中重要專案 A≥9，C≤1），D＝0，特色鮮明。良好：A＋B≥15，（其中重要專案 A＋B≥9，D＝0），D≤1；有特色專案。合格：D≤3，（其中重要專案 D≤1）。二級指標共 19 項。其中重要指標（黑體字）11 項，一般指標 8 項。二級指標的評估等級分為 A、B、C、D 四級，評估標準給出 A、C 兩級，介於 A、C 級之間的為 B 級，低於 C 級的為 D 級。

32 《2003-2007 年教育振興行動計畫》於 2004 年 3 月 3 日由國務院[國發 20045 號]印發。在「高等學校教學品質與教學改革工程」一條中，明確提出要完善高等學校教學品質評估與保障機制，要求健全高等學校教學品質保障體系，建立高等學校教學品質評估和諮詢機構，實行以五年為一週期的全國

年，高職高專院校制訂了人才培養工作水準評估方案，開始對 26 所高職高專院校進行試點評估[33]。

2004 年開始，教育部決定由各省、自治區、直轄市教育廳（教委）負責對本地區高職高專院校進行評估。教育部制訂評估方案，由各省級教育行政部門組織實施，教育部定期抽查各省的評估結論。截至 2004 年底，高職高專院校人才培養工作水準評估共評估院校 107 所。是年 8 月，「教育部高等教育教學評估中心」正式成立[34]。建立「五年一輪」的評估制度及成立評估中心標誌著中國高等教育的教學評估工作開始走向規範化、科學化、制度化和專業化的發展階段[35]。

高等學校教學品質評估制度。規範和改進學科專業教學品質評估，逐步建立與人才資格認證和職業准入制度掛鉤的專業評估制度。加強高等學校教學品質評估資訊系統建設，形成評估指標體系，建立教學狀態數據統計、分析和定期發佈制度。

33 是年，教育部公佈了評估結果，確定了鄭州鐵路職業技術學院、深圳職業技術學院、北京工業職業技術學院、遼寧農業職業技術學院、邯鄲職業技術學院、昆明冶金高等專科學校、四川警官高等專科學校、永州職業技術學院等 8 所高職高專院校人才培養工作水準評估結論為優秀；南通紡織職業技術學院、蘭州工業高等專科學校、山西警官高等專科學校、九江職業技術學院、上海海關高等專科學校、淮南職業技術學院、武漢船舶職業技術學院、包頭職業技術學院、寧波服裝職業技術學院、桂林航太工業高等專科學校、新疆輕工職業技術學院、楊凌職業技術學院、遼寧對外經貿職業學院、長春汽車工業高等專科學校、福建交通職業技術學院等 15 所高職高專院校人才培養工作水準評估結論為良好；濟寧職業技術學院、貴州理工職業技術學院、海南職業技術學院等 3 所高職高專院校人才培養工作水準評估結論為合格。

34 教育部高等教育教學評估中心的主要職責為：(1) 根據教育部制定的方針、政策和評估指標體系，具體實施高等學校教學、辦學機構教學和專業教學工作的評估。(2) 開展高等教育教學改革及評估工作的政策、法規和理論研究，為教育部有關政策的制定提供參考。(3) 開展與外國及港澳臺地區高等教育評估（認證）社會仲介機構的合作與交流。根據政府授權與有關非政府組織和民間機構簽訂有關高等教育教學評估協議。(4) 開展高等教育教學研究的民間國際交流與合作。(5) 開展評估專家的培訓工作。(6) 承擔有關高等教育評估的諮詢和資訊服務工作。(7) 開展教育部授權和委託的其他有關工作。

35 可參見楊瑩：《中國大陸高等教育本科教學評估制度》，載評鑑雙月刊（臺

表 49　普通高等學校基本辦學條件指標合格標準[36]

指標＼學校類別	綜合、師範、民族院校	工科、農、林院校	語文、財經、政法院校	醫學院校	體育院校	藝術院校
生師比	18	18	18	16	11	11
具有研究生學位教師占專任教師的比例（%）	30	30	30	30	30	30
生均教學行政用房（平方米／生）	14	16	9	16	22	18
生均教學科研儀器設備值（元／生）	5000	5000	3000	5000	4000	4000

灣）2009 年第 3 期。

36 該合格標準備註說明：①聘請校外教師經折算後計入教師總數，原則上聘請校外教師數不超過專任教師總數的四分之一。②凡教學科研儀器設備總值超過 1 億元的高校，當年新增教學科研儀器設備值超過 1000 萬元，該項指標即為合格。③凡折合在校生數超過 30000 人的高校，當年進書量超過 9 萬冊，該項指標即為合格。④凡生師比指標不高於表中數值，且其他指標不低於表中數值的學校為合格學校。⑤辦學條件指標測算辦法：①折合在校生數＝普通本、專科（高職）生數＋碩士生數×1.5＋博士生數×2＋留學生數×3＋預科生數＋進修生數＋成人脫產班學生數＋夜大（業餘）學生數×0.3＋函授生數×0.1。②全日制在校生數＝普通本、專科（高職）生數＋碩士生數＋博士生數＋留學生數＋預科生數＋成人脫產班學生數＋進修生數。③生師比＝折合在校生數／教師總數（教師總數＝專任教師數＋聘請校外教師數×0.5）。④具有研究生學位教師占專任教師的比例＝具有研究生學位專任教師數／專任教師數。⑤生均教學行政用房＝（教學及輔助用房面積＋行政辦公用房面積）／全日制在校生數。⑥生均教學科研儀器設備值＝教學科研儀器設備資產總值／折合在校生數。⑦生均圖書＝圖書總數／折合在校生數。⑧具有高級職務教師占專任教師的比例＝具有副高級以上職務的專任教師數／專任教師數。⑨生均占地面積＝占地面積／全日制在校生數。⑩生均學生宿舍面積＝學生宿舍面積／全日制在校生數。⑪百名學生配教學用電腦台數＝（教學用電腦台數／全日制在校生數）*100。⑫百名學生配多媒體教室和語音實驗室座位數＝（多媒體教室和語音實驗室座位數／全日制在校生數）*100。⑬新增教學科研儀器設備所占比例＝當年新增教學科研儀器設備值／（教學科研儀器設備資產總值－當年新增教學儀器設備值）。⑭生均年進書量＝當年新增圖書量／折合在校生數。※進修生數指進修及培訓時間在一年以上的學生數。

生均圖書（冊／生）	100	80	100	80	70	80
具有高級職務教師占專任教師的比例（%）	30	30	30	30	30	30
生均占地面積（平方米／生）	54	59	54	59	88	88
生均宿舍面積（平方米／生）	6.5	6.5	6.5	6.5	6.5	6.5
百名學生配教學用電腦臺數（臺）	10	10	10	10	10	10
百名學生配多媒體教室和語音實驗室座位數（個）	7	7	7	7	7	7
新增教學科研儀器設備所占比例（%）	10	10	10	10	10	10
生均年進書量（冊）	4	3	4	3	3	4

資料來源：教育部教發[2004]2 號文。

表 50　中國大陸歷年本科教學評估結果

年份	評估院校數	評估結果				備註
		優秀	良好	合格	不合格	
2000年	1	1	0	0	0	採用隨機性水準評估方案
2001年	25	8	16	0	0	採用隨機性水準評估方案
2001年	10	10	0	0	0	採用合格評估方案
2002年	13	13	0	0	0	採用合格評估方案
2002年	20	13	7	0	0	採用教學工作水準評估方案
2003年	42	20	19	3	0	五年一輪
2004年	54	30	19	5	0	

2005年	75	43	28	5	0	
2006年	133	100	24	9	0	
2007年	198	160	38	0	0	
2008年	87	71	16	0	0	

關於中國大陸本科教學評估研究的中國大陸與臺灣學者頗多，不過臺灣學者對中國大陸本科教學評估研究看得似乎更加透徹，例如楊瑩教授則認為，中國大陸本科教學評估存在以下的問題，第一、評估法規體系不完善。僅以 1990 年頒布的《普通高等學校教育評估暫行規定》作為依據，在其後沒有設置相關法律法規予以規範保障；第二、受評學校通過率過高，使得評估失去了應有的意義，這一點我們可以從臺灣系所評鑑歷年通過名單比率和中國大陸高等院校歷年本科教學評估通過名單的比較中得出答案。楊瑩認為，這至少說明了受評學校無不合格者此項事實，在某種程度上就反映出其評估指標的訂定或評估之執行過程似乎有檢視的必要；第三、官方主導。當然臺灣的大學評鑑也曾一度受到過教育部的支配，在之後才由教育部委託財團法人進行辦理，但是中國大陸的本科教學評估一直有教育部一手操控。楊瑩教授對此表示憂慮：觀諸中國教育部所公告的 2009 年度工作要點中「健全高等教育質量保障體系，規劃和啟動新一輪教學評估工作。進一步完善評估方案，切實加強分類指導，促進高校科學定位、特色發展」已列為一項重點工作，因此可知其新一輪的教學評估工作已蓄勢待發。第四、評估指標有待商榷，不少指標或許並不符合某些學校特定的校情，規模不同的學校用同一種規格去檢驗，則無異於削足適履[37]。

[37] 參見楊瑩：《中國大陸高等教育本科教學評估制度》，載評鑑雙月刊（臺灣）2009 年第 3 期。

附件

普通高等學校教育評估暫行規定
（中華人民共和國國家教育委員會令第 14 號）

第一章　總則

第一條　　為了建設有中國特色的社會主義高等學校，加強國家對普通高等教育的宏觀管理，指導普通高等學校的教育評估工作，特製定本規定。

第二條　　普通高等學校教育評估的主要目的，是增強高等學校主動適應社會需要的能力，發揮社會對學校教育的監督作用，自覺堅持高等教育的社會主義方向，不斷提高辦學水準和教育品質，更好地為社會主義建設服務。

第三條　　普通高等學校教育評估的基本任務，是根據一定的教育目標和標準，通過系統地蒐集學校教育的主要資訊，準確地瞭解實際情況，進行科學分析，對學校辦學水準和教育品質作出評價，為學校改進工作、開展教育改革和教育管理部門改善宏觀管理提供依據。

第四條　　普通高等學校教育評估堅持社會主義辦學方向，認真貫徹教育為社會主義建設服務、與生產勞動相結合、德智體全面發展地方針，始終把堅定正確的政治方向放在首位，以能否培養適應社會主義建設實際需要的社會主義建設者和接班人作為評價學校辦學水準和教育品質的基本標準。

第五條　普通高等學校教育評估主要有合格評估（鑑定）、辦學水準評估和選優評估三種基本形式。各種評估形式應制定相應的評估方案（含評估標準、評估指標體系和評估方法），評估方案要力求科學、簡易、可行、注重實效，有利於調動各類學校的積極性，在保證基本教育品質的基礎上辦出各自的特色。

第六條　普通高等學校教育評估是國家對高等學校實行監督的重要形式，由各級人民政府及其教育行政部門組織實施。在學校自我評估的基礎上，以組織黨政有關部門和教育界、知識界以及用人部門進行的社會評估為重點，在政策上體現區別對待、獎優罰劣的原則，鼓勵學術機構、社會團體參加教育評估。

第二章　合格評估（鑑定）

第七條　合格評估（鑑定）是國家對新建普通高等學校的基本辦學條件和基本教育品質的一種認可制度，由國家教育委員會組織實施，在新建普通高等學校被批准建立之後有第一屆畢業生時進行。

第八條　辦學條件鑑定的合格標準以《普通高等學校設置暫行條例》為依據，教育品質鑑定的合格標準以《中華人民共和國學位條例》中關於學位授權標準的規定和國家制訂的有關不同層次教育的培養目標和專業（學科）的基本培養規格為依據。

第九條　鑑定合格分合格、暫緩通過和不合格三種。鑑定合格的學校，由國家教育委員會公佈名單併發給鑑定合格證書。鑑定暫緩通過的學校需在規定期限內採取措施，改善辦學條件，提高教育品質，並需重新接受鑑定。經鑑定不合格的學校，由國家教育委員會區別情況，責令其限期整頓、停止招生或停辦。

第三章　辦學水準評估

第十條　辦學水準評估，是對已經鑑定合格的學校進行的經常性評估，它分為整個學校辦學水準的綜合評估和學校中思想政治教育、專業（學科）、課程及其他教育工作的單項評估。

第十一條　辦學水準的綜合評估，根據國家對不同類別學校所規定的任務與目標，由上級政府和有關學校主管部門組織實施，目的是全面考察學校的辦學指導思想，貫徹執行黨和國家的路線、方針、政策的情況，學校建設狀況以及思想政治工作、人才培養、科學研究、為社會服務等方面的水準和品質。其中重點是學校領導班子等的組織建設、馬列主義教育、學生思想政治教育的狀況。這是各級人民政府和學校主管部門對學校實行監督和考核的重要形式。辦學水準的綜合評估一般每四至五年進行一次（和學校領導班子任期相一致），綜合評估結束後應作出結論，肯定成績，指出不足，提出改進意見，必要時由上級人民政府或學校主管部門責令其限期整頓。學校應在綜合評估結束後的三個月內向上級人民政府和學校主管部門寫出改進報告，上級人民政府和學校主管部門應組織復查。

第十二條　思想政治教育、專業（學科）、課程或其他教育工作的單項評估，主要由國務院有關部門和省（自治區、直轄市）教育行政部門組織實施。目的是通過校際間思想政治教育、專業（學科）、課程或其他單項教育工作的比較評估，診斷教育工作狀況，交流教育工作經驗，促進相互學習，共同提高。評估結束後應對每個被評單位分別提出評估報告並作出評估結論，結論分為優秀、良好、合格、不合格四種，不排名次。對結論定為不合格的由組織實施教育評估的國務院有關部門或省（自治區、直轄市）教育行政部門責令其限期整頓，並再次進行評估。

第四章　選優評估

第十三條　選優評估是在普通高等學校進行的評比選拔活動，其目的是在辦學水準評估的基礎上，遴選優秀，擇優支持，促進競爭，提高水準。

第十四條　選優評估分省（部門）、國家兩級。根據選優評估結果排出名次或確定優選對象名單，予以公佈，對成績卓著的給予表彰、獎勵。

第五章　學校內部評估

第十五條　學校內部評估，即學校內部自行組織實施的自我評估，是加強學校管理的重要手段，也是各級人民政府及其教育行政部門組織的普通高等學校教育評估工作的基礎，其目的是通過自我評估，不斷提高辦學水準和教育品質，主動適應社會主義建設需要。學校主管部門應給予鼓勵、支持和指導。

第十六條　學校內部評估的重點是思想政治教育、專業（學科）、課程或其他教育工作的單項評估，基礎是經常性的教學評估活動。評估計畫、評估對象、評估方案、評估結論表達方式以及有關政策措施，由學校根據實際情況和本規定的要求自行確定。

第十七條　學校應建立畢業生跟蹤調查和與社會用人部門經常聯繫的制度，瞭解社會需要，收集社會回饋資訊，作為開展學校內部評估的重要依據。

第六章　評估機構

第十八條　　在國務院和省（自治區、直轄市）人民政府領導下，國家教育委員會、國務院有關部門教育行政部門和省（自治區、直轄市）高校工委、教育行政部門建立普通高等學校教育評估領導小組，並確定有關具體機構負責教育評估的日常工作。

第十九條　　國家普通高等學校教育評估領導小組，在國家教育委員會的領導下，負責全國普通高等學校教育評估工作。其具體職責是：（一）制訂普通高等學校教育評估的基本準則和實施細則；（二）指導、協調、檢查各部門、各地區的普通高等學校教育評估工作，根據需要組織各種評估工作或試點；（三）審核、提出鑑定合格學校名單報國家教育委員會批准公佈，接受並處理學校對教育評估工作及評估結論的申訴；（四）收集、整理和分析全國教育評估資訊，負責向教育管理決策部門提供；（五）推動全國教育評估理論和方法的研究，促進教育評估學術交流，組織教育評估骨幹培訓。

第二十條　　省（自治區、直轄市）普通高等學校教育評估領導小組在省（自治區、直轄市）的高校工委、教育行政部門和國家普通高等學校教育評估領導小組指導下，負責全省

（自治區、直轄市）普通高等學校教育評估工作。其具體職責是：（一）依據本規定和國家教育委員會有關檔，制訂本地區的評估方案和實施細則；（二）指導、組織本地區所有普通高等學校的教育評估工作，接受國家教育委員會委託進行教育評估試點；（三）審核、批准本地區有關高等學校思想政治教育、專業（學科）、課程及其他單項教育工作評估的結論；（四）收集、整理和分析本地區教育評估資訊，負責向有關教育管理決策部門提供；（五）推動本地區教育評估理論和方法的研究，促進教育評估學術交流，組織教育評估骨幹培訓。

第二十一條　　國務院有關部門普通高等學校教育評估領導小組，在國務院有關部門教育行政部門和國家普通高等學校教育評估領導小組領導下，負責直屬普通高等學校和國家教育委員會委託的對口專業（學科）的教育評估工作。其具體職責是：（一）依據本規定和國家教育委員會有關檔，制訂本部門所屬普通高等學校和國家教育委員會委託的對口專業（學科）的教育評估方案和實施細則；（二）領導和組織本部門直屬普通高等學校的教育評估工作，審核、批准本部門直屬普通高等學校教育評估的結論；（三）領導和組織國家教育委員會委託的對口專業（學科）教育評估，審核、提出對口專業（學科）教育評估結論，報國務院有關部門教育行政部門批准公佈；（四）收集、整理、分析本部門和對口專業（學科）教育評估資訊，負責向有關教育決策部門提供；（五）推動本部門和對口專業（學科）教育評估理論、方法的研究，促進教育評估學術交流，組織教育評估骨幹培訓。

第二十二條　根據需要，在各級普通高等學校教育評估領導小組領導下，可設立新建普通高等學校鑑定委員會、普通高等學校專業（學科）教育評估委員會、普通高等學校課程教育評估委員會等專家組織，指導、組織新建普通高等學校的合格評估（鑑定）和專業（學科）、課程的辦學水準評估工作。

第七章　評估程序

第二十三條　學校教育評估的一般程序是：學校提出申請；評估（鑑定）委員會審核申請；學校自評，寫出自評報告；評估（鑑定）委員會派出視察小組到現場視察，寫出視察報告，提出評估結論；評估（鑑定）委員會復核視察報告，提出正式評估結論；必要時報請有關教育行政部門和各級政府批准、公佈評估結論。

第二十四條　申請學校如對評估結論有不同意見，可在一個月內向上一級普通高等學校教育評估領導小組提出申訴，上一級教育評估領導小組應認真對待，進行仲裁，妥善處理。

第八章　附則

第二十五條　學校教育評估經費列入有關教育行政部門的年度預算，並鼓勵社會資助；申請教育評估的學校也要承擔一定的費用。

第二十六條　本規定使用於普通高等學校。其他高等學校教育評估可參照實施。

第二十七條　本規定由國家教育委員會負責解釋。

第二十八條　本規定自發布之日起施行。原發佈的有關檔即行廢止。

表 51　普通高等學校本科教學工作水準評估指標和等級標準

一級指標	二級指標	主要觀測點	參考權重	等級標准 A	等級標准 C
辦學指導思想	1.1 學校定位	學校的定位與規劃[38]	1.0	定位準確，學校發展規劃科學合理，並有效實施	定位基本準確，有學校發展規劃，並付諸實施
	1.2 辦學思路	教育思想觀念	0.5	具有先進的教育思想觀念，辦學思路明確，品質意識強	注重先進教育思想觀念的學習與研究，辦學思路清晰，有品質意識
		教學中心地位	0.5	一貫重視本科教學，能正確處理教學與學校其他工作的關係	重視本科教學，基本能正確處理教學與學校其他工作的關係，第一責任人責任明確
師資隊伍	2.1 師資隊伍數量與結構	生師比[39]	0.3	比附表中合格規定值至少低 2，滿足人才培養需要	符合附表中合格的規定
		整體結構狀與發展趨勢[40]	0.4	結構合理，發展趨勢好≥50%	結構基本合理

[38] 學校規劃包括學校教育事業發展規劃、學科專業建設規劃、師資隊伍建設規劃和校園建設規劃。

[39] 生師比的計算方法參見附表說明，其中專任教師是指具有教師資格、專門從事教學工作的人員。

[40] 分析師資結構中的師資指學校在編的具有教師專業技術職務的人員。

師資隊伍（續）		專任教師中具有碩士學位、博士學位的比例	0.3		30%～40%
	2.2主講教師	主講教師資格	0.3	符合崗位資格的教師≥95%[41]	符合崗位資格的教師達 85%～90%
		教授、副教授上課情況	0.3	教授、副教授近三年內均曾為本科生授課	55歲（含）以下教授、副教授每學年95%以上為本科生授課
		教學水準	0.4	教學水準高，科研促進教學成效明顯	教學過程規範，能保證教學品質
教學條件與利用	3.1教學基本設施	校舍狀況	0.2	各類功能的教室齊備，很好地滿足教學需要；其他相關校舍滿足人才培養的需要	生均教學行政用房面積、百名學生配教學用電腦臺數、百名學生配多媒體教室和語音教室座位數（個）達到附表的合格規定，教室、實驗室、實習場所和附屬用房面積以及其他相關校舍基本滿足人才培養的需要
		實驗室、實習基地狀況	0.2	各類功能的教學實驗室配備完善，設備先進，利用率高，在本	實驗室、實習場所的配置能滿足教學基本要求；生均教學科研儀

41 符合崗位資格是指：主講教師具有講師及以上職務或具有碩士及以上學位，通過崗前培訓並取得合格證的教師。

教學條件與利用（續）				科人才培養中能發揮較好作用；校內外實習基地完善，設施能滿足因材施教的實踐教學要求	器設備值[43]及新增教學科研儀器設備所占比例達到附表中的合格規定
		圖書館狀況	0.2	管理手段先進，圖書館使用效果好	生均圖書和生均年進書量（冊）[44]達到附表要求
		校園網建設狀況	0.2	建設水準高，運行良好，在本科教學中發揮了重要作用	在本科教學中發揮了作用
		運動場及體育設施	0.2	運動場及體育設施（含室內體育場所）滿足人才培養需要；有專項訓練場地或設施[42]	有室內體育場所，生均運動場面積≥3 平方米，設施基本齊全
	3.2教學經費	四項經費[45]占學費收入的比例	0.6	≥25%，較好地滿足人才培養需要	20%～23%，基本滿足人才培養需要
		生均四項經費增長情況	0.4	持續增長	持平

42　有專項訓練場地和設施指：有符合學校特點的專項訓練或代表隊的體育設施。

43　教學科研儀器設備是指單價高於 800 元的儀器設備。

44　生均圖書和生均年進書量（冊）包括校圖書館和院系資料室的圖書。

45　四項經費包括本專科業務費、教學差旅費、體育維持費、教學儀器設備維修費。

專業建設與教學改革	4.1專業	專業結構與佈局	0.5	專業總體佈局與結構合理，有與重點學科相匹配的、有一定影響的優勢專業；新辦專業的設置滿足社會需要，具有學科基礎，教學條件好，教學品質有保證，學生滿意	專業總體佈局與結構基本合理；新辦專業[46]設置適應社會需要，教學條件和教學品質基本符合要求
		培養方案	0.5	培養方案符合培養目標的要求，體現德、智、體、美全面發展，有利於人文素質和科學素質提高，有利於創新精神和實踐能力的培養；執行情況好	培養方案基本反映培養目標的要求，執行情況較好
	4.2課程	教學內容與課程體系改革	0.3	總體思路清晰，具體計畫和配套措施有力，執行良好，改革成效顯著，有一定數量的獲省部級（含）以上成果獎勵（包括教學成果獎、精品課程等）[47]	有思路、計畫和措施，有一定成效

[46] 新辦專業是指畢業生不足3屆的專業。

[47] 省部級（含）以上成果獎勵是指近兩次評獎中獲獎的成果。

專業建設與教學改革（續）		教材建設與選用	0.3	有科學的教材選用和評估制度，執行嚴格，教材選用整體水準高，使用效果好；針對本校的優勢學科，有重點支持特色教材編寫的規劃和措施，成效好，有一定數量的獲省部級（含）以上獎勵的教材	有科學的教材選用和評估制度，主幹課程選用同行公認的優秀教材，並注意選用近三年出版的新教材（特別是理工類、財經政法和農林類專業）
		教學方法與手段改革	0.3	積極改革教學方法與手段，成效顯著；必修課應用多媒體授課[48]的課時不低於15%，有一定數量自行研製開發的多媒體課件，教學效果好	注意改革教學方法與手段，多媒體教學技術有一定使用面
		雙語教學	0.1	有實施雙語教學的激勵措施和政策；適宜的專業特別是生物技術、資訊技術、金融、法律等雙語授課課程比例[49]	重視並積極實施雙語教學；雙語授課課程達到一定比例

[48] 多媒體授課是指利用多媒體技術授課。多媒體技術是指利用電腦綜合處理文字、聲音、圖像、圖形、動畫等資訊的技術。

[49] 用雙語授課課程指採用了外文教材並且外語授課課時達到該課程課時的

專業建設與教學改革（續）				≥10%，教學效果較好；其他專業能積極實施雙語教學	
	4.3實踐教學	實習和實訓	0.4	時間有保證、措施完善、效果好	時間有保證、措施得力、效果較好
		實踐教學內容與體系	0.3	注意內容更新，體系設計科學合理，符合培養目標要求，創造條件使學生較早參加科研和創新活動，效果好	基本符合培養目標的要求，實驗開出率達到教學大綱要求的90%
		綜合性、設計性實驗[50]	0.2	有綜合性、設計性實驗的課程佔有實驗課程總數的比例≥80%，效果好	有綜合性、設計性實驗的課程佔有實驗的課程總數的比例達50%～60%，效果較好
		實驗室開放	0.1	實驗室開放[51]時間長，開放範圍及覆蓋面廣，效果好	有開放性實驗室，有一定效果

50%及以上的課程（外語課除外）；雙語授課比例是指開設雙語教學的課程數占相關專業開設課程總門數的比例。

50 設計性實驗是指給定實驗目的要求和實驗條件，由學生自行設計實驗方案並加以實現的實驗；綜合性實驗是指實驗內容涉及本課程的綜合知識或與本課程相關課程知識的實驗。

51 實驗室開放包括開放的範圍、時間、內容、對學生的覆蓋面等。其中開放的範圍包括科研（專業）實驗室。

教學管理	5.1管理隊伍[52]	結構與素質	0.6	結構合理，隊伍穩定，素質高，服務意識強	結構基本合理，素質較高
		教學管理及其改革的研究與實踐成果[53]	0.4	研究與實踐成果顯著，研究成果對教學改革起到促進作用	鼓勵教育研究，有一定數量的研究實踐成果
	5.2品質控制	教學規章制度的建設與執行	0.3	管理制度健全，執行嚴格，效果顯著	管理制度基本健全，執行較為嚴格，效果明顯
		各主要教學環節的品質標準	0.3	品質標準完善、合理，體現學校的水準和地位，執行嚴格	品質標準基本建立，執行嚴格
		教學品質監控	0.4	教學品質監控體系[54]科學、完善，運行有效，成效顯著（特別是對畢業論文或畢業設計的品質有得力的監控措施且執行情況良好）	教學品質監控體系初步形成（對畢業論文或畢業設計的品質有監控措施），執行情況較好
學風	6.1教師風範	教師的師德修養和敬業精神	1.0	學校重視師德師風建設，教師嚴格履行崗位責任，嚴謹治學，	教師履行崗位責任，從嚴執教，教書育人

52 教學管理隊伍包括學校分管教學的校長、教務處等專職教學管理人員、系（院、部）分管教學的主任、教學秘書等教學管理人員。

53 研究與實踐成果是指教學管理調研或諮詢報告、論文、專著等。

54 教學質量監控體系包括目標的確定、各主要教學環節質量標準的建立、資訊的收集整理與分析（統計與測量）、評估、資訊反饋、調控等環節。

學風（續）				從嚴執教，教書育人	
	6.2學習風氣	學生遵守校紀校規的情況	0.3	自覺遵守校紀校規，考風優良	能遵守校紀校規，考風良好
		學風建設和調動學生學習積極性的措施與效果	0.3	措施得力，效果好	有措施，效果較好
		課外科技文化活動	0.4	校園課外科技文化活動豐富活躍，多數學生積極參與，效果好	有一定的參加人數和活動效果
教學效果（續）	7.1基本理論與基本技能	學生基本理論與基本技能的實際水準	0.7	水準高	合格
		學生的創新精神與實踐能力	0.3	學生的創新精神與實踐能力強，有較多的研究實踐成果和省部級（含）以上獎勵	學生有一定的創新精神與實踐能力，有一定的研究實踐成果和省部級（含）以上獎勵
	7.2畢業論文或畢業設計	選題的性質、難度、份量、綜合訓練等情況	0.5	結合實際，全面反映培養目標要求	結合實際，基本符合培養目標要求
		論文或設計品質	0.5	品質好	論文或設計規範，品質合格
	7.3思想政治道德修養	學生思想道德素養與文化、心理素質	1.0	措施完善、有效，學生思想道德、文化素質好，心理健康	措施得力，學生思想道德、文化素質較好，心理健康

教學效果	7.4 體育	體育	1.0	大學生體質健康標準合格率≥97%；群衆性體育和競技體育開展得好	大學生體質健康標準合格率達95%～96%；重視群衆性體育，學生養成良好的健身習慣
	7.5 社會聲譽	生源 社會評價	0.6 0.4	生源好 社會評價好	生源較好 社會評價較好
	7.6 就業	就業情況	1.0	應屆畢業生的年底就業率≥80%，就業工作措施得力、效果好	應屆畢業生的年底就業率達 60%～70%，就業工作有措施、效果較好
特色專案	特色是指在長期辦學過程中積澱形成的，本校特有的，優於其他學校的獨特優質風貌。特色應當對優化人才培養過程，提高教學品質作用大，效果顯著。特色有一定的穩定性並應在社會上有一定影響、得到公認。特色可體現在不同方面：如治學方略、辦學觀念、辦學思路；科學先進的教學管理制度、運行機制；教育模式、人才特點；課程體系、教學方法以及解決教改中的重點問題等方面。				

第五章　臺灣與中國大陸學術期刊編審制度

第一節　臺灣經驗：本真同行評議的範本

可以說，C/SSCI 與 T/SSCI 雖然並無交集，但是二者卻幾乎遇到了同樣的問題，「動用國家資源與權威決定學術期刊等級的先例」[1]，對學術共同體的置若罔聞，由學術行政單位越俎代庖，將「檢索」與「評鑑」混為一談，使得行政單位與學術期刊對學術成果予取予求。不過儘管如此，T/SSCI 的設立有其自身的特點，一個重要原因是臺灣學者的研究成果互引較少，無法完全以引文索引作為評定依據，T/SSCI 的評定只是一種主觀作用的結果，但是歷年收錄的 T/SSCI 來源期刊卻有一個共同特點：「文少篇幅長」，臺灣學者似乎都有這樣普遍的認同：「論文從收件到接受刊登之間不超過一年的期刊必定不是有水準的刊物」[2]，從筆者所接觸過的

1　《共識與主張：學界不應再使用 T/SSCI 作為評鑑依據》，反思臺灣的（人文及社會）高教學術評鑑研討會，參見 http://www.hss.nthu.edu.tw/~apcs/pages/act/kao.htm ，2004/11/10。

2　陳光興：《新自由主義全球化之下的學術生產》，載臺灣社會研究季刊（臺灣），2004 年總第 56 期，第 179-206 頁。

臺大文史哲學報、史學彙刊、史原、臺師大歷史學報、思與言、漢學研究等臺灣地區史學重要刊物的編輯作業規則來看，無一不印證這一說法的準確性，如此漫長的流程，與臺灣地區學術期刊普遍審稿匿名化是有必然的聯繫。

2003 年臺灣國家科學委員會社會科學研究中心在設置 T/SSCI 期刊評選指標中，退稿率一項高於 70%者可得滿分（12 分），低於百分之 30%者則為 0 分，介於 30%至 50%可得 8 分；審稿人匿名可得滿分（4 分）；送審稿件匿名也可得滿分（4 分），因為對於那些意欲躋身或保住 T/SSCI 名單之列的期刊來說，最直接的影響便是編輯委員會不斷提高成果接受刊登的門檻——用更加嚴格的審查制度，以保證每期的發文數趨近 T/SSCI 規定的最低數量 4 篇（見下表）。

表 52　T/SSCI 收入期刊編輯作業一級指標

編輯作業（Editorial Work）（38 分）	
(一) 有書面之引文規範	2 分
(二) 內編比率	10 分
1. 編輯委員會成員為內部人員比率＜1/2，≧1/3 2. 編輯委員會成員為內部人員比率＜1/3	6 分 10 分
(三) 稿源	12 分
1. 公開徵稿 2. 審稿人匿名 3. 送審稿件匿名	4 分 4 分 4 分
(四) 退稿率	14 分
1. ≦50%，≧30% 2. ＞50%	8 分 14 分

資料來源：行政院國家科學委員會。

作為一份學術刊物，想要對它所刊載的學術成果進行科學的、合理的、足以量化的評價，同時這種評價還必須具備外部的、權威的、非情感的特性，這無疑地需要耗費大量的人力、精力、財力，因此這種有限且嚴肅的學術評價資源與體系勢必會強調「寧缺毋濫」的遴選標準，因而「文少」成為了匿審制度下的一個產物；與此同時，往往學術刊物與外審專家會堅持一條似乎並不怎麼「科學」的原則：學術成果不等同於請客吃飯，一份肅整的論證要求作者盡可能有近乎完美的論證，尤其是對於那些具有標新立異的學術觀點，三言兩語的陳說並不能讓在「雞蛋裏挑骨頭」般挑剔的學術審查人心悅誠服，甚至會讓他們反感，因為學術審查人之於投稿人，在情感上即是他們的「引路人」，同樣也是他們的「敵人」。基於這樣一種微妙關係，投稿人在往復的學術審查制度下會將自己的文章越改越長，因而「篇幅長」成為了匿審制度下的第二個產物。

可以說，任何一項制度的形成都來自經年累月的習慣，臺刊也許正是習慣於「文少篇幅長」這種操作模式轉而使得他們有足夠的精力與信心全盤實行學術成果匿審制度；臺灣學者也許普遍習慣「文少篇幅長」是防範學術走向歧途的最佳辦法；臺灣官方也許堅持認為社會科學的興衰與學術成果的多寡並無必然聯繫，卻與學術成果論證力度有著必然聯繫。這樣一來，T/SSCI 的催生似乎順理成章。

但是針對這一問題，臺灣學者認為他們遴選出來的 T/SSCI「評鑑制度正在摧毀臺灣社會科學，其中立即的兩個效果是，發表論文的問題意識日益模糊，期刊的特色重點也日益模糊」[3]。究其原因，在於「國科委」制定 T/SSCI 有一個最重要的出發點：為了防止學術期刊編輯介入學術生產過程以達到杜絕徇私舞弊的情事，轉而導

3　社論：《T/SSCI 走火入魔》，載知識通訊評論（臺灣），2008 年總第 64 期，第 2-3 頁。

致臺灣學術期刊的運作過於程序化，主編的全部權力似乎在於是否准予一篇學術論文在嚴格匿名的情況下送交外審[4]，而入選 T/SSCI 的期刊一個最基本的前提是該刊是否有匿名審查機制，這樣一來循環往復，使得期刊「有責任者無權」，投稿人完全仰仗審核人的予取予求。從而「以至於投稿文章原本一萬餘字，等到鉅細靡遺討好審稿人之後，可能一舉增加到三萬多字。這時作者自己的問題意識已經失焦。失焦的文章沒有人閱讀，無法達到服務知識社群的目的。」但是這種通病似乎並沒有刺痛到臺刊匿名審查機制的神經，也並未改變臺灣學術期刊出版週期長，單期發行論文少，單篇論文篇幅長的特點，並不繁重的出版作業，使得編輯們有精力把任一投稿人的稿件匿去個人資訊轉給審查人，加之鑑於評鑑機構制定 T/SSCI 的指導精神不變，臺灣學術刊物主編只能不斷地「放權」，把社會科學成果評價的生殺予奪大權交給了匿名審稿人。

一般認為，採用同行評議制度（peer review）[5]最能保證學術期刊與學術生產的良性運作，作為證明瞭原創思維在豐富的知識傳

---

4 關於這一點主編的職責，淡江大學教育資料與圖書館學（T/SSCI 來源期刊）主編邱炯友教授美其名曰：永續的發展（sustainable development），即為學術社群與環境負責與努力，並藉由客觀與合宜的策略及措施帶給此社群及環境正面、深刻、長遠的影響。參見邱炯友：《期刊出版的思考》，載教育資料與圖書館學（臺灣），2006 年總第 44 期，第 131 頁。

5 或稱為同儕評議或外審制，維基百科定義為「一種學術成果審查程序，即一位作者的學術著作或計畫被同一領域的其他專家學者評審，它的目的在於確保作者的著作符合學術與該學科領域的標準，避免不當研究結果的散播、無根據研究的結論及令人無法接受的解釋及個人過於主觀的偏見。」這一用法在臺灣通常表述為匿名審查制度，因為現代學科領域的細化，學術觀點與學理邏輯非經同行同領域的專家學者檢視、審查，很容易導致雞同鴨講的局面，匿名審查制度的設計思路則體現在任何一個負責人的科學界成員，莫不急切地共用學術界那些原創與優秀的成果，並剔除那些輕浮、不良、虛偽的學術「成果」以保證他們不能干擾學術生態。關於臺灣匿名審查制度的評述，可參見（邱炯友，2007）、（黃毅志，2008）、（廖主民，2009）。關於臺灣學術期刊群本真同儕評議的定義與邏輯，看參看筆者另文，彭衛民：《臺灣學術期刊匿名審稿經驗——呼喚中國大陸學術期

統中的有效性和權威性，同行評議無可爭議地成為了知識進步的基礎。學術成果的共用是學術研究的重要目標，而同行評審以其公開、公正性恰好符合學術共用這一原則[6]。在臺灣學術界，同行評議已經體現為較為完善的匿名審查制度[7]：這種制度是假設在投稿人與期刊之外佚名的第三者是公正、獨立且能客觀、公平地鑑定投稿人學術成果的優劣。具體的操作辦法是在通過初步形式審查後，期刊編輯委員會聘請兩至三位相關學門領域的匿名審查人對投稿人（匿名）的文章進行審查，通常，期刊會要求審查人將審查結果表示為徑直刊登（accept outright）、修正後同意（accept with minor editing）、修正後附答辯書再審查（the revise & resubmit manuscript）、不予刊登（rejected manuscript），以及附上審查人對文章的審查意見，一般來說沒有特殊情況，編輯委員會會遵照審查人的審查答覆而對投稿人的稿件做出處理，並同時將審查意見寄送作者，作者在收到審查意見時，有權利向編輯委員會申訴審查人的審查意見。

因為稿件評閱是確保學術期刊出版質量的前提，所以同儕評閱是學術期刊品質（期刊聲譽與學術品質）控制的保證。「學術期刊出版的核心競爭力在於從本質自省，進而激發所有期刊出版之參與者藉由分工合作，增進學術傳播效益」[8]，所以同儕評閱也擔負起辨別學術期刊出版的指標功能。

刊回歸本真的同行評議》（初定名），載中國社會科學報，2011 年 11 月期刊版待刊稿。亦為本節之摘要版。

6 王明傑、陳玉玲等譯：美國心理協會出版手冊（Publication Manual of the American Psychological Association, 4th Edition），臺北：雙葉出版社 1996 年版，第 1 頁。

7 本文所定義的臺灣學術期刊匿名審查包括匿名審查（Blind refereeing）與雙盲審查（Double-Blind Peer Review），匿名審查即投稿人不知審查人是何者的情況下所進行的文章審查。雙盲審查即審查人與投稿人互不知道雙方為何人的情況下所進行的文章審查。

8 邱炯友：學術傳播與期刊出版，臺北：遠流出版社 2006 年版，第 59 頁。

表 53　臺灣學術期刊聘請匿名審查意見處理參考標準

第一位審查者	第二位審查者	參考標準
徑直刊登	徑直刊登	徑直刊登
徑直刊登	修正後同意	修改後同意
徑直刊登	修正後附答辯書再審查	修正後附答辯書送第二位審查人復審，經其同意才能刊登；或送第三審；或修正後同意
徑直刊登	不予刊登	修正後附答辯書送第二位審查人復審，經其同意才能刊登；送第三位審查人審查
修正後同意	徑直刊登	修正後同意
修正後同意	修正後同意	修正後同意
修正後同意	修正後附答辯書再審查	修正後附答辯書送第二位審查委員復審，經其同意才能刊登；或送第三審
修正後同意	不予刊登	送第三位審查人審查
修正後附答辯書再審查	徑直刊登	修正後附答辯書送第二位審查委員復審，經其同意才能刊登；或送第三審；或修正後同意
修正後附答辯書再審查	修正後同意	修正後附答辯書送第二位審查委員復審，經其同意才能刊登；或送第三審
修正後附答辯書再審查	修正後附答辯書再審查	修正後附答辯書，送兩位原審查人復審，經其同意才能刊登；或不予刊登
修正後附答辯書再審查	不予刊登	送第三位審查人審查；或不予刊登
不予刊登	徑直刊登	修正後附答辯書送第二位審查委員復審，經其同意才能刊登；或送第三位審查人審查

不予刊登	修正後同意	修正後附答辯書送第二位審查委員復審，經其同意才能刊登；修改後同意；或送第三審
不予刊登	修正後附答辯書再審查	修正後附答辯書送第二位審查委員復審，經其同意才能刊登；或送第三審
不予刊登	不予刊登	不予刊登

通常審查人會要求依照從「原創性」、「文獻佐證」、「研究方法」、「資料蒐集」、「資料分析」、「研究假設」、「研究結論」等方面對文稿給出審查意見。在穩定、完備、彌封的學術審查環境下，投稿人的稿件審查情況最終會落在上述 10 條「審查意見處理參考標準」中任意一條，當然需要提到的是，「徑直刊登」的概率非常小，除非極端優秀的稿件，否則一般審查人會慎用；「修正後同意」與「附答辯書再審」的概率較大，因此，編輯群需要在投稿人與審查人中間起到溝通與敦促作用；關於「不予刊登」，通常情況編輯委員會會依照審查人的意見處理，但也有下述情況出現：非客觀原由，審查人要求不予刊登，但結果文稿出版，或者審查人要求刊登但文稿未得出版，Richardson 認為這兩類情況都屬於編輯群的操作誤區，不應納入匿名審查程序[9]。

通常情況下，臺灣的學術期刊編務工作由主編（Editor-in-chief）、執行編輯（Administrative Editor）與編輯助理（Editor Assistant）組成。主編通常由素負聲譽且有較高學術成就者擔任，其職權主要表現在：確定并負責溝通匿名審查人，稿件的最終取捨、負責投稿人申訴、聯繫召開編輯委員會等事務。執行編輯的職權主要表現在對日常來稿的形式審查（初審）以及校對和出版、印刷程序的溝通。

[9] Richardson, John V. The peer review process :Acceptance, Revision, and outrinht rejections.The Library Quarterly,2002(1),v-xi.

編輯助理則通常由學生助理或級別較低的編輯擔任，只負責處理無關專業的日常庶務，如收稿回覆、聯繫指定審查人、通知投稿人審查進度與結果等。

編輯委員會（主編）只需要延請足夠的、有水準的、負責任的匿名審查人及時、負責地審查期刊來稿。據此推斷編輯委員會（主編）的全部權力在於將形式審查通過的稿件尋找最佳的審查人，並同時敦促審查人高品質地填寫審查意見，以保證期刊得以去偽存真，去粗取精，而實際上多數臺灣學術期刊將這種日常性的事務交付編輯助理或期刊秘書完成。

當然需要強調的是，主編在匿名評閱中的作用有時候也是十分關鍵的[10]，因為，在稿件送交兩位匿名審查人評閱之後，通常會遇到意見相左的情況，實際情況是，這兩種意見所反映的結果並不是均衡的，即或許該稿件確實偏向於可以刊登，或許偏向於退稿，此時主編的判斷至關重要，在送交第三位審查人審查時，是否應當同時附上前兩位審查人的審查意見？此其一也；其二，當他在面對一份非常優秀的稿件卻出現兩種不同聲音時，再將該稿送第三人審查，然而審查結果為修正後再審，主編是決定退稿還是重審？因為一旦決定退稿，或許會損失掉一篇優秀文章，而重審，就會耗費較大的資源。

當然，臺灣學術期刊編輯委員會並非形同虛設，在學術期刊聘請常用匿名審查人之外，編輯委員會也有權對學術著作提交審查意見供主編參考。例如 2001 年 11 月國立臺灣師範大學（National Taiwan Normal University）修正了「師大學報編審委員會設置辦法」，其中規定編審會設置 21 至 33 人，按照「教育」、「人文與社會」、「數理與科技」、「科學教育」四類劃分委員，每一類委員數不少

10 關於主編的主要權責，可以參見邱炯友：《學術傳播與期刊出版》，臺北：遠流出版社 2006 年版，第 55-56 頁。

於 5 人，學術委員須具備副教授以上資格，其具體任務是：一、師大學報編審方針之規劃與執行。二、師大學報稿件之徵集。三、論文之審查。四、師大學報之編輯。五、師大學報之刊印與發行。六、審查辦法及作業流程之訂定。七、其他編審有關事項。[11]

表 54　臺灣師大學報編審委員會審查意見處理參考標準

題目和摘要（20%）	緒言、理念、文獻評述（20%）	研究方法（20%）	結果和討論（20%）	一般性格式（20%）
1、題目是否適切地描述了論文的內容？若否，應如何修改？	1、研究的背景、理念和重要性的敘述是否簡明扼要？	1、就研究問題的性質言，採用的研究方法是否適切？	1、數據的統計分析、處理和呈現是否簡明適切？	1、論文格式是否合乎規定？
2、摘要格式是否正確？內容是否簡要並充份表達論文的重要內容？	2、研究的目的和研究的問題或研究假說的敘述是否明確適當？	2、與研究有關的變因是否考慮周詳並適當加以控制？	2、圖表的內容、格式和說明是否清楚適當？	2、標題、段落是否適當？
	3、文獻的評述是否周詳適切？有無遺漏重要文獻？	3、研究過程和取樣方法是否適當？	3、結果的解釋、推論、結論和討論是否合理適切？	3、文句是否清晰易讀？

11 http://www.ntnu.edu.tw/ga/document/meeting/279/add3.doc.

		4、研究工具的信度和效度是否理想？	4、研究結果的解釋和推論是否考慮研究的限制？有無推論過度的現象？	4、使用的專有名詞、術語是否適當？
		5、研究的內在（Internal）和外在（External）效度是否充分考量？		5、論文的組織與結構是否嚴謹？理論是否有系統，具說服力？

香港中文大學張隆溪教授將嚴謹的學術評審歸結為遵循學術權威的一種表現，這種說法可以說很好地解釋了學術評審的公正性與公開性，他認為：

> 無論學術刊物或學術出版社，在接受論文或專著之前，都首先由編輯部有關人員初審，初審通過，再送交起碼兩位同行專家匿名評審，即所謂「peer review」。如果兩篇評審報告意見分歧，還會送第三者再審。如果是大學出版社考慮的學術書籍，則在通過這些評審之後，還會由教授組成的大學出版委員會討論通過，才最後決定出版。這種匿名評審的目的，是希望從制度方面保證學術品質。在大學升等晉級的考核過程中，也會採取同樣的匿名評審制，把申請者的檔案，包括發表的學術論著，送交多位同行專家評審，並在審讀之後提交書面報告，作為人事決定中重要的依據。評審者必須

> 聲明自己和被評者之間的關係，即是否曾有師生、朋友、同事，或共同研究專案的合作者等關係。一般說來，有這類關係的人不應擔任評審，其評審意見也不具分量。在評審過程中，除非評審者自己同意，任何人不得洩漏評審者身分，但被評審者有權知道評語內容，所以往往可能把評審人姓名隱去之後，把評語轉達給被評者。這種嚴格保密的匿名制度非常重要，沒有這種匿名評審，就無法建立信譽，無法讓評審人無所顧忌，直言不諱，也就不可能具有學術聲望。當然，制度化的評審只是訂出一些規章條款，使整個運作過程有章可循，從制度上避免營私舞弊，消除學術腐敗。但規章制度最終要由人來執行，所以要健全學術規範，建立學術信譽和權威，必須首先提高每個人的素質和修養，進而提高整個學術界的品質[12]。

臺灣學術期刊幾乎無一例外地實行匿名審查，通過不斷修正匿審辦法，可以帶來下述利處：

一、學術成果的優劣成為期刊取捨它的唯一標準。當然，這裏需要排除儘管投稿人匿名，審查人仍舊能揣測文章作者資訊從而徇私舞弊的可能，以及審查人劣質評審與惡意評審而帶來的非預期結果[13]。對於期刊來說，匿名制度下，完全可以刊登來稿中品質最上乘的稿件，這樣一來，匿審人的真知灼見得以輔助建議期刊科學甄別論文優良，從而可以大大提升期刊品味與品質。

---

[12] 張溪隆：《以學術權威維護學術評審》，載學術批評網，http://www.acriticism.com/article.asp?Newsid=5717&type=1008，2004.11.14.

[13] 關於惡質評審學術倫理的論述，可參見（黃毅志，2008）、（潘宇鵬、彭衛民，2011）。

二、削弱或消除學術生產的「馬太效應」。匿名審查時，研究者個人的品質、影響力與社會權威、學術地位與學術身分完全失去了作用，資源分配的原則取決於學術成就而非學術聲望，在臺灣社會科學界，雖然也有個別刊物會在稿約中設置投稿門檻，但大多數刊物投稿園地公開，並不排斥甚至鼓勵學術新人富有見地的文章。

三、促成縝密的研究邏輯與良好的學術氛圍。臺灣學術風氣的嚴謹與期刊發文謹慎、程序嚴格不無關係，匿審人通常對本學科領域有系統、全面、客觀的洞察力，能夠偵測出投稿人稿件是否完整、原創，這些建議集腋成裘，就可以提升學術共同體內成員的普遍研究水準，同時糾察出學術抄襲與學術不端的行為，淨化學術空間。

四、進一步降低期刊辦刊成本。匿名審查的開展，會造成較高的退稿率，從而會使得期刊出現出版週期長，單期發文量少的特點，期刊有足夠的時間應對出版作業。大多數臺灣期刊都建立編輯委員會，以制定期刊運作程序並參與討論期刊重要事務，但多數編委僅為榮譽職，具體庶務由期刊以補助的方式聘請編輯助理，臺灣大多數高校學報的編輯助理通常為本校大學部的二三年級本科學生。編輯助理完全有能力應對程序既定且並不繁重的出版任務。

表 55　臺灣人文社會學「學術研究期刊評比排序報告」之同行評閱程序[14]

學科 指標	社會學	地理學	管理學	教育學	心理學	政治學	歷史學	藝術學	外文學	中文學	語言學	人類學	法學
同行評閱程序	⊙	⊙	⊙	⊙	⊙	⊙	⊙	⊙	⊙				
1. 評閱者匿名與否	⊙	⊙	⊙	⊙		⊙			⊙				⊙
2. 評閱方式	⊙	⊙	⊙	⊙					⊙				⊙
(1) 內審或外審		⊙							⊙				⊙
(2) 決定評閱名單方式		⊙											
(3) 是否有程序說明						⊙			⊙	⊙			
(4) 五年內均明訂流程							⊙	⊙					
(5) 含外審人數				⊙									
(6) 初審人數	⊙	⊙		⊙									
(7) 審稿人數是否一定						⊙							
3. 五年內每稿之評閱者均達2人							⊙	⊙					
4. 同一單位評閱者比率低於50%							⊙	⊙					
5. 評閱者名單	⊙												
6. 主編迴避	⊙												
7. 執行編輯迴避	⊙												
8. 編務委員迴避	⊙												
9. 評閱者酬勞	⊙												
10. 評閱時間	⊙												
11. 是否有評閱時間上限						⊙							
12. 決定刊登之標準						⊙							⊙
13. 通知作者訊息													

資料來源：行政院國家科學委員會。

14 參見邱炯友：《學術期刊出版之非引文計量稽核評鑑》，載圖書與資訊學刊（臺灣），2007 年總第 61 期，第 38 頁。

國家科學委員會要求進入 T/SSCI 的期刊遵循的一項重要指標——匿名審查已如前述，臺灣的學術期刊普遍守住並逐步完善同行評議制度；以促成期刊進入 T/SSCI 名錄，可以提高辦刊水準，降低辦刊成本；投稿人接受同行審查人的學術觀點，也使得眼界得到延展，觀點受到啟發。受這三個因素的影響，學術傳統中的審慎、嚴謹、誠信的性格得以較好的保存，有臺灣學者這樣評述他們的同行評議制度：我們將種制度建立在普遍的信賴基礎上，我們某種程度相信作者不會造假或篡改資料，與此同時我們任何一方會維護這一制度，就像車道與紅綠燈是所有路人必須維護的，如此才能順暢、安全、方便[15]。

總體來講，臺灣學術期刊編審操作制度可以程序化為如下幾條：

一、所有文稿先由編輯助理報呈主編，請主編指定編輯進行初審，認為具備送交匿審資格的文稿，即交送編輯委員會或常用相關學科匿名審查人進行審查，當然，為了減少審查資源的浪費和避免因學術觀點見仁見智而導致的遺珠之憾，在初審的過程中，尚需編輯群進行評估是否有送外審的必要和價值。

二、審查過程中需要兩名以上匿名審查人審查，編輯助理需要通過一定的手段使得投稿人與審查人相互匿名，審查人有審查權，投稿人有申訴權。

三、審查人應當按照學術期刊編委會制定的審查要點進行逐項審查。並要檢附審查意見書。

四、對諸位匿審人相同的審查意見，編輯委員會或主編一般會遵照執行，如遇到匿名審查人相左之審查意見，編輯委員會與主編則另需聘請其他相關匿名審查人重新審查再予定奪，或由主編自己定奪取捨與否。

[15] 陸偉明：《同儕審查制度》，載人文與社會科學簡訊（臺灣），2009 年第 4 期，第 117-123 頁。

五、審查意見與刊登消息將由編輯助理及時告知投稿人，以免耽誤投稿人時間。投稿人有義務出具答辯書回答審查人提出的問題，有權利就審查意見進行申訴，申訴意見將交由編委會裁決或第三位審查人審查。

臺灣政治學刊的執行主編湯京平教授在「T/SSCI 收錄期刊編審作業經驗交流會」上指出，T/SSCI 如果要邁出臺灣市場，其中很重要的一個因素是要有嚴格的「審查」和人性化的「流程」，「審查」則分為三個方面，首先要審慎地選擇期刊審查人，其次要詳審審查報告，再者需要在審查人與投稿人之間建立仲裁機制，以盡可能平息二者之間的爭議，還學術圈以平衡和公平。「流程」則包括嚴格的時程管理和人性化的溝通。筆者認為，此二點則是 T/SSCI 有別於期刊學術社群索引系統的根本之處，嚴格的時程管理是指學術期刊嚴格控制投稿人自投稿起退（收）稿迄的時間，並在此前提下用最有效編輯的編審辦法完成投稿作業。這不僅是尊重投稿人的學術創作，更是降低學術社群邊際成本的重要因素。人性化的管理則要求學術期刊儘量避免在編審過程中出現惡質劣質評審以及儘量避免充當仲裁者身分。

據此我們應該可以這樣理解，學術圈或者學術共同體內推崇同行評議與監督的精神，本身並不意味學術圈的學術風氣可以改良，學術水準可以得到提升，因為同行評審是一種標準的「科學研究品質控管機制」，臺灣在用，中國大陸同樣也在用，同行評審日積月累所形成的諸如誠信、公開、審慎、民主等的風氣，對學術生產大有裨益，但有留下不少惡質、劣質、「多數人的暴政」、「瓜田李下」等不利於學術監督的負面效應，這些或許不是通過制度設計可以實現的。中國大陸的一些刊物也宣稱實行以匿名審稿為代表的同行評議制度，這些刊物一直在秉持學術公器，守住學術底線，但這依舊無法改變中國大陸學術期刊某些混亂的現狀。目前，在中國大陸現有的學術評價鏈條中，學術成果——科研經費——學術期刊——學術評價單位——學術共同體形成了當下的學術界一條牢固的利益鏈：評價單位與權力部門制定「核心期刊」目錄以區分學術成果的優劣；期刊借分級之名，或收取高額版面費、或製造學術垃圾、或對名家與學術新秀選擇雙重標準；科研經費助推了部分教師與研究人員對版面費的妥協心理；學術評價單位無法在「以刊評文」之外尋找更好的學術評價標準。這樣一來循環往復，使得期刊分級因同行評議的缺位，嚴重地影響學術創新和學術生態。

「以學術為中心和導向」是本真的學術評價，要求學術共同體內的成員遵循以真學問、真方法、真品質為根本，反對學術研究的假、大、空，從而改變諸如惡意收取版面費、認錢不認文之類讓人匪夷所思的扭曲邏輯，歸根結底應該回到學術期刊的本真的同行評議上來：

一、「本真」的同行評審其本質在於學界同仁莫不用審慎的態度防止不良學術成果的發表，而期待優秀學術成果為學界共用，基於此，我們需要的是建立誠信、嚴謹、公正、彌封的學術審查與監督環境而不是純粹的「以刊評文」的期刊分級制。

二、臺灣學術期刊基本不收取版面費（極少數刊物收取工本費）是一個不爭的事實，這是因為在嚴格的同行評議制度下，主編以期刊的學術成就為重，依靠期刊牟利是自取滅亡的做法，中國大陸某些學術期刊向作者收取高額版面費，是十分錯誤的做法，應當堅決制止。

三、要求制定期刊分級的權力部門將期刊是否有規範的同行審稿作業作為重要參考指標，期刊分級只能作為量化考核，只有與以同行評議為代表的質化考核相搭配，才能發揮出它的最大評價優勢。

四、臺灣多數高校在考評教師時首先要求論文「必須具備匿名審查制」，雖然不盡科學，但中國大陸的考評單位可以借鑑，在考察是否為核心期刊論文的同時還應注重是否有同行評審意見，從而緩解期刊分級「予取予求」的局面。

五、同行評議不僅可以使投稿人通過與審稿人的學術對話提升學術問題的寬度與深度，更重要的是，學術圈一旦營造普遍的同行評議環境，投稿人會自覺要求自身學術品質不斷提升以達到學術成果刊登的標準。

六、整治無良的核心期刊，這些期刊大多以收取版面費為根本旨歸，更深一層次來說，版面費是同行評議制度缺位造成的後果，直接象徵著我們所身處的學術資本與邏輯的扭曲，因此，整治掉這批刊物，實際上有助於緩解我們因無法立即完善同行評議程序而造成的緊張趨勢。

第二節　中國大陸經驗：學術成果「予取予求」的無奈

學術期刊收取版面費已經成為中國大陸學術界「公開的秘密」，期刊向投稿人收取費用本身並不成為學術腐敗的直接因素，但因學術期刊在上述一系列連鎖影響情況下轉而以收取版面費為辦刊目的與全部意義的做法，是對學術純潔性的莫大挑釁與傷害，對於這種損害學術公器的做法，學界多為「道路以目」，與之相反的臺灣期刊，因為普遍的匿名審查之下導致部分低質、惡質評審，所以黃毅志教授則呼籲臺灣學術期刊應當迅速建立投稿者付費的制度，在經費上保證編輯委員會能尋找到更好、更負責的匿名專家[16]。而中國大陸學術期刊收取高額費用的原因並不在此，其中最重要的原因是作為這條食物鏈中的投稿人，本身並不絕對贊成實行匿名審查制度，因為匿名審查制度的一個直接結果是刊物作業會因繁瑣、程序化轉而極大地減少刊物論文的承載量，從而逐步肅清並無新見或並不受同行專家青睞的稿件。

與此同時，並不是所有投稿人面對匿名審查時都表現出愈挫愈勇的信心，恰因為我國學術成果的生產量與學術期刊的承載量並不相稱，致使一般未施行匿審的學術期刊都規定凡三個月內未接到用稿通知，作者可自行處理自己的稿件，而一旦實行匿名審查，投稿人將不得不面對更長的審查等待。毋庸諱言的是，學術成果與職稱、升學、課題、獎勵掛鈎，使得大部分投稿人的「創意變成古跡」，相比於「以錢換文」這種赤裸裸的交易，投稿人似乎更厭倦匿審制度。從這種程度上來說，投稿人懼怕匿審使得學術期刊有了培育版面費的土壤，轉而導致「劣幣驅逐良幣」的現象，當然這種論斷並不完全正確，我們要意識到一點，匿審的一個直接後果是投稿人巨大的學術成果生產任務與學術期刊刊載量產生嚴重的矛盾，單純以學術為目的的那一部分成果將會被保留下來，而並不以學術為目的的學術泡沫會隨之剔除，隨之而來的影響是越來越多的稿件會因本身學術水準不濟而無法適應這種環境，優勝劣汰的法則會使得真正有見地的稿件在匿審的熔爐裏練就，而粗製濫造的，只能敗壞學術氛圍的「學術垃圾」最終會被熔化。隨著量的逐漸減少，期刊與論文的供求達到一個平衡點後，版面費的現象會自然地消除。

---

16 黃毅志、曾世傑：《教育學術期刊高退稿率的編審制度、惡質評審與評審倫理》，載臺東大學教育學報（臺灣），2008 年，第 19 卷第 2 期，第 192-193 頁。

這種論斷看起來無疑是美化了匿審制，但仍然會受到學界的批評，《史學月刊》編審周祥森教授認為，「那種把本屬於全社會或整個學術界的事情完全寄託在其中一小部分精英人物身上的思想行為，認為一人而系天下，這種毒害中國人數千年的奴性思想必須徹底拋棄。」[17]在中國大陸學界持下述批判觀點著比比皆是：

其一，面對鋪天蓋地的稿件，編輯們整理登記尤恐不暇，如果全部拿來給專家們細閱一過，則我國社會科學領域的專家、學者們全部放下手頭的研究工作轉而齊頭並進負責審稿，也恐怕難以分出個子丑寅卯來。

其二，審稿人並不能完全成為被審稿件的伯樂，且不說隔行隔山，同一學科內部都可能雞同鴨講，審稿人是否在該文所涉及觀點方面也有獨到見解，突出貢獻？審稿人的審稿意見是否真正高明到能強化該文觀點而不是使其失焦？審稿人是否會因文章的出版影響自己的學術地位轉而刻意與投稿人為難？這些都是不可以避免的事實。

其三，臺灣學術期刊匿審制度十分凸顯同行專家在整個學術作業中的地位，相應地架空編輯的地位與作用也就在所難免，編輯的多數權力因匿審而淡出學術生產的規則之外，對學術稿件的徵集、整理與出版工作是十分不利的。

實際上，匿審制的弊端遠不止此，臺東大學黃毅志、曾世傑兩位教授羅列了蹩腳的編審制度與惡質評審的表現形式[18]：

---

17 周祥森：《編輯活動與「專家審稿」——兼答張偉然先生》，學術批評網：http://www.acriticism.com/article.asp?Newsid=65，2011/11/27/。

18 黃毅志、曾世傑：《教育學術期刊高退稿率的編審制度、惡質評審與評審倫理》，載臺東大學教育學報（臺灣），2008 年第 19 卷第 2 期，第 192-193 頁。

編審環節：

1、限於有限的送審資源，編輯委員會（主編）會選擇退掉格式、主題不符及「看起來通不過」的稿件，但這一過程中會有主觀臆斷的行為產生；2、因為審查程序繁瑣且成本過高，導致編輯助理產生稿件拖遝甚至遺漏的行為；3、審查人的評審結果為「不宜刊登」時，編輯委員會（主編）不將審查意見寄給投稿人；4、審查人的評審結果為「不宜刊登」時，編輯委員會（主編）不再給予投稿人申訴答辯機會；5、在遇到惡質審查時，投稿人的申訴並不被編輯委員會（主編）接受，即便接受，最終也毫無結果。

審查環節：

1、助理編輯送交審查人的稿件，往往石沉大海；2、審查時間緩慢、審查程序繁雜、審查意見發生差錯；3、審查人的專業能力不足以與投稿人產生學術對話；4、審查人的審查意見只有寥寥數字，空洞無物，完全在敷衍塞責；5、審查人的審查意見尖酸刻薄甚至污蔑輕視，毫不尊重投稿人。

匿審是一柄雙刃劍，它的弊端已經在臺灣社會科學領域中凸顯，投稿人需要盡迎合審查人口味之能事，而審查人並不會完全對期刊與主編負責，從而導致學術期刊與學術成果會失去特色，儘管臺灣地區學術成果匿審制已經十分完善，但是在漫長的期刊作業期間，僅僅實現了投稿人無奈於遷就審查人也許並無新見的審查意見而進行的交流，投稿人最初的問題意識也許可以深入學界其他同行內心並引起共鳴，但因在死板的修改過程中變得「失焦」從而失去論文原來的韻味，也許這也是中國大陸學術期刊並不會完全願意匿審的一個重要原因。雖然並不排除有一批良刊謹遵這一制度，不再能引起學界同行們的關注，但更多的是，刊物打著「本刊是實行匿名審稿制度的刊物」這樣幌子，行的是「掛羊頭賣狗肉」的勾當，究其原因：成熟的匿名審查制度實際上是將學術成果公開出版的權利均等地劃分到了投稿人、主編、審查人三方身上，這三者身分都是平等、公平的：投稿人有投稿權、審查進度知情權、答辯權、修改權、申訴權等；主編有決定是否外審權、聯繫外審專家權、監督審查作業權、維護刊物聲譽權等；審查人有審查權、建議主編取捨學術論文權、要求作者修改權等。但是縱觀我們所辦的學術刊物，很大的一個特點就是主編扮演著後兩個角色並不斷剝奪投稿人的權利，在沒有實行匿名審查的情況下，主編權力的膨脹，使得他有足夠的信心在這場供不應求的投稿「交易」中佔據主動權。

當然，匿審制度並不是評價一份好刊的充要條件，在我國持學術公器的刊物不在少數，誠如中國社會科學、歷史研究、社會學研究這樣的名刊自不待言，但這些刊物都設有各自嚴格的准入門檻，如陝西師範大學主辦的社會科學評論、河北省社科聯的社會科學論壇、安徽省社科院的學術界、湖南理工學院的雲夢學刊，這些刊物卻大多並沒有實行嚴格的匿審制度，但是在推動學術規範、促進學術交流、弘揚學術批判方面卻都有著各自獨到的見解。還有許多沒有實行匿審的專門性刊物，也同樣在相應的學科領域發揮著重要作用，但是方今的現實是，上述這樣的刊物畢竟是在少數，學術風氣的好壞如果說不能用量化的資料來評價的話，那麼如何正視在今天學界充斥著諸多濫竽充數、形同垃圾的期刊與論文，則是我們每一個社會科學研究者最應當反思的問題，中國大陸學術評鑑單位對期刊的評價態度、學術期刊辦刊的目的與辦刊的現狀、投稿人撰稿的動機、學術成果的甄別方法，這些現實問題無一不在預示我們，如果長此以往，社會科學領域的這種積弊還會持續加深，而我們的意識裏，那些被外界看來駭人聽聞的規則將會變成理所當然，規則的制定者也會逐漸淪為規則的執行者。

當今中國大陸學術評鑑的種種頑疾想來讓人痛心疾首，我們並不能諱莫如深，這些流毒祛除的過程，也是學界風氣成良性循環的過程，學術不端與腐敗的問題素來已久，在 2004 年主辦的「首都中青年學者學術規範論壇」上，中國科學院李醒民教授就提到中國的學術事業到了上世紀九十年代就已經病入膏肓，「學術社團的組建、學術站點的設置、學術職務的評聘、學術資源的分配、學術成果的評價、學術獎勵的頒發、學術刊物的運作、學術論著的出版、學術規章的制定等方面都存在很多問題，或缺乏規範，或有規不依，或規範本身不盡合理」[19]，這樣的評價實際上顯得過於保守，但是不管情況糟糕到何種地步，我們始終要清醒的是，這種局面不是由某一因素造成的，也並不能通過改變某一環節來換取學術風氣的改良。我們考察一個問題的產生形成，往往還要看待問題之外的東西。中國大陸學術中存在的諸多弊病僅從對臺灣學術期刊匿審制的剖析中便可看出一二，比如我們都知道中國大陸學術期刊高額甚至天價收取版面費事實上會成為學術出版的絆腳石，於學術風氣是大不利的事情，不管有多少人贊同也好、反對也好、還是忍氣吞聲也好，事實都會告訴我們臺灣地區百分之九十九的學術論文出版是不需要繳納版面費的，縱或期刊提請投稿人繳納因製圖或彩印而需要繳納一定超預算的費用，編輯們都會在費用收取標準上慎之又慎，唯恐給投稿人留下牟利的口實。

---

[19] 孫潔瓊：《「首都中青年學者學術規範論壇」紀要》，國學網：http://www.guoxue.com/ws/html/zuixinfabu/20041119/463.html ，2004/11/19 。

我們且不說要拿臺灣學術出版的經驗來為我所用，但這些事實都應當引起我們的反思：是我們的評鑑制度出了差錯還是我們的思維出了問題，學術弊病的剷除實際上會牽一髮而動全身，事實告訴我們臺灣地區的學術出版不需要繳納版面費的根本原因是他們的評鑑制度約束了期刊出版週期與論文出版數量，期刊付出的精力與財力並不需要投稿人通過版面費來彌補，他們完全有機會和信心去做一件事情來增強期刊的生命力與影響力：遴選佳作。佳作的問世除了要求投稿人有端正而非僥倖的態度外，同行專家的審查是在所難免的，因而又催生出了匿審制度，匿審制度的日趨完善，勢必會使得匿審人花費較長的時間剔除那些學術泡沫而保留學術成果裏的精華，從而稿源的大部分會被如此截斷，這樣一來學術出版的週期不得不延長，成果出版的數量也會隨之減少。而臺灣學術評鑑單位制定評鑑期刊的標準並不完全以引文索引作為依據，還會充分考慮期刊作業的流程與期刊發表成果的品質，收入評鑑體系內的刊物自然也就少之又少。正因為臺灣高校與科研院所也會對發表的學術成果作出等級要求以此進一步提高學術准入體制與學術門檻，一方面會使得期刊更進一步規範編輯作業、花大力氣尋找並刊載優秀成果，另一方面投稿人為了適應這種愈來愈高的標準，唯一能做的是用高水準的成果來討好審查人，如此循環往復，經年累月，這種風氣變成了習慣。

中國大陸制定 C/SSCI 的部門並未對引文索引之外的指標作出硬性要求，社會科學評價中心也並未嚴格規定凡未實行匿審制度的學術期刊均不得進入 C/SSCI，事實上學術期刊在面對「幼稚園阿姨到中小學老師、大中專教師以至北大、清華的專家學者，都一窩蜂似地搞科研、寫論文」[20]的盛況下產生出來的學術論文時，匿審

[20] 楊玉聖：《學術期刊的境遇與出路》，載社會科學論壇，2004 年第 10 期，第 68 頁。

制度也就等同於天方夜譚。加之近幾十年來，社會科學將追求繁榮定義在了學術期刊出版學術成果的數量上，「文多篇幅短」成了一種不可直言的濫觴，相對於臺刊出版年刊、半年刊，單期發行三至五篇論文來說，中國大陸學術期刊雙月刊、月刊、半月刊、旬刊，每期發行論文三五十至百十篇不等者比比皆是，以中國期刊網全文資料庫收錄的學術期刊為例，截至 2011 年 5 月，社會科學類的學術性期刊總計 4428 種，年刊 62 種，半年刊 83 種，季刊 701 種，雙月刊 1267 種，月刊 2191 種，半月刊 74 種，旬刊 43 種，週刊 6 種，半週刊 1 種[21]，涉及哲學與人文社會科學、社會科學、經濟與管理科學學術期刊 4428 種（見下表）。假此，中國政法大學的楊玉聖教授認為：「到處都是所謂的人文社科期刊反而驗證了我們在人文社會科學研究領域缺乏高水準、高品質、高品味、有影響力的學術期刊」[22]。

表 56　CNKI 收入社會科學類學術期刊數量

學科分類	哲學與人文社會科學	社會科學 1	社會科學 2	經濟與管理科學	合計
二級學科	25 門	18 門	14 門	24 門	81 門
收入數量	838 種	683 種	1829 種	1078 種	4428 種

資料來源：中國期刊電子光盤版，本表中的文獻收入數量，僅指人文社會科學類公開發行的學術期刊。

在這種無法控制的學術出版井噴中，會導致兩個後果：編輯很難再有精力與動力，在面對如洪水般不斷湧來的稿件時，再用一種科學、專家、專業化的辦法去選擇優質稿件。舉例來說，臺

---

21 中國期刊網全文資料庫：http://acad.cnki.net/Kns55/oldnavi/n_navi.aspx?NaviID=17&Flg=，2011/3/3。

22 楊玉聖：《學術期刊的境遇與出路》，載社會科學論壇，2004 年第 10 期，第 67 頁。

灣政治大學歷史學報是享譽臺灣學界的重要期刊，「堪與中央研究院歷史語言研究所集刊匹敵」[23]，它的稿約就明確說「來稿均送匿名審查人審查，決定是否採用，如未獲通過，必將審查意見送作者參考」[24]，如果中國大陸這 4428 種學術期刊的來稿均按照這樣的規則去執行編輯作業，其付出的代價將難以估量；其二，學術期刊編輯（主編）如累牛一般承擔無休止的稿件審核與出版工作時，無形中加大了編輯（主編）的權力，審查權與出版權的合一，使得學術期刊有可能喪失延攬優秀的稿源的機會，甚至有機會讓他們以權謀私。

中國大陸學術期刊的學術界已經出現「虛胖」的局勢，但是不可否認，這種頻繁的學術產量也在一定程度上讓臺灣學術界眼紅，例如臺灣的知識通訊評論就專門刊發一期文稿，呼籲臺灣學術界「應勇於挑戰中國大陸學界」[25]：

> 因為當前中國大陸學術界目前百花齊放，左右之爭繼續擴大，中國大陸本土議題的探討新穎多元，相比於臺灣的獨大英文，忽視本土學術期刊而言，確有其可取之處。
>
> 中國大陸學術界在以思想為導向的研究脈絡裏，佳作頻頻，值得臺灣學術界重視，並參與對話，以提升自己思辯的深度與廣度，所以如果臺灣學界在評鑑時將中國大陸學界排除在外，將會造成巨大的損失。
>
> 中國大陸學術期刊承載的文章多，受眾面也非常廣泛，回應與學術互動的頻率也打大，挑戰性更高，因此藉由學術

23　姚申：《近二十年臺港地區高校人文社會科學學術期刊述評》，載清華大學學報 2006 年第 3 期，第 106 頁。

24　政治大學歷史學系：政治大學歷史學報第二十九期徵稿稿約，http://www.nccu.edu.tw/ann/bulletin.php?bul_key=1196927705&partid=21，2007/12/6。

25　社論：《應勇於挑戰中國大陸學界》，載知識通訊評論第 88 期，2010 年 2 月。

> 論辯提升自己思維的機會更豐富，惟其如此，更應當解除兩岸的學術投稿的禁忌，從而打壓一下 T/SSCI 編輯委員會的囂張氣焰。
>
> 因為英文獨大，所以臺灣的學術殖民化非常嚴重，而中國大陸學術界對歐美學術存在一定程度的反思能力，如果臺灣的批判性作品加入中國大陸學術圈，同時可以刺激中國大陸的反思作家看到不同的批判角度，也可以將臺灣的批判作家從 T/SSCI 的文化中解放出來。
>
> 臺灣學者自認為中國大陸學界落後，故而敝帚自珍，倘若兩岸學術投稿逐漸開放，則臺灣的學術成果也會脫離「溫室」，臺灣學者也會受到越來越多的批判，與此同時更加激發中國大陸學者投稿於臺灣學術期刊，提供足資比較的視野，或對臺灣的作品提出挑戰，則臺灣期刊的稿源增加，所能涵蓋的課題與研究方法更加多元，臺灣的學術才能活絡。

筆者盱衡中國大陸與臺灣學術生態與生產多時，在兩地的刊物上也不斷撰文認為，面對臺灣學術產出的規範運作、學者治學的審慎嚴謹，中國大陸學界必須克制「予取予求」的心態，丟掉「唯我獨尊」的虛榮，誠懇地反思自己的不足。惟臺灣學界素來行事低調，儘管知識通訊評論呼籲臺灣學者應當勇於挑戰中國大陸學界，面對海峽對岸的「龐然大物」，臺灣在學術風氣上大有可挹彼注茲之處，然而反響平淡，或可揣測為學者們偏安一隅熟視無睹，或可臆斷為臺灣學界獨大英文，於華文世界之學術社群比照、觀摩，似無過多興趣。然而筆者認為，兩岸學術評鑑的問題日益凸顯，二者各有其長處與短板，臺灣學界倘若局瘠狹隘，自娛自樂，在面對中國大陸學術生態烏煙瘴氣、亂象叢生的同時坐失良機，不特學術空氣與圖景無法更新，而學術倫理也會更加扭曲。因此筆者認為，不惟臺灣學界應當勇於挑戰中國大陸，還要進一步思考，應當憑藉什麼挑戰中國大陸學界？

中國大陸的學術出版看似井然有序（新聞出版總署嚴格控制CN號），但實際運作混亂不堪，除部份官方嚴格控制的學術期刊外，大多數學術期刊如同散兵遊勇，各行其是，既無編審倫理可言，又文稿水準良莠不齊，月刊旬刊比比皆是，所刊登之文章，每期刊登之文章少則百十篇多則二三百篇，刊物實在生產「學術垃圾」，主編有生殺大權、予取予求，編輯多數態度冷漠、惡劣，期刊運作無非以錢換文（通過收取高額版面費）；臺灣的學術出版品看似雜亂無章，但運作程序已完善成熟，論文學術水準、評審制度、主編之學術成就、內外稿比率、編排校對等各項指標均可圈可點，所刊登之文章雖不可盡謂優良，但均匿名審查，編輯助理態度懇切，即便退稿，也會使得投稿人賞心悅目。所以要挑戰中國大陸學界，臺灣學者應對公正、嚴謹的學術倫理而感到自信。

C/SSCI（中文社會科學引文索引）已經在主導中國大陸的學術圈命運，不管是學術評鑑單位還是學者個人，都毫無抵抗地被C/SSCI所牽制，華文世界中的「CI化」日趨嚴重，但C/SSCI的遴選標準又無非是暗箱操作，一些眾人唾棄的期刊被收進目錄，而敢說真話、有良心的刊物被拒之門外。期刊為能進入核心源不擇手段的惡性競爭，學者研究人員毫無理智地追逐核心期刊與來源期刊，甚至連大學的博碩士畢業，都要發表一定數量C/SSCI論文，學術評鑑單位只認「CI」不認文。期刊一旦進入C/SSCI，便頤指氣使，高高在上，有的甚至大肆斂財，毫無顧忌，因此中國大陸學界普遍認為C/SSCI乃「竊國大盜」。雖然不少臺灣學者對T/SSCI主導的臺灣本土學術評價機制持消極態度，但筆者堅持認為相比於C/SSCI來說，T/SSCI 乃是臺灣或未來華文社區學術生產永續發展的範本，其主觀目的在於希望通過T/SSCI，引導華文期刊進入一個更高層次的辦刊水準，國家科學委員會制定的 T/SSCI 遴選標準，使得已進入或期待進入 T/SSCI 目錄的刊物都具備嚴苛的匿名審查制度與標準的出版作業，而毫無懸念不能進入該目錄的期刊，則會做出兩種選擇：停刊或延長出版週期。我們必須注意到，臺灣學術期刊的運轉多靠財政補貼得以維繫，不能達到 T/SSCI 指標的刊物，多半會成為永續發展政策的墊腳石。由此堅硬的支撐，以 T/SSCI 為代表的臺灣學術評鑑應當勇於給中國大陸樹立榜樣。

時至今日，臺灣與中國大陸學術活動的交集仍舊很少，臺灣官方不大認同中國大陸學術期刊，認為那不過是「黑心棉」，臺灣學者也不熱衷於投稿中國大陸學術期刊，但是應當要承認的是，中國大陸學術圈廣大，對學術問題的爭論與探討也較臺灣激烈，不少真知灼見往往在這種互動摩擦中產生，臺灣的學術氛圍雖然清新，但是畢竟空間有限，臺灣的學者多有問題意識，獨具國際視野，倘若能以自身優勢，積極地參與中國大陸的學術生產，對臺灣學術界未嘗不是一件好事情。臺灣的學術共同體應當以自身的經驗和優勢，勇於站出來指正中國大陸學術期刊隨心所欲、混亂不堪的做法，應當以先進者的姿態面對中國大陸，臺灣學者也應當敢於拈出中國大陸學術生產中的諸多潛規則而加以曝光，讓臺灣高校與學術機構引以為戒。因為保留了良好的傳統文化的精粹，在學術意義上的國際社會，臺灣也應當同中國大陸保持平等競爭的姿態，不卑不亢，更加注重在國際社會擴大華文學術圈的影響力。在敢於挑戰中國大陸學界的同時，臺灣也應當要敢於積極接納中國大陸學者的學術成果，將他們的不足之處毫無保留地指出並作為檢視未來臺灣學術共同體成長的依據，將他們的優點吸納過來，假以時日，在國際社會上，也能名正言順地佔有一席之地。

第三節　回歸常態的編審制度

筆者曾經多次與臺灣學者探討中國大陸學術期刊失序的問題，這使得臺灣學者感到無所適從，例如筆者曾經告訴臺灣師友，中國大陸的許多學術生產是通過中介完成，這些中介機構不僅會在投稿者與學術期刊當中充當掮客，更有甚者，在破壞學術基本原則上，這些中介機構會首當其衝。這種說法並非空穴來風，例如有所謂國內某公司創辦之「論文天地」網站，從該網站中，明確標注可以代作者發表 C/SSCI 論文，其打出的口號是「誠信創造價值、專業造就品質」，可代發之 C/SSCI 期刊有武漢體育學院學報、社會主義研究、現代法學、法學研究、法學評論、外國文學研究、管理世界、甘肅社會科學、北京體育大學學報、經濟導刊、華東經濟管理、理論前沿、學習與探索、東嶽論叢、山東社會科學、齊魯學刊、華中師範大學學報、中國農村經濟、管理現代化、企業經濟、管理世界、社會科學戰線、學術交流、求索、甘肅社會科學、科技管理研究等[26]；還有不少網站將版面費明碼標價放在顯眼位置，明碼標價、甚囂塵上，請看某公司創辦之「合作核心期刊」網站打出的標語：省級刊物 3000 字 700-1500 元左右；核心期刊、SCI、一級、二級、EI 類期刊發表費 5000-8000 元左右，省級刊物一個月快速發表，部分核心期刊、SCI、EI、一級、二級期刊 2-3 個月保證發表！確定錄用才付清發表費。[27]該公司言之鑿鑿地介紹了論文發表流程，煞有介事：

[26] 參見 http://www.lw318.com/lunwenfabiao/20/category-catid-20.html。

[27] 參見 http://www.xihuta.com/c.html。

> 如何發表論文，有哪些需要注意的問題，論文發表有兩種方式，一種是直接向雜誌社投稿，一種是通過論文代理或期刊採編中心投稿。這兩種方式，費用方面基本差不多，都是社裏統一定的價格。期刊採編中心或論文代理的優點對於大體差不多的文章，都基本可以安排通過審核，而且審核時間短，一般在 2-5 個工作日內就安排審核並給予答覆了。主要是採編中心是採用的集中遞稿方式，一般採編中心都有編輯，會事先對論文作下初步審核，能幫修改完善的文章都會幫助修改完善。再加上跟社裏較熟，論文能通過的，社裏一般不會為難。而對於直接投稿雜誌社，審核比較慢，通過率低些。很多核心期刊，稿件投遞後基本就是石沉大海。
>
> 如果是要找個論文發表機構，我只能推薦我們自己：論文服務中心，論文發表需要注意的問題：提防非法期刊，論文發表首先要注意的就是非法期刊。因為根據規定在非法期刊上發表論文在職稱評審中是無效的。何為非法期刊？說白了就是沒有自身的 CN 刊號的期刊。鑑別非法期刊的官方行政機構是新聞出版總署。新聞出版總署首頁右中有個期刊檢索窗口，根據新聞出版總署工作人員的答覆：「凡在新聞出版總署期刊檢索窗口中檢索不到的期刊就是非法期刊。」也就是說正規期刊應當都能查到。[28]

筆者不得不作出這樣的反思，是何因造成這種局面？其真正結果乃在於，於學術研究之大原則而言，學術期刊本身之編審程序實在過於輕浮、隨意。儘管有很多學術期刊公開撇清與這些論文中介機構並無聯繫，也未曾在他處組稿云云，但是這並不能就此說明，學術風氣之壞，與這些學術期刊的惡意、隨意變身倫理無關。

---

[28] 同上。

臺灣的版權保護意識素來強烈，期刊會訂定嚴格的出版作業程序保證投稿人的文稿審查與著作權處理，所以斷然不可能出現中國大陸的論文中介機構，更不可能出現「何為非法期刊？說白了就是沒有自身的 CN 刊號的期刊」這樣荒謬無知的論斷，也更不可能會有「通過論文代理或期刊採編中心投稿」這種方式。因為臺灣學術界與期刊界對著作權的管理是十分嚴格的，甚至到了苛刻的地步，例如臺灣師範大學主辦的 T/SSCI 期刊教育科學研究期刊的著作權處理辦法就明文規定[29]：

一、教育科學研究期刊為國立臺灣師範大學出版之學術性期刊。本期刊之編審委員會為處理文稿之著作財產權及其相關事宜，特訂定本要點。

二、投遞本期刊之文稿須為以中、英文撰寫，且未曾投遞或以全論文形式刊登於其他期刊、研討會彙編或書籍等之原創性論文。

三、文稿於審查期間，除有本要點第四或第五條所列之情事外，編審委員會不得逕行中止文稿之審查作業或剝奪該文稿之刊登權利，文稿作者亦不得索回文稿。

四、投稿本期刊之作者須有下列情形之一者，得向編審委員會申請索回文稿：

1、作者自陳投遞本期刊之文稿有不符本要點第二條之規定或涉及抄襲、剽竊等情事。2、作者自陳投遞本期刊之文稿內容有嚴重的學術或論理錯誤。3、作者不同意文稿審查人所提之審查意見，不擬依審查意見修正，或於提出回覆意見說明，經審查人複審仍不接受者，再經總編輯徵詢審查人與作者之意見後，仍無法達成共識時，作者可申請索回文稿。4、申請案須以正式書函為之；編審委員會應於接獲作者申請書函後

[29] 教育科學研究期刊文稿審查暨著作財產權處理作業要點：http://jntnu.ntnu.edu.tw/jres/Graphic.aspx?loc=tw&ItemId=5。

兩個月內，就書函之內容查證並議決是否同意所請。若同意所請，其處置辦法應依個案處理。

五、投遞或刊登於本期刊之文稿，若發現有不符本要點第二條之規定或涉及抄襲、剽竊等情事，經本期刊編審委員會查明屬實並議決後得予以退稿或公告。

六、本期刊編審委員會對依本要點第五條之情事者，得要求其賠償，若作者涉及抄襲、剽竊者，不再接受其投稿。

七、編審委員會對有關本要點第四、第五和第六條之決議，須以正式書函通知文稿作者。

由此可見，臺灣學術圈嚴格的編審辦法實際上是在呵護學術風氣，其本質是一種柔性的手段。

行政院國家科學委員會在推動期刊評比時，會要求各學科的期刊在編審品質上展現一定的積極姿態，這些品質不僅要有程序上的正義與公平，還需要落實到實際的編排作業當中。筆者整理了近年來國家科學委員會推動的期刊評比之政治學、圖書資訊學、法學、藝術學、歷史學、語言學等學科期刊的編審品質。

中國大陸《期刊出版形式規範》關於CN與ISSN號的嚴格控制

一、期刊CN（國內統一連續出版物號），以CN為首碼，由6位數字（前2位為地區代碼，後4位為地區連續出版物的序號）和分類號組成。是由新聞出版總署負責分配給一種期刊的唯一代碼。

(一) 期刊 CN 規定

1、CN 執行《期刊出版管理規定》和 GB/T 9999-2001《中國標準連續出版物號》相關規定。2、獲得 CN 的期刊應持有新聞出版總署批准檔（2004 年以前批准的科技期刊持有科技部檔）、期刊出版許可證，並在新聞出版總署備案。3、一個國內統一連續出版物號只能對應出版一種期刊，不得用同一國內統一連續出版物號出版不同版本的期刊。4、CN 應印在期刊封面、版權頁或封底上。

(二) 期刊 CN 準則

1、一個 CN 對應一種期刊唯一刊名，期刊更名、變更登記地（跨行政區域）應獲得新的 CN。2、一個 CN 只能出版一種期刊的一個版本。3、不同文種、不同載體的期刊應分別有各自的 CN。4、CN 編號後面不允許附加任何其他標識資訊。5、CN 分類號應以新聞出版總署批准檔為准，不能任意跨學科更改和刊印時省略。6、期刊出版單位不得出售、出租和轉讓 CN 給其他期刊使用。7、CN 應按規定格式和字體印在期刊封面、版權頁或封底上。

二、期刊 ISSN（國際標準連續出版物號）

以 ISSN 為首碼，包括一位校驗碼在內的 8 位數字。由 ISSN 中國國家中心分配給每一種獲得 CN 並公開發行的期刊的唯一識別代碼。

(一) 期刊 ISSN 規定

1、期刊社應持國家新聞出版總署批准創辦期刊檔影本、期刊出版許可證影本和期刊出版登記表影本向 ISSN 中國國家中心申請 ISSN。2、ISSN 執行《中國標準連續出版物號》和《期刊出版管理規定》相關規定。3、獲得 ISSN 的期刊應持有 ISSN 中國國家中心頒發的 ISSN 證書並在該中心資料庫註冊。4、ISSN 應印在期刊封面右上角、版權頁或封底上。

(二) 期刊 ISSN 準則

1、獲得 CN 並公開發行的期刊應申請 ISSN，期刊更名須獲得新聞出版總署批准後申請新的 ISSN。2、一個 ISSN 應與該刊的 CN 及刊名保持一致。3、一個 ISSN 只能出版一種期刊的一個版本。4、不同文種、不同載體的期刊應分別有各自的 ISSN。5、ISSN 應按規定格式和字體印在期刊封面、版權頁或封底上。

臺灣「期刊評比」所見各學門期刊編審品質

政治學門期刊編審品質[30]：（1）期刊格式——包括目次與出版事項；（2）論文格式——包括篇目、作者、摘要、關鍵字、參考文獻等；（3）編輯作業——包括書面引文規範、內稿比例、稿源、退稿率等；（4）刊行作業——包括出刊頻率、每期論文篇數、是否準時出刊等；（5）加分項目——包括是否獲得國家科學委員會等獎助；（5）減分項目——包括論文引文與正文是否不一致、是否有延誤出刊、是否為年刊等。

圖書資訊學門期刊編審品質[31]：（1）內、外稿率：對內、外稿作者之認定標準；（2）稿件來源：是否由投稿人付費、是否向

---

30 政治學門期刊評比由國立臺灣大學吳玉山教授主持，其評比報告可參見：《行政院國家科學委員會專題研究計劃成果報告政治學專業期刊評比》，2003 年 6 月。

31 圖書資訊學門期刊評比由國立臺灣大學黃慕萱教授與國立臺東大學黃毅志兩位教授主持，其評比報告可參見黃慕萱、黃毅志：《圖書資訊學期刊評比之研究》，載圖書資訊學研究（臺灣）2009 年第 2 期，第 19 頁。

投稿人支付稿酬、是否設有編委會；（3）審稿程序：是否有預審制、預審退稿率、決定評審方式、決定刊登方式；（4）近三年審查概況：審查時間、退稿率。

法律學門期刊編審品質[32]：（1）以「註腳」格式的審查代替「參考文獻」格式的審查；（2）編輯委員會召開情況、學術顧問名單；（3）近三年出版論文情況；（4）是否實行雙向匿名審查制度；（5）刊登之「與法律之相關」論著的篇數；（6）退稿率、內稿比例。

藝術學門期刊編審品質[33]：（1）是否有審查制度；（2）2005-2009年間必須出版兩期以上，符合期刊定義，不含專刊與特刊；（3）以年刊為期刊出版頻率之下限；（4）近三年每期出刊須在四篇以上；（5）是否有期刊主編會議。

歷史學門期刊編審品質[34]：（1）期刊整體所呈現的編輯體例與風格，以及校對水準；（2）依據編輯委員會與審稿人名單評估編審水準；（3）依據審查流程資料與審查意見評估該刊的嚴謹程度；（4）內編比率；（5）匿名審查程序；（6）期刊格式；（7）出刊情況。

語言學門期刊編審品質[35]：（1）期刊格式；（2）論文格式；（3）編輯作業；（4）刊行作業；（5）網絡發行、國際資料庫等。

---

32 法律學門期刊評比由國立臺灣大學黃昭元教授主持，其評比報告可參見黃昭元：《2010 法律學門期刊評比報告》，載人文與社會科學簡訊（臺灣）2010 年 12 月第 12 卷第 1 期，第 80-81 頁。

33 藝術學門期刊評比由銘傳大學林品章教授主持，其評比報告可參見林品章：《藝術學門第三次相關期刊排序計劃成果報告》，載人文與社會科學簡訊（臺灣）2010 年 12 月第 12 卷第 1 期，第 80-81 頁。

34 歷史學門期刊評比由國立臺灣大學黃寬重教授主持，其評比報告可參見黃寬重：《行政院國家科學委員會專題研究計劃成果報告政治學專業期刊評比》，2008 年 9 月。

35 語言學門期刊評比由元智大學王旭教授主持，其評比報告可參見王旭：《行政院國家科學委員會專題研究計劃成果報告政治學專業期刊評比》，2008

臺灣學術性期刊出版格式要點[36]

一、封面（Front Cover）：（1）具有期刊中、英文名稱（包括副刊名）；（2）包含出版日期、卷期號碼、國際標準期刊號碼（ISSN）及出版機構等書目資料；（3）每期均以相同之版面形式出版（每項資料均刊印在相同位置）；（4）圖案設計力求簡單、明亮，足以代表期刊之格調與氣質。

二、封面內頁（Inside Front Cover）：（1）記載下列事項：a.出刊之宗旨與目的；b.主編、執行編輯及編輯委員會名單，盡可能列出其服務機構；c.版權有關事項；d.發行及訂購有關事項如刊別、出版機構名稱、地址、電話、訂費、創刊日期及 ISSN 等。若出版形式、刊名或刊別等項有所改變，應接連數期均予載明；e.被收錄之國際資料庫；（2）盡可能不刊登廣告。

三、封底內頁（Inside Back Cover）：（1）每期均記載詳盡的投稿須知；（2）盡可能不刊登廣告。

四、目次頁（Contents Page）：（1）具有中、英文獨立分開之目次頁；（2）包含各項書目資料，如刊名、出版日期、卷期號碼、ISSN、論文篇名、作者姓名、論文起始頁碼等；（3）若刊印於封面或封底，則盡可能避免以深色為底色。

五、書脊（Spine）：（1）包含簡單之書目資料，如刊名、卷期號碼及出版日期等；（2）各項資料每期刊印之位置一致。

年 8 月。

[36] 參見行政院國家科學委員會國家實驗研究院科技政策研究與資訊中心：「學術性期刊出版暨論文撰寫格式要點」，http://rd.hcu.edu.tw/ezcatfiles/b022/img/img/466/930518_3，2003.12.1.

六、逐頁刊名與逐頁篇名（Running Title）：（1）逐頁刊名與逐頁篇名應刊印於論文每頁之最上端；（2）逐頁刊名包括刊名、卷期號碼及出版日期；（3）逐頁篇名包括篇名與作者；（4）刊名或篇名太長時可依國際標準縮寫。

七、附註（Footnote）：（1）位於每頁下端；（2）可記載下列事項：（3）作者服務機構；（4）論文收到日期、修改日期及正式接受日期；（5）其他附註事項（如版權年，每頁影印費等）。

八、索引（Index）：每卷最後一期附主題、作者或篇名索引。

九、排版印刷（Layout）：版面大小適中且清晰易讀。

十、勘誤（Errata）：若有排印錯誤可於下期出刊時以單張方式夾附於期刊內告知讀者。

本章所論述關於期刊分級的影響與同行評議的作用，實際上旨在說明中國大陸以期刊分級為象徵的量化評價雖然有其科學合理性，但幾乎獨佔了學術評價的話語權，以學術共同體為象徵的同行評價出現邊緣化或者缺位的情況。我們呼喚重建學術評價體系，期待以學術為中心和導向，希望學術共同體回歸本真的學術評價[37]，但如何設計，出路在何方，則各有說法，但有一條定律不會改變：只有量化評價與同行評議互通有無，相輔相成，學術生產才能正常運行，學術成果才會百花齊放，過度放大期刊甄選學術成果的作用而忽略同行評議可以助推集體學術成長這一事實，是不明智的做法，過度強調「虛無」的學術共同體而全盤否定量化評價，只會使得學術研究倒退。中國大陸學術期刊「資本霸權」與同行缺位的事實和由此造成的影響，已為學界大多數同仁周悉，各位研究先進提出了自己的假設與建議，以期待改變當前學術研究中的某些「潛規則」，本文擷取臺灣學術評價的一個側面，認為臺灣期

[37] 李醒民：《科學共同體的功能》，載光明日報，2010/11/23，學術版。

刊評比雖然也有擾人之處，但卻有 T/SSCI 設計與遴選的積極效應，又加之嚴格的匿名審查制度，因此保證了以誠信、嚴謹、公開為特點的學術風氣不至於淪喪期刊之手，這一點可以拿來為我所用。通過這樣的比對與省思，我們期待中國大陸學術資本的操控者、學術期刊的主編、學術研究的先進們尋找學術生態均衡分佈的支點，尋找那些適合學術同仁生存的土壤，為改善中國大陸學術環境、促成學術繁榮進行有意義的探索。

參考文獻

期刊類：

[1] 袁曦臨：《臺灣學界對人文社會科學評鑑體制的反思》，載南京大學學報（哲學・人文科學・社會科學版），2010 年第 1 期。

[2] 朱劍：《學術評價、學術期刊與學術國際化——對人文社會科學國際化熱潮的冷思考》，載新華文摘 2009 年第 23 期；原載清華大學學報 2009 年第 5 期。

[3] 張保生：《學術評價的性質與作用》，載學術研究 2006 年第 2 期。

[4] 陳光興：《新自由主義全球化之下的學術生產》，載臺灣社會研究季刊（臺灣），2004 年總第 56 期。

[5] 童力、郭爍、葛兆光：《中國學術的國際化與本土化　討論中國學術的國際化與本土化應重返學術史》，載人大複印資料社會科學總論 2010 年第 1 期；原載中國社會科學報，2009 年第 113 期，第 2 版。

[6] 陳伯璋：《學術資本主義下臺灣教育學門學術評鑑制度的省思》，全球化與知識生產：反思臺灣學術評鑑，臺北：臺社季刊社 2005 年版。

[7] 覃紅霞：《過度強調 SSCI 評價功能不利本土學術發展》，載中國社會科學報 2011 年 12 月 8 日第 14 版。

[8] 《共識與主張：學界不應再使用 T/SSCI 作為評鑑依據》，反思臺灣的（人文及社會）高教學術評鑑研討會，參見 http://www.hss.nthu.edu.tw/~apcs/pages/act/kao.htm，2004/11/10。

[9] 瞿宛文：《反思學術評鑑與學術生產：以經濟學學門為例》，載反思臺灣的（人文及社會）高教學術評鑑研討會論文集，2004 年 9 月。

[10] 王建民：《學術打假，怎一個愁字了得》，載中國青年報，2010 年 11 月 10 日，理論版。
[11] 邱天助：《國家意志下人文社會學術生產的再反思：Bourdieu 場域分析的啟示》，載圖書資訊學研究（臺灣），2007 年第 2 期。
[12] 潘宇鵬、彭衛民：《實質評鑑還是「予取予求」——臺灣社會科學成果評鑑制度的盱衡與啟示》，載學術界，2011 年第 6 期；
[13] 彭衛民、潘宇鵬：《社會科學成果的取捨標準：中國大陸與臺灣學術評鑑制度的比較分析》載社會科學管理與評論，2011 年第 2 期。
[14] 彭衛民：《版面費的罪惡在牟利動機》，載中國社會科學報，2011 年 10 月 18 日，評論版。
[15] 潘宇鵬、彭衛民：《T/SSCI 的隨想：學術生產的永續發展》，載社會科學報 2012 年 2 月 26 日，學術版。
[16] 社論：《學術研究的社會價值何在》，載知識通訊評論（臺灣），2011 年總第 104 期。
[17] 社論：《T/SSCI 走火入魔》，載知識通訊評論（臺灣），2008 年總第 64 期。
[18] 社論：《大學評鑑，如犬逐尾》，載知識通訊評論（臺灣）2009 年 3 月 1 日總第 77 期。
[19] 社論：《應勇於挑戰中國大陸學界》，載知識通訊評論（臺灣）第 88 期，2010 年 2 月。
[20] 陳君愷：《歷史學需要的是自由，不是評比！——揭穿國家科學委員會〈歷史學門國內期刊評比之研究〉的陰謀》，載中華人文社會學報（臺灣），2011 年總第 14 期。
[21] 陳光華、楊康苓：《臺灣人文學引文索引核心期刊（T/HCI core）及其初步分析》，載人文與社會科學研究簡訊（臺灣），2011 年第 12 卷第 4 期。
[22] 邱炯友：《期刊出版的思考》，載教育資料與圖書館學（臺灣），2006 年總第 44 期。
[21] 邱炯友：《失落的 T/SSCI》，載教育資料與圖書館學（臺灣），2008 年總第 46 期。
[22] 邱炯友：《學術期刊出版之非引文計量稽核評鑑》，載圖書與資訊學刊（臺灣），2007 年總第 61 期。

[23] 傅仰止：《期刊評比與期刊資料庫分軌化》，載人文與社會科學簡訊（臺灣），2011 年 6 月第 12 卷第 3 期。
[24] 張佳穎、邱垂昱：《建立大學教師研究績效指標權重之研究》，載臺北科技大學學報（臺灣），2008 年第 41 卷第 1 期。
[25] 黃慕萱：《國內七所研究型大學論文發表概況分析》，載圖書館資訊學刊（臺灣）2005 年總第 55 期。
[26] 朱劍：《學術期刊「排行榜」熱幾時休——寫於「核心期刊」新版行將發佈之際》，載社會科學報，2011 年 8 月 9 日，第 5 版。
[27] 仲偉民：《中國學術期刊現狀談》，載中華讀書報，2011 年 5 月 18 日，第 14 版。
[28] 袁翀：《高校人文社科綜合性學報二次文獻轉載及 web 下載排名統計分析》，載西南民族大學學報 2008 年第 6 期。
[29] 任全娥：《「以刊評文」是「以文評刊」的後果》，載中國社會科學報，2011 年 11 月 10 日，期刊版。
[30] 向志柱：《關於學術評價的幾個問題》，載中華讀書報，2004 年 7 月 7 日。
[31] 葉啟政：《缺乏社會現實感的指標性評鑑迷思》，載臺灣社會研究季刊（臺灣），2002 年總第 56 期。
[32] 雷宇：《我國首份中國大陸及港澳臺大學排名出爐》，中國青年報 2011 年 6 月 3 日，第 3 版。
[33] 顏昆陽：《再哀大學以及一些期待與建議——當前高教學術評鑑的病症與解咒的可能》，載臺灣社會研究（臺灣），2004 年第 1 期。
[34] 曾建元：《其鳴也「I」——一名臺灣學術期刊主編關於 SSCI、T/SSCI 和 C/SSCI 的雜感》，載社會科學報，2012 年 2 月 16 日，第 5 版。
[35] 李大正：《大學教育評鑑的實然與應然》，載網絡社會學通訊期刊（臺灣），2002 年總第 23 期。
[36] 吳言蓀：《臺灣高等教育評鑑的演進與思考》，載重慶大學學報，2008 年第 2 期。
[37] 楊瑩：《臺灣的大學系所評鑑》，載中國高等教育評估，2008 年第 3 期。
[38] 金誠：《臺灣〈大學評鑑辦法〉述評及系所評鑑》，載高教探索 2008 年第 3 期。
[39] 尚紅娟：《臺灣當局在高等教育評鑑中的影響力分析》，載福建師範大學學報 2011 年第 2 期。

[41] 楊瑩：《中國大陸高等教育本科教學評估制度》，載評鑑雙月刊（臺灣）2009 年第 3 期。

[42] 黃毅志、曾世傑：《教育學術期刊高退稿率的編審制度、惡質評審與評審倫理》，載臺東大學教育學報（臺灣）2008 年，第 19 卷第 2 期。

[43] 楊玉聖：《學術期刊的境遇與出路》，載社會科學論壇，2004 年第 10 期。

[44] 姚申：《近二十年臺港地區高校人文社會科學學術期刊述評》，載清華大學學報，2006 年第 3 期。

[45] 李醒民：《科學共同體的功能》，載光明日報，2010 年 11 月 23 日，學術版。

[46] 陸偉明：《同儕審查制度》，載人文與社會科學簡訊（臺灣），2009 年第 4 期。

[47] 黃慕萱、黃毅志：《圖書資訊學期刊評比之研究》，載圖書資訊學研究（臺灣），2009 年第 2 期。

[48] Richardson, John V. The peer review process :Acceptance, Revision, and outrinht rejections.The Library Quarterly,2002(1).

網路資源：

[1] 中國社會科學院法學研究所法治國情調研組：中國學術評價機制調研報告，中國網 http://www.china.com.cn/news/2011-02/24/content_21995539.htm，2011/02/04。

[2] 臺灣大學歷史學系：臺大歷史學報申明 http://homepage.ntu.edu.tw/~history/c_pub_journal.htm，2011/03/10。

[3] 行政院國家科學委員會人文及社會科學發展處期刊評選委員會：臺灣社會科學引文索引資料庫期刊申請實施方案，http://ssrc.sinica.edu.tw/ssrc-home/doc3-1/931115-01.doc，2004.9.27.

[4] 國家科學委員會人文學研究中心：2011 年臺灣人文學引文索引核心期刊（T/HCI Core）收錄實施方案，http://www.hrc.ntu.edu.tw/index.php?option=com_wrapper&view=wrapper&Itemid=674&lang=zw，2010. 10.8.

[5] 行政院國家科學委員會：2011 年臺灣人文學引文索引核心期刊收錄實施方案 http://www.hrc.ntu.edu.tw/index.php?option=com_wrapper&view=wrapper&Itemid=674&lang=zw，2011/05/20。

[6] 中華民國課程與教學學會：課程與教學稿約，http://www.aci-taiwan.org.tw/new/pdf/14（4）稿約_入會說明.pdf.2011.10.

[7] 中國測驗學會：《測驗學刊編輯委員會組織辦法暨編審流程》，http://www.capt.tw.2012.3.

[8] 政治大學共同教育委員會：《政治大學教師聘任升等評審辦法》，http://p00.nccu.edu.tw/po05_rules/03/0302.doc，2005/01/06。

[9] 開南大學共同教育委員會：《開南大學共同教育委員會教師升等審查辦法》，http://www.knu.edu.tw/cge/docs.htm，2011/03/04。

[10] 中國文化大學共同教育委員會：《中國文化大學教師升等辦法》，http://www.nttlrc.scu.edu.tw/download.asp?path=data&dir=982615325471.pdf，2009/05/06。

[11] 彭明輝：《亡臺從五年五百億開始》，http://mhperng.blogspot.com/2011/04/blog-post_28.html?spref=fb，2011/4/29。

[12] 《五年五百億計畫效應，臺灣六所大學世界排名攀升》，中國臺灣網：http://www.chinataiwan.org/xwzx/tw/kjty/200910/t20091010_1017330.htm，2009/10/10。

[13] 中國社會科學研究評價中心：《C/SSCI（2010-2011）來源期刊遴選原則與方法》，http://www.C/SSCI.com.cn/documents/yzyff.htm，2009.12.28.

[14] 方廣錩：《廢止以 C/SSCI 為高校學術評價的標準：致教育部長袁貴仁教授的呼籲書》，載學術批評網 http://www.acriticism.com/article.asp?Newsid=11496&type=1008，2010.2.3.

[15] 朱嘉平：《究竟是誰損害了中國社會科學研究評價中心的「形象與聲譽」？》，載學術批評網 http://www.acriticism.com/article.asp?Newsid=11466&type=1008，2010.1.30.

[16] 中國期刊網全文資料庫：http://acad.cnki.net/Kns55/oldnavi/n_navi.aspx?NaviID=17&Flg=，2011/3/3 。

[17] 行政院國家科學委員會：《國家科學委員會社會科學研究中心補助期刊編輯費用作業要點》，http://ssrc.sinica.edu.tw/ssrc-home/4-7.htm。

[18] 中國社會科學評價研究中心：《2010 年高校發文統計》，http://C/SSCI.nju.edu.cn/news_show.asp?Articleid=380，2011/5/8。
[19] 陳光興：《臺灣高教界對 T/SSCI 學術評鑑體制的檢討》，http://www.chinalw.com/koushi/2011-03-15/632.html，2011.3.15.
[20] 彭明輝：《誰在主導高教政策與高教評鑑》，參見彭明輝的部落格：http://mhperng.blogspot.com/2011/07/blog-post.html，2011 年 7 月 6 日。
[21] 行政院國家科學委員會國家實驗研究院科技政策研究與資訊中心：「學術性期刊出版暨論文撰寫格式要點」，http://rd.hcu.edu.tw/ezcatfiles/b022/img/img/466/930518_3，2003.12.1.
[22] 《普通高等學校教育評估暫行條例》（中華人民共和國國家教育委員會令 14 號），http://www.moe.edu.cn/publicfiles/business/htmlfiles/moe/moe_621/200409/3193.html1990.10.31.
[23] 行政院國家科學委員會人文學研究中心：《書刊出版補助》，http://www.hrc.ntu.edu.tw/index.php?option=com_content&view=article&id=198&Itemid=616&lang=zw，2009.11.21.
[24] 行政院國家科學委員會社會科學研究中心：《補助期刊審查專書要點》，http://ssrc.sinica.edu.tw/ssrc-home/11-1.htm，2005.12.8.
[25] 行政院國家科學委員會人文學研究中心：《補助出版人文學及社會科學專書》，http://www.hrc.ntu.edu.tw/index.php?option=com_content&view=article&id=60&Itemid=203&lang=zw，2005.8.24.
[26] 臺灣教育部：《成立「財團法人高等教育評鑑中心基金會」規劃草案》，http://www.edu.tw/files/list/B0068/940825.doc，2007.09.06.
[27] 孫潔瓊：《「首都中青年學者學術規範論壇」紀要》，國學網：http://www.guoxue.com/ws/html/zuixinfabu/20041119/463.html，2004/11/19。
[28] 臺灣大學研究發展處：《國立臺灣大學教師社會科學科研成果獎勵辦法》http://homepage.ntu.edu.tw/~coss/top1/rules/research_rules.pdf，2009.5.4.
[29] 國立陽明大學研究發展處：《國立陽明大學學術研究成果發表獎助辦法》，http://www.ym.edu.tw/rnd/law/r1_old.doc，2006.1.27.
[30] 國立清華大學研究發展處：《國立清華大學傑出學術研究出版成果獎勵辦法》，http://my.nthu.edu.tw/~rd/revised/doc/file/file110121.pdf，2011.8.19.
[31] 國立交通大學研究發展處：《國立交通大學教師及研究人員研究成果獎勵辦法》，http://rdweb.adm.nctu.edu.tw/files/2008100709384229.pdf，2011.7.27.

[32] 國立中正大學研究發展處：《國立中正大學教師社會科學傑出研究成果設置辦法》，http://colsoc.ccu.edu.tw/chinese/law/advantage.doc，2011.12.14.

[33] 張溪隆：《以學術權威維護學術評審》，載學術批評網，http://www.acriticism.com/article.asp?Newsid=5717&type=1008，2004.11.14.

[34] 周祥森：《編輯活動與「專家審稿」——兼答張偉然先生》，學術批評網：http://www.acriticism.com/article.asp?Newsid=65，2011/11/27/。

專著、文件類：

[1] 戴龍基、蔡榮華：2004 年版中文核心期刊要目總覽，北京：北京大學出版社 2004 年版。

[2] 陳光華：《引文索引之建置與應用》，臺北：文華圖書館管理 2006 年版。

[3] 黃寬重：《歷史學門國內期刊評比之研究》，行政院國家科學委員會補助專題研究計畫，臺北：行政院國家科學委員會，2008 年。

[4] 重慶市人民政府：《重慶市社會科學優秀成果獎勵辦法》（渝府令第 257 號），2011 年 9 月 14 日。

[5] 財團法人高等教育評鑑中心：《財團法人高等教育評鑑中心大學校院系所評鑑實施計畫》，2006 年。

[6] 王明傑、陳玉玲等譯：美國心裏協會出版手冊（Publication Manual of the American Psychological Association, 4th Edition），臺北：雙葉出版社 1996 年版。

[7] 邱炯友：學術傳播與期刊出版，臺北：遠流出版社 2006 年版。

[8] 吴玉山：《行政院國家科學委員會專題研究計劃成果報告政治學專業期刊評比》，2003 年 6 月。

[9] 黃昭元：《2010 法律學門期刊評比報告》，載人文與社會科學簡訊（臺灣）2010 年 12 月第 12 卷第 1 期。

[10] 林品章：《藝術學門第三次相關期刊排序計劃成果報告》，載人文與社會科學簡訊（臺灣）2010 年 12 月第 12 卷第 1 期。

[11] 黃寬重：《行政院國家科學委員會專題研究計劃成果報告政治學專業期刊評比》，2008 年 9 月。

[12] 王旭：《行政院國家科學委員會專題研究計劃成果報告政治學專業期刊評比》，2008 年 8 月。
[13] 西南政法大學科研處：《西南政法大學成果獎勵辦法》，2009.12.22.

新座標08　PF0092

新銳文創
INDEPENDENT & UNIQUE

臺灣與中國大陸的高等教育及學術評鑑

作　　者　曹　麗、彭衛民
責任編輯　陳佳怡
圖文排版　楊家齊
封面設計　陳佩蓉

出版策劃　新銳文創
發 行 人　宋政坤
法律顧問　毛國樑　律師
製作發行　秀威資訊科技股份有限公司
114 台北市內湖區瑞光路76巷65號1樓
電話：+886-2-2796-3638　傳真：+886-2-2796-1377
服務信箱：service@showwe.com.tw
http://www.showwe.com.tw
郵政劃撥　19563868　戶名：秀威資訊科技股份有限公司
展售門市　國家書店【松江門市】
104 台北市中山區松江路209號1樓
電話：+886-2-2518-0207　傳真：+886-2-2518-0778
網路訂購　秀威網路書店：http://www.bodbooks.com.tw
國家網路書店：http://www.govbooks.com.tw

出版日期　2012年7月　一版
定　　價　300元

國家圖書館出版品預行編目

臺灣與中國大陸的高等教育及學術評鑑 / 曹麗, 彭衛民著.
-- 初版. -- 臺北市：新鋭文創, 2012. 07
面； 公分. --（新座標；PF0092）
ISBN 978-986-6094-92-7（平裝）

1. 高等教育 2. 教育評鑑 3. 臺灣 4. 中國

525.933 101010759

讀者回函卡

感謝您購買本書，為提升服務品質，請填妥以下資料，將讀者回函卡直接寄回或傳真本公司，收到您的寶貴意見後，我們會收藏記錄及檢討，謝謝！

如您需要了解本公司最新出版書目、購書優惠或企劃活動，歡迎您上網查詢或下載相關資料：http:// www.showwe.com.tw

您購買的書名：________________________________

出生日期：________年________月________日

學歷：□高中（含）以下　□大專　□研究所（含）以上

職業：□製造業　□金融業　□資訊業　□軍警　□傳播業　□自由業

　　　□服務業　□公務員　□教職　□學生　□家管　□其它_____

購書地點：□網路書店　□實體書店　□書展　□郵購　□贈閱　□其他

您從何得知本書的消息？

□網路書店　□實體書店　□網路搜尋　□電子報　□書訊　□雜誌

□傳播媒體　□親友推薦　□網站推薦　□部落格　□其他__________

您對本書的評價：（請填代號　1.非常滿意　2.滿意　3.尚可　4.再改進）

封面設計____　版面編排____　內容____　文／譯筆____　價格____

讀完書後您覺得：

□很有收穫　□有收穫　□收穫不多　□沒收穫

對我們的建議：________________________________

____

____

____

請貼
郵票

11466
台北市內湖區瑞光路 76 巷 65 號 1 樓

秀威資訊科技股份有限公司 收

BOD 數位出版事業部

....

（請沿線對折寄回，謝謝！）

姓　　名：____________________ 年齡：________ 性別：□女　□男

郵遞區號：□□□□□

地　　址：____

聯絡電話：(日) ____________________ (夜) ____________________

E-mail：____